全域土地综合整治规划设计研究

王志鹏 李 娜 王 峰 ◎ 著

吉林科学技术出版社

图书在版编目（CIP）数据

全域土地综合整治规划设计研究 / 王志鹏，李娜，王峰著． -- 长春：吉林科学技术出版社，2021.10
ISBN 978-7-5578-8843-5

Ⅰ．①全… Ⅱ．①王… ②李… ③王… Ⅲ．①土地整理－研究－中国 Ⅳ．①F321.1

中国版本图书馆CIP数据核字(2021)第210167号

全域土地综合整治规划设计研究
QUANYU TUDI ZONGHE ZHENGZHI GUIHUA SHEJI YANJIU

著	王志鹏　李　娜　王　峰
出 版 人	宛　霞
责任编辑	程　程
幅面尺寸	185mm×260mm　1/16
字　　数	288 千字
印　　张	12.75
版　　次	2023 年 6 月第 1 版
印　　次	2023 年 6 月第 1 次印刷
出　　版	吉林科学技术出版社
发　　行	吉林科学技术出版社
地　　址	长春市净月区福祉大路 5788 号
邮　　编	130118
发行部电话/传真	0431-81629529　81629530　81629531
	81629532　81629533　81629534
储运部电话	0431-86059116
编辑部电话	0431-81629518
印　　刷	北京四海锦诚印刷技术有限公司

书　　号　ISBN 978-7-5578-8843-5
定　　价　50.00 元

版权所有　翻印必究　举报电话：0431-81629508

我国人多地少,土地资源短缺以及土地退化与污染日趋成为制约社会经济持续发展的重要因素,而全域土地综合整治是解决该矛盾的重要途径之一。土地开发、整理、复垦被提升到了法律层面,拉开了我国开展大规模全域土地综合整治实践的序幕。随着不断地推进、摸索和创新,不仅仅是概念上的变更,全域土地综合整治的内涵、目标、对象。内容和技术措施等均发生了扩展及变化。生态文明建设是对全域土地综合整治工作提出的新要求,全域土地综合整治成为保护土地资源、保障粮食安全、建设生态文明的有效手段。城乡一体化是在一定区域内,充分发挥城市和农村各自的优势和作用,使城乡之间的劳动力、技术等生产要素、资源得以合理配置和流动,实现城乡各产业联动发展,最终达到城乡全面融合、协调发展。在传统体制下,城乡土地利用及其规划片面地强调了以城市为中心的纵向思维,缺乏对城乡发展的统筹考虑和土地利用空间的协调。传统的土地利用方式和规划模式已逐渐不能适应社会经济发展的需要。

基于此,本书从全域土地综合整治规划基本理论入手,对全域土地综合整治重点、生态化全域土地综合整治设计技术,以及全域土地综合整治文化体系展开详细的叙述,在编写上突出以下特点:第一,内容丰富、详尽,时代性强。不仅涵盖全域土地综合整治规划的基础知识,而且对节地节水型全域土地综合整治项目规划设计技术也有分析。第二,理论与实践结合紧密,结构严谨,条理清晰,重点突出,具有较强的科学性、系统性和指导性。第三,结构编排新颖,表现形式多样。在结构上编排新颖,生动形象,便于读者理解掌握。是一本为从事全域土地综合整治规划设计的工作者以及学者量身定做的教育研究参考用书。

在本书的编写过程中,参阅、借鉴和引用了国内外许多同行的观点和成果。各位同人的研究奠定了本书的学术基础,对全域土地综合整治规划设计研究展开提供了理论基础,在此一并感谢。另外,受水平和时间所限,书中难免有疏漏和不当之处,敬请读者批评指正。

目 录

第一章 全域土地综合整治规划概论 ········· 1

第一节 全域土地综合整治规划概念与类型 ········· 1
第二节 全域土地综合整治规划相关理论基础 ········· 7
第三节 全域土地综合整治项目实施程序 ········· 16
第四节 全域土地综合整治项目规划设计 ········· 24

第二章 全域土地综合整治重点 ········· 31

第一节 大力推进高标准基本农田建设与农用地整理 ········· 31
第二节 规范推进农村建设用地整理 ········· 40
第三节 有序开展城镇工矿建设用地整理 ········· 56
第四节 加快土地复垦与适度开发宜耕后备土地 ········· 60
第五节 规范推进低丘缓坡土地开发利用 ········· 63

第三章 节地节水型全域土地综合整治项目规划设计技术 ········· 69

第一节 全域土地综合整治项目规划设计前期研究 ········· 69
第二节 节地型全域土地综合整治项目规划设计技术 ········· 80
第三节 节水型全域土地综合整治项目规划设计技术 ········· 94
第四节 节地节水综合型全域土地综合整治项目规划设计 ········· 107

第四章 生态化全域土地综合整治设计技术 ········· 113

第一节 全域土地综合整治生态环境保护 ········· 113
第二节 全域土地综合整治生态化设计 ········· 123
第三节 全域土地综合整治生态化设计成本—收益评价 ········· 133

第五章 全域土地综合整治规划实践 ········· 137

第一节 市级全域土地综合整治规划实践 ········· 137
第二节 县级全域土地综合整治规划实践 ········· 151

  第三节 镇级全域土地综合整治规划实践······163

第六章 全域土地综合整治文化体系······169

  第一节 认知土地······169

  第二节 敬重土地······176

  第三节 利用土地······178

  第四节 整治土地······184

  第五节 管理土地······193

参考文献······195

第一章　全域土地综合整治规划概论

第一节　全域土地综合整治规划概念与类型

一、全域土地综合整治规划概念

全域土地综合整治规划是指在土地利用总体规划、上级全域土地综合整治规划的指导和控制下，通过对地块物理形态和产权结构的调整、基础设施的配套建设，确定土地开发、利用、改造的方向、规模、空间布局和时间顺序。全域土地综合整治规划内容主要包括：制定规划期内全域土地综合整治战略，评价农用地整治、建设用地整治、未利用地开发和土地复垦潜力，明确全域土地综合整治的指导原则和目标任务，划定全域土地综合整治重点区域，安排全域土地综合整治工程（项目），提出规划实施的保障措施和重大政策，等等。

编制全域土地综合整治规划是落实国民经济和社会发展五年规划及土地利用总体规划的重要手段，是指导地方科学开展全域土地综合整治工作的重要依据。科学编制和严格实施全域土地综合整治规划，有利于有效整合资源，合理引导资金，规范推进全域土地综合整治各项活动，优化用地结构，促进耕地保护和节约集约用地目标的实现；有利于统筹协调农村全域土地综合整治、资源环境保护和经济社会发展，促进土地资源可持续利用和经济社会可持续发展；有利于统筹推进农业产业发展、农村基础设施建设和农民增收，更好地发挥全域土地综合整治在新农村建设和城乡统筹发展中的基础平台作用。

二、全域土地综合整治规划的特点

（一）与土地利用总体规划不同

土地利用总体规划的对象是一定区域内的全部土地资源，而全域土地综合整治规划的对象主要是利用效率不高和暂时没有开发的未利用地与废弃地。全域土地综合整治规划的主要目的是增加有效耕地面积，实现耕地总量动态平衡，确保国家粮食安全和社会稳定。

因此，从规划的对象、解决问题的性质来看，全域土地综合整治规划属于土地利用规划体系中的专项规划。

（二）全域土地综合整治规划具有一定的独立性

以土地利用总体规划为指导，是实现土地利用总体规划目标的重要手段。首先，全域土地综合整治规划对土地利用总体规划确定的全域土地综合整治内容进行深化、补充和完善；其次，全域土地综合整治规划通过确定全域土地综合整治项目的位置、范围、类型、规模、建设时序等，使土地利用总体规划制定的土地开发、土地整理和土地复垦目标得到具体落实；最后，全域土地综合整治规划是土地利用总体规划的延伸，是总体规划的深化、细化。

（三）全域土地综合整治规划的手段灵活

我国地域广阔，土地利用的自然、社会、经济条件差异较大，全域土地综合整治规划的对象、目标和重点也会有所差异，因而必须采取灵活的手段，才能更切合实际地搞好规划。

我国共编制了三阶段全域土地综合整治规划，第一阶段全域土地综合整治规划的编制健全了规划体系，有效推动了全域土地综合整治工作的开展，落实了以建设促保护的耕地政策，取得了显著成效。第二阶段全域土地综合整治规划由单纯农地整理向农地整理与村庄全域土地综合整治相结合的综合整治过渡。第三阶段全域土地综合整治规划成为建设社会主义新农村、统筹城乡发展的重要抓手和平台。第三阶段全域土地综合整治规划与其他两阶段相比突出了三个特点。

1. 规划目标多元化

第一阶段规划目标以补充耕地为主。第二阶段强调补充耕地数量与质量并重。第三轮规划目标包括：补充耕地、提高耕地等级、建设基本农田规模、基本农田整治率、万亩以上基本农田集中分布区片数、整治城镇和村镇建设用地面积、土地复垦率等，规划目标趋于多元化。

2. 规划内容更全面

第三阶段规划内容不仅包括农田整理、宜农未利用地开发、农村建设用地整治、生产建设活动损毁土地复垦、灾毁土地复垦，还将城镇建设用地整治纳入规划范畴，并强调生态环境整治等。

3. 针对性更强

第二阶段规划实施手段包括确定了三类重点区域（整理、复垦、开发）、七项重大工程，七项重大工程只落实了工程范围，对指导重大项目选择意义不大。第三阶段规划落实手段包括确定了四类重点区域（农用地整治重点区域、土地复垦重点区域、土地开发重点区域、地质灾害高发区全域土地综合整治重点区域）、八项重大工程，每项重大工程都落实了范围、规模、投资和重大项目备选区域，因此第三阶段规划实施手段更有针对性。

三、全域土地综合整治规划的地位与作用

土地利用规划体系是由不同类型、不同层次与不同时序的规划所构成的交互式网络系统。由于划分标准不同，通常存在不同土地利用规划体系，按规划时限不同分为长期规划、中期规划和短期规划。按规划范围大小，分为国家规划与地方规划。通常按行政区域范围划分为全国、省级、地（市）级、县（市）级、乡（镇）级五个层次。

按规划性质的不同，包括规划地位、作用与服务功能的差异，可将规划划分为土地利用总体规划、土地利用专项规划和土地利用详细规划。

土地利用总体规划是针对一定地域范围内全部土地的开发、利用、整治、保护所做的总体的、战略性的部署和安排，具有总体性、综合性、宏观指导性和行政控制性，主要解决跨部门、跨行业的土地利用问题，是土地利用管理与土地利用规划的"龙头"。广泛开展的土地利用总体规划是按行政区域进行的，分为全国、省级、地（市）级、县（市）级和乡（镇）级五个层次。

土地利用专项规划是在土地利用总体规划的控制下，针对土地开发、利用、整治和保护的某一专门问题而进行的规划。我国的土地利用专项规划主要是为改善和保护土地的生态环境，提高土地利用率和产出率而编制的，如农地整治规划，这类规划一般是在同级行政区域内进行，是同级土地利用总体规划的有机组成部分，也有跨越行政界线，在更广泛的范围内进行的规划，如风沙治理规划。

土地利用详细规划是在土地利用总体规划及土地利用专项规划的控制和指导下，直接对某一地段或某一土地使用单位的土地利用及其配套设施做出具体安排，是土地利用总体规划和土地利用专项规划的深入与细化，如农场土地利用规划、林场土地利用规划、村庄用地规划等。从土地利用详细规划的作用来看，可分为控制性土地利用详细规划和开发性土地利用详细规划。控制性土地利用详细规划是地方政府为规范和控制土地使用者的微观土地利用行为而编制的规划，详细规定了各类土地使用范围、使用界线、使用强度、利用要求、限制条件等。开发性土地利用详细规划则为指导某一地段、地块如何开发利用而进行的具体规划。

全域土地综合整治规划是土地利用实践活动的过程之一，是土地利用总体规划的重要内容，是完善、落实土地利用总体规划的重要措施与手段。在进行全域土地综合整治时，要依据土地利用总体规划，编制全域土地综合整治专项规划及详细规划。全域土地综合整

治专项规划指导详细规划的顺利开展，全域土地综合整治详细规划是全域土地综合整治专项规划、土地利用总体规划实施的必要手段。

四、全域土地综合整治规划的类型

（一）按规划层次划分

1. 规划层次

全域土地综合整治规划是一个多层次的规划体系，可分为全域土地综合整治专项规划与全域土地综合整治详细规划。当前的全域土地综合整治专项规划是在一定规划区域内，根据当地自然和经济社会条件以及国民经济发展的要求，统筹安排城乡建设用地、协调土地总供给与总需求，确定或调整土地利用结构和用地布局、确定不同类型全域土地综合整治项目区域的一种宏观战略。

在全域土地综合整治专项规划的五个层次中，由于当前的全域土地综合整治规划重点在城乡统筹，各个乡镇的全域土地综合整治专项规划常由县域统筹安排，乡镇一级的全域土地综合整治专项规划一般包含于县（市）一级的全域土地综合整治规划。

因此，依据层次的不同，全域土地综合整治规划体系可分为五种类型：全国、省（自治区、直辖市）、市（地、州）、县（市）四级专项规划，以及全域土地综合整治详细规划（全域土地综合整治项目规划）。

各级全域土地综合整治规划的内容各有侧重：国家级全域土地综合整治规划的重点是制定全国全域土地综合整治的方针和政策，提出全域土地综合整治的重点区域和重大工程；省、市级全域土地综合整治规划的重点是提出本行政区域内全域土地综合整治的重点区域、重点工程和重点项目，提出本行政区域内补充耕地区域平衡的原则、方向和途径，确定全域土地综合整治的投资方向；县级全域土地综合整治规划的重点是划分全域土地综合整治区，明确土地整理、复垦、开发和治理项目的位置、范围、规模。

省级和市级全域土地综合整治规划的内容是：①分析全域土地综合整治的背景与条件；②调查评价并测算全域土地综合整治的潜力；③确定全域土地综合整治规划目标和任务；④提出全域土地综合整治的总体安排；⑤划定全域土地综合整治的重点区域、安排重点工程、提出重点项目；⑥制订全域土地综合整治补充耕地的区域平衡方案；⑦估算全域土地综合整治的投资，评价预期综合效益；⑧制定实施规划的政策措施。

省级全域土地综合整治规划属于政策性引导规划，是基于国家层面上的战略规划指导全省范围内的全域土地综合整治活动。省级全域土地综合整治规划要综合考虑省内土地资源的特点，以保障粮食安全、统筹城乡发展、土地资源可持续利用为出发点，指导全省全域土地综合整治活动。因此，省级全域土地综合整治规划要在分析全省土地资源利用与社会经济发展的条件的基础之上，结合国家全域土地综合整治规划提出的要求，提出符合本省实际的全域土地综合整治任务和内容，为社会经济发展提供可持续发展的土地资源保障。

市（地、州）级全域土地综合整治规划处于承上启下的地位，既要衔接省级规划下达的指标、规划目标，又要结合自身土地资源的特点指导县级全域土地综合整治活动的开展。市级规划首先要落实省级规划所下达的规划指标以及规划目标，并分解到本市所辖的各个县，属于布局性规划。相对于省级全域土地综合整治规划的战略性地位，市级全域土地综合整治规划不仅要明确全市土地整治规划的原则、方向，还要具体提出全市全域土地综合整治的规模，不同类型全域土地综合整治项目的数量、结构，确定不同类型项目全域土地综合整治的规划布局，从而全面深入地指导全市全域土地综合整治规划活动的有序展开。

县级全域土地综合整治规划的内容是：①分析全域土地综合整治的背景与条件；②调查测算土地整理、复垦、开发的潜力；③制定全域土地综合整治规划的目标和任务；④提出全域土地综合整治的总体安排；⑤划定全域土地综合整治区，确定各区全域土地综合整治的方向和重点；⑥确定全域土地综合整治项目的位置、范围和规模；⑦分类分期测算规划期内全域土地综合整治投入量，并进行社会、经济和生态效益分析；⑧制定实施规划的技术、经济、组织和政策等方面的保障措施。

县级全域土地综合整治规划在市级规划的指导之下，以不同类型的全域土地综合整治项目为单元，根据不同区域土地利用特点，科学合理地布局全域土地综合整治项目。首先，重点安排高标准基本农田整治项目，建立旱涝保收的高标准基本农田，保障国家粮食安全。其次，合理安排城乡建设用地增减挂钩项目，统筹安排城乡建设用地，促进新农村建设，为城市发展提供用地保障。最后，结合区域土地资源利用特点，科学布局低丘缓坡未利用地开发项目和废弃工矿地复垦项目，促进区域土地的集约节约利用。

全域土地综合整治详细规划（全域土地综合整治项目规划）作为最底层的全域土地综合整治规划，属于实施性规划，是国家全域土地综合整治活动取得预期目标的关键所在。规划要提出具体地块的全域土地综合整治目标、手段，通过全域土地综合整治项目的实施，提高耕地质量、改善生产生活条件；通过土地利用方式和权属的调整，优化土地利用结构，提高土地利用水平，提高土地的社会、经济、生态效益。

2. 不同层级全域土地综合整治规划目标差异

不同层级全域土地综合整治规划目标之间主要存在着依存关系、互补关系、冲突关系三种。每个层级的全域土地综合整治规划都依存下一级规划才能实现规划目标，相互补充。对于全域土地综合整治规划的保障国家粮食安全、促进统筹城乡发展、促进土地资源可持续利用等多目标的规划，解决不同层级规划之间的冲突关系是最重要的。协调、解决不同层级规划之间的冲突是规划能够实现目标的关键所在。不同层级规划之间的冲突分为两种情况，一种是可以共存的弱冲突，互相冲突的目标之间可以共存或者相容；另一种是不可共存的强冲突，即两个目标不能共同存在，必须放弃或者改变某一个目标。这种情况一般通过优先原则来缓解强冲突情况，即优先满足某一目标，在此前提下，再根据实际情况考虑另一个目标。但由于全域土地综合整治规划的编制同土地利用总体规划编制的情况一样，导致在目标的抉择时往往是下级规划无条件服从上一级规划所订立的目标。

国家全域土地综合整治规划的主要目标是耕地保护，省级和市级全域土地综合整治规划的主要目标是耕地保护、集约节约土地利用，县级全域土地综合整治规划的主要目标是耕地保护、节约集约用地以及促进农村经济发展。因此，不同层级全域土地综合整治规划的目标存在差异，低层级的规划依存于上级层级的规划，但都以国家全域土地综合整治规划的战略目标为出发点，基于国家粮食安全战略、统筹城乡发展战略等目标，不断将全域土地综合整治目标细化、分解为具体的全域土地综合整治项目及其所达到的耕地数量和质量的增加、农村生产生活条件的改善等。

（二）按土地利用类型与利用方式划分

全域土地综合整治项目实践中，根据土地利用类型与利用方式的差异，全域土地综合整治项目规划通常分农用地整治规划、建设用地整治规划、废弃地复垦规划、未利用土地开发规划几种类型。

1. 农用地整治规划

农用地整治规划以耕地、园地、林地、牧草地和养殖水面用地等为整治对象。项目实践中常将大片农用地整理区内零星的农田、零星城镇和工矿用地、小型水利设施、田间路以及零星的废弃地纳入整治范畴。其中，耕地整理指的是对农田进行的整理；园地整理主要指果园、桑园、橡胶园和其他经济园林用地的整理；林地整理包括防护林、用材林、经济林、薪炭林、特种林地的整理；牧草地整理包括放牧地整理和割草地整理；养殖水面用地整理主要指人工水产养殖用地整理。

农用地整治规划内容涉及农用地面积、位置的变动，性质的置换，低效农用地的改造、地块规整重划，以及水、电、路等小型基础设施配套和零星农宅的迁出或合并等。

2. 建设用地整治规划

建设用地整治规划以村镇用地、城镇用地、独立工矿用地、交通和水利设施用地为对象。

村镇用地整治包括农村居民点的归并调整改造，确定居民点的等级数量、用地规模、用地布局和调整时间。村镇用地整治要与城镇化发展水平相适应，因地制宜、循序渐进向中心村、镇归并集中。村镇用地整治应尽量结合现有基础较好村镇的改建扩建，注意节约土地、少占耕地。

独立工矿用地整治主要指就地开采、现场作业的工矿企业和相配套的小型居住区用地的布局调整、用地范围的确定、用地边界的整合与发展用地的选择，一般不包括大规模废弃地复垦。独立工矿用地除必须现场作业的企业外，应逐步向工业区和工业园区集中。

交通、水利设施新建工程应尽可能和全域土地综合整治相结合，以做到土方量平衡、节约用地或不占耕地。基础设施用地整治内容包括公路、铁路、河道、电网和农村道路、排灌干渠以及厂站、水坝、堤防的调整，也包括少量废弃的路基、沟渠、取土坑等的复垦利用。

建设用地整治规划要与土地利用总体规划、城镇和村镇体系规划以及其他有关专项规划相衔接。根据用地定额，充分利用土地并满足地上、地下工程管线铺设的要求。依据整治地段的地形、地质、水文、风向等，做到布局合理，有利于生产，方便生活，美化环境。建设用地要统筹规划，合理安排用地，保持良好的生活环境，做到土地资源的可持续利用。

3. 废弃地复垦规划

废弃地复垦规划针对废弃的已利用土地，包括在生产建设过程中挖损、塌陷、压占等造成破坏的土地，也包括因自然灾害或人为因素造成损毁、荒芜、闲置的农田和其他成片土地。

废弃地复垦要以生态效益、社会效益和经济效益并重为原则，不能单纯考虑经济效益，并要因地制宜，确定复垦的方式和规模，最大限度发挥综合效益。大面积的工矿废弃地复垦要列入国民经济和社会发展计划分期实施，实行"谁破坏，谁复垦"的原则，由有关单位组织进行，也可纳入全域土地综合整治计划，分工负责，复垦后的土地利用要符合土地利用总体规划。

4. 未利用土地开发规划

未利用土地开发规划以尚未利用但具有利用潜力和开发价值的土地为对象，包括荒山、荒地、荒水和滩涂等。未利用土地开发要按照统一规划进行，要特别注意保护生态环境，严禁在生态脆弱的地区盲目进行开发，避免造成破坏植被、水土流失和土地沙化。未利用土地开发要有序进行，开发前要经过充分论证，在不影响生态环境前提下，优先开发水土资源好、潜力大、投资少、见效快的地区。

第二节　全域土地综合整治规划相关理论基础

一、成本收益理论

成本收益理论的产生和发展，与福利经济学、效用理论、资源分配理论、工程经济学、系统分析等理论和学科的发展是相联系的。从实践上看，也与国家政府公共投资的增加、公用事业的发展是分不开的。成本收益分析的基本原理是对项目或方案所需要的社会成本（直接成本和间接成本）和可得到的收益（直接收益和间接收益）尽可能用同一计量单位货币分别进行计量，以便从量上进行分析对比、权衡得失。为此，必须把项目或方案的指标体系划分为两大类：一类是消耗成本，另一类是收益价值。消耗成本是全部投入的资源，是指社会付出的代价，即机会成本。由于市场机制的存在，几乎绝大部分投入资源都可以转化为货币单位。而收益价值则往往有相当一部分不能转换为货币单位，因此收益指标通常要分为可计量和不可计量两种。

一个项目的成本一般包括直接成本、社会成本、时间成本和替代成本四个部分。收益包括直接收益、派生收益和无形收益三部分。无形费用和无形收益都是难以用货币计量的。

在进行项目或多方案比较时，一般采用三种方法：①在成本相同的情况下，比较收益的大小；②在收益相同的情况下，比较成本的大小；③在成本与收益都不相同的情况下，以成本与收益的比率和变化关系来确定。

项目的成本收益分析通常应考虑如下问题：

（一）净现值和内部收益率

时间因素对经济效益的影响很大，项目耗费的成本必须尽快地转化为经济收益，要对项目使用期间不同年度的成本和收益进行比较，一般以收益与成本比率最大的方案为最佳，而且要保持所选方案的净收益现值大于零，或收益与成本的比率大于1。在常用的评价方法中，通常还要计算内部收益率，即计算使项目净现值等于零时的内部贴现率。只有内部收益率大于给定的社会贴现率时方案才为可取，内部收益率越高、方案的经济效益越好。

（二）影子价格

价格是成本收益分析中的核心问题。在现实生活中由于存在税收、补贴、限额、垄断等种种因素，致使市场价格或大或小地偏离社会价值，即存在价格"失真"的问题。直接使用市场价格往往不能正确反映甚至会歪曲成本收益计量中的各项投入和产出的真正经济价值。因此，必须通过建立数学模型，计算出一定的调整率，把市场价格合理地调整为影子价格或会计价格，其中还包括影子工资率、影子利息率、影子外汇率等。影子价格被认为是为了达到一定的社会目标最优化所应该采取的价格，是计算、估价的手段，其作用是计算时，保证稀缺资源的正确分配和过剩资源的有效利用，把经济比较置于同一核算水平上，以更好地反映机会成本。有些没有市场价格而又需要评估的收益或成本也需要模拟出影子价格。

（三）不确定性和风险

对项目的经济评价，其数据大部分都是建立在预测基础上的，在估算中不可避免地会存在误差，而且政治、经济、技术等外部条件在项目实施过程中又会发生难以预料的变化，这就存在不确定性和风险的问题。项目实施的时间越长，不确定性和风险就越大。风险大的项目，应当有较大的潜在收益。为了估计不确定性对项目经济收益的影响，就需要进行敏感性分析，即分析研究成本收益发生某种变化对项目的可盈利率或现值所带来的影响。同时，还可进行收支平衡点分析，用数理统计方法进行概率分析和期望值分析。对待不确定性和风险，常用的简单方法是对不确定的收益在社会贴现率上加上一个风险系数，或者是有意对项目的使用年限进行低估，以尽快地回收投资，避免远期的不确定性。

（四）外部效果

成本收益分析中要力图把一般财务分析中不考虑的外部效果也包括进去。外部效果是指与方案、措施本身并不直接关联而带来的收益和耗费。外部效果的范围很广，计算外部效果的一个重要原则是，必须区别开是技术性的（实质性的）外部效果还是货币性的（分配转移性的）外部效果。一般在计算外部效果时，后者不予计算。

成本收益分析中的评价准则和方法是随时代的变化而变化的。在成本收益分析中，还要考虑物质、政治、法律等种种有关的限制条件。成本收益分析的基本程序是先明确项目或方案所要达到的目标和任务，提出能够实现目标的若干可供选择的方案，通过计量模型分析各种替换方案的收益与成本，然后根据评价准则进行综合评估，最后确定各个替换方案的优劣顺序。

成本收益分析作为研究公共项目的工具具有很大的适用性，是具有广阔发展前景的经济分析方法，但同时又有很大的局限性，除了所涉及的问题纷繁复杂这个客观因素外，还缺乏坚实的理论基础，方法至今还很不完善，评价标准易受评估人偏好的影响，评估中一般又不考虑收入再分配的社会效果。此外，这种分析方法只能对已经提出的项目或方案进行评估，本身并不能提供最佳的方案。

全域土地综合整治过程中的成本主要包括直接成本、社会成本、时间成本与替代成本。

1. 全域土地综合整治的直接成本

所有土地利用活动都需要投入一定的人力、物力、资金、技术等要素，全域土地综合整治也不例外。全域土地综合整治的直接成本可理解为，为了达到一定的全域土地综合整治目的而投入使用的土地整理资金、劳力、技术、设备等生产要素的总称。从全域土地综合整治直接成本的构成上看，既包括人工、材料、机械等直接支出，又包括前期研究、规划设计、项目管理、竣工验收、后期评价等间接支出。从项目运作的实际成本分析，项目预算资金并不是项目的全部成本。

2. 全域土地综合整治的社会成本

社会成本是相对于私人成本而言的。私人成本是个人或企业在整理土地过程中本身承担的成本；而社会成本则是从社会整体来看待的成本，也是一种机会成本，即把社会资源用于某种用途就放弃了其他有利可图的机会。如果私人经济活动不产生外部性，即不对他人或社会发生影响，则私人活动的成本等于社会成本；如果私人经济活动对他人或社会产生影响，则私人成本与社会成本将不一致。在私人经济活动产生外部正经济效益时，私人成本大于社会成本；在私人经济活动产生外部负经济效益时，私人成本小于社会成本。例如，全域土地综合整治过程中将坡度较大不宜耕作的土地开发为耕地，就整理项目本身或局部范围的短期分析，项目是有效益的，但从整个社会角度看，则付出的代价可能是巨大的，社会成本将远远大于私人成本。

3. 全域土地综合整治的时间成本

全域土地综合整治从决策到实施完成，能够用于生产或消费、产生效益之前，需要一定的时间。在这种情况下，由于资金被束缚在全域土地综合整治项目上随时间的流逝而带来的成本可被看作时间成本。以农田防护林工程建设为例，农田防护林要发挥效益，少则三年五载，多则上十年。全域土地综合整治效应会有一个滞后期，全域土地综合整治资金在相当长的时间后才能获得补偿。可以说，全域土地综合整治的时间成本是较高的。因此，在进行全域土地综合整治决策时，时间成本应是一个重要的考虑因素。

4. 全域土地综合整治的替代成本

由于改变土地利用类型或进行土地再开发时注销已投入在土地上的资产效用，所产生的成本为替代成本。替代成本往往是由于预期能够获得更高的土地收入而改变当前土地利用类型、方式造成的。

全域土地综合整治效益可分为经济效益、社会效益和生态效益。

（1）全域土地综合整治的经济效益

全域土地综合整治的经济效益是指全域土地综合整治过程中对土地的投入与整理后所取得的有效产品（或服务）之间的比较。对农地整理而言，全域土地综合整治后取得的经济收益主要体现在：土地利用率的提高，直接增加了可利用的土地面积而带来的收益；土地质量的提高，使土地产出率提高而增加的收益；由于农业生产条件的改善而导致生产成本下降所产生的间接收益。

（2）全域土地综合整治的社会效益

评价全域土地综合整治效益时，不但要考虑到整理的经济效益，还必须结合社会效益进行综合评价。全域土地综合整治的社会效益是指全域土地综合整治的社会后果，全域土地综合整治对社会需求的满足程度及其相应产生的政治与社会影响。就我国的粮食生产而言，从市场经济角度讲，由于粮食价格明显偏低，可以不生产，但从社会角度看，要保持社会的稳定性，不仅要生产粮食，维持粮价的合理水平，而且还要保证特定时期粮食能够自给自足，确保国际局势变化时我国的"吃饭问题"不会受制于人。这也是为何在投资回报率不如其他行业的情况下，国家仍然要鼓励全域土地综合整治、加大全域土地综合整治投资力度的重要原因。

（3）全域土地综合整治的生态效益

全域土地综合整治的生态效益就是全域土地综合整治的活动过程与结果应符合生态平衡规律，也就是说，人类通过全域土地综合整治建立起来的新的土地生态系统应做到不仅没有损害原来的生态系统，反而增强了整个生态系统的功能，为人类生产和生活提供更好的生态环境和更多的生物产品。长期而言，生态效益是与经济效益相统一的，能够通过经济效益的增加得到体现。

二、土地伦理理论

土地伦理是环境伦理的视角之一，土地的伦理范畴包含土壤、水、植物和动物，以及大地上存在的一切。土地伦理理论系统地从伦理学的高度来讨论自然保护问题，认为人类不应以经济价值判断自然、尊重自然，有必要将人类从土地群落征服者的地位变为土地群落的普通一员。

土地伦理理论更注重土地的生态学属性，强调人类作为土地群落的一员，在伦理上应尊重并保护土地群落的每一个成员，维护土地群落的完整性。我国在环境与土地资源保护方面，已取得相当大的成效。但是，从土地伦理理论的角度出发，对摆正在自然中的位置考虑得还不够。追求可持续发展，虽然对土地的保护越来越重视，但在这样一种自然保护观和土地利用实践中，必然会导致以物种、自然资源和牺牲子孙后代的利益为代价换取经济发展。

遵循土地伦理，有助于做到实现土地资源的可持续利用，全域土地综合整治在增加土地的有效使用面积和提高土地利用率和产出率的同时，特别强调了保护生态环境，追求土地和人类的和谐状态。在强调保护土地环境的自然属性时，减少了各种对人类生存有害的土地活动，如土地活动对生物多样性的影响等。坚持土地伦理，客观体现了土地的公平原则，即包括分配平等、权利平等、机会平等，实现公众利益的最优化。

土地伦理作为全域土地综合整治的重要理论就是要强调土地的生态效益，突出土地的生态功能，不能一味地强调经济和社会效益，还要强调土地的自然保护。土地伦理观的引入，给全域土地综合整治提供了一个新的思维模式，改变了"经济决定一切"的土地利用状态。它的产生是社会、经济发展的需要，也是人类对景观结构和功能在认识上的进步和深入。

三、人地关系理论

人地关系即人类与其赖以生存和发展的地球环境之间的关系，是在人类出现以后地球上就已经客观存在的主体和客体之间的关系。人类的生存和活动，都要受到一定的地理环境的影响。人类为了生存的需要，不断地扩大和加深改造和利用地理环境，增强适应地理环境的能力，改变地理环境的面貌，同时地理环境影响人类活动，产生地域特征和地域差异。人地关系的地域性或地域组合，是人文地理学研究的特殊对象。

作为地理学的理论概念，"人"是指社会性的人，即在一定地域内、一定生产方式下从事各种生产活动或社会活动的人；"地"是指与人类活动有密切关系的无机和有机自然界各要素有规律结合的地球环境，也包括在人类作用下已经改变了的地球环境，即经济、文化、社会环境。

地球上的一切生物都是由物质组成的，而各种物质又是由化学元素构成的。人类是地球环境演化到一定阶段的产物，人体又是由各种化学元素组成的，人地在物质本源上是一致的，由此可见它们之间的内在联系。因此，人类的一切活动必须维持生态系统的平衡。

地球为人类提供的生存空间是有限的,为人类提供的自然资源和环境的承载量也是有限的。为了人类的自身利益,为了给人类子孙后代创造良好的生存条件,人类就必须节制人口的增长,不能无休止地增加人口;人类也必须控制自己的行为,不能超过自然界自身的进化能力而超限度地制造垃圾、污染物;人类也不能无休止地向自然界索取自然资源,更不能去破坏生态系统的平衡和稳定。

在人地关系中,人和地球环境是一个有机的统一整体。当人类从自然界分离出来以后,地球环境就成了人类发展的外部环境。而人类既是这个外部环境的生产者,又是消费者;既是建设者,又是破坏者。从某种意义上来讲,人类在这个有机整体中充当着主导者的角色。虽然人类不能从根本上改变地球环境,但人类活动对其外部环境的影响却是巨大的。当然,人类活动必须引导地球环境向有利于人类的方向发展,符合自然界发展的客观规律,如果不按照自然界的规律来发展,破坏了地球环境的自我调节和更新能力,人类终将受到自然界的惩罚。

由于人类不合理利用开发土地,自然界已经做出巨大的反应,如泥石流、塌方、滑坡等地质灾害给人类造成了巨大的人员伤亡和经济损失。在全域土地综合整治过程中,我们要充分重视人地关系,对不合理利用的土地进行有效治理和生态恢复,尽可能地将被破坏的土地恢复到自然和谐状态,充分发挥土地的各种功能,降低其对人类的各种危害,实现人地关系的协调发展。

四、景观生态理论

景观生态学研究景观各组成要素的结构、功能及其变化的学问,它是生态学与地学的交叉学科,是现代生态学一个年轻的分支。景观一般被定义为地球表面气候、土壤、生物、地貌等各种成分的综合体,这一概念非常接近于生态系统、生物地理群落的内涵,其突出了景观的空间特征。基于生态学的学科背景,生态学中的景观更侧重于景观组成要素间的相互作用。景观生态学已超出传统生物学范围,进入了以人为中心的知识领域,如社会心理的、经济的、地理的和文化的科学领域。

景观生态学的发展,必然会在资源的合理开发、利用和保护、土地科学经营和管理、环境的保护、国土整治等方面发挥巨大作用。20 世纪末到 21 世纪初,随着建筑学的理论和实践的发展,如何解决城市膨胀与自然环境之间的矛盾逐渐成为景观建筑学家的议题。景观规划非常注重将景观保护的思想融入规划设计之中,将人类利益与自然保护的思想相协调。

全域土地综合整治的一个主要内容就是通过合理的全域土地综合整治规划实现区域景观的恢复和保护、调整乡镇景观格局,改善土地利用结构和生态环境,促进区域协调发展。农地整治中田、水、路、林、村等综合整治与景观生态学中的斑块、廊道和基底相互对应。可见,景观生态学的理论和思想在全域土地综合整治过程中有所体现,是项目实施的指导和依据,而全域土地综合整治除实现增加有效土地之外,还强调人类与生态环境的融合。在全域土地综合整治中应用景观生态学和景观规划理论，就是对参与其过程中的各项要素进行合理有效的配置规划，最大限度实现土地的生态效益。工程实施时，要充分考虑到全域土地综合整治后所带来的负面影响。不仅仅追求"量"的完成，还要追求"质"的提高；不仅要追求经济效益和社会效益，还要追求生态效益和视觉美观。

五、土地产权理论

产权的定义为财产权，是指存在于任何客体之中或之上的完全权利，包括占有权、使用权、出借权、转让权、用尽权、消费权和其他与财产有关的权利。不要把财产权视作单一的权利，而应当把它视作若干独立权利的集合体。其中的一些或甚至很多的独立权利可以在不丧失所有权的情况下予以让与。产权又被定义为人身权的对称，指具有物质财富内容，直接和经济利益相联系的民事权利，属于这一类的权利包括所有权、其他物权、债权、继承权、版权、专利权和商标权等。土地产权是指存在于土地之中的排他性完全权利。土地和其他财产权一样，只有在法律的认可下才能发挥效应。由于各个国家的社会经济、政治制度和法律体系不同，都各自有不同的财产权利体系及其构成。对于土地产权而言，是一系列权利的综合体，每个国家的产权体系通常都包括土地的所有权、使用权、租赁权、抵押权、地上权和土地发展权等。

土地所有权是指土地所有者在法律规定范围内自由使用和处理土地的权利，具有完全性、排他性、恒久性、归一性和社会性等基本属性。土地所有权的性质和内容是由土地所有制决定的。

土地使用权是依法对一定土地加以利用并取得收益的权利，是土地使用制的法律体现形式。狭义的土地使用权是指依法对土地的实际使用，包括在土地所有权之内，与土地占有权、收益权和处分权是并列关系；广义的土地使用权是指独立于土地所有权能之外的含有土地占有权、狭义的土地使用权、部分收益权和不完全处分权的集合。我国所称的土地使用权是一种广义的土地使用权。

土地租赁权是指土地所有人或土地使用权人通过契约将土地占有权、狭义的土地使用权和部分收益权转让给他人。承租人通过租赁获得的土地权利就是土地租赁权。土地租赁权与广义土地使用权的区别在于承租人不享有对土地的部分处分权，包括有期限的土地租赁权和无期限的土地租赁权。

土地抵押权是指土地受押人与土地抵押人不移转占有并继续使用收益而提供担保的土地，在债务不能履行时将土地的拍卖价款作为受清偿的担保物权。它具有优先清偿性、附属性、不可分性等性质。

地役权是指土地所有权人为了其所有或使用的土地的权益，有义务允许他人在其土地上的某种行为的权利。地上权指在他人土地上设定其使用土地的权利。土地发展权简单地说是指发展土地的权利，是一种与土地所有权分割而单独处分的权利。

全域土地综合整治，不仅是采用各项工程技术措施对田、水、路、林、村进行综合整治，某种意义上讲，也是对农村土地产权的调整和理顺。全域土地综合整治过程中涉及国家、集体和个人三方利益主体间权利、义务关系的调整，因此，必须保证整理前土地产权登记的客观、公正，整理后土地产权调整的科学、合理。保持土地产权的明晰、权能的完整、权能构成的合理以及产权足够的流动性是土地成功整治的关键。针对我国农村土地产权制度中存在的问题，应做好以下工作：

（一）应该加强农村土地产权确认与登记发证工作

具体包括：通过依法实地调查，确定农村集体土地与国有土地的权属界线、数量及分布等；确定各集体土地如乡（镇）间、村集体间和村民小组之间的土地权属界线、数量及分布等；确定各农村集体组织内部耕地、园地、林地等各类用地的面积、位置、质量等；确定各集体内部农户承包经营土地的数量、质量、位置、界线等。对确认的权属结果依法进行登记，核发证书，形成文字、图、表、簿、册等相结合的完整系统的地籍资料，为全域土地综合整治后土地权属的合理调整提供法律依据。

（二）应尽快建立农村土地使用权的合理流转机制

具体措施包括：加快培育农村土地使用权的流转市场；加强政府对农地使用权流转市场的合理引导与规范管理；允许农户在土地流转过程中获得相应合理的流转收益；建立和完善社会保障制度，加强户籍制度改革步伐，加快城市化速度，推进农业人口的非农化；在土地家庭联产承包责任制基础上，按照"自愿、有偿、合法"的原则进行土地的反租倒包、土地使用权出租、股份制经营等改革，促进土地的适度规模经营。

六、可持续发展理论

可持续发展是指既满足当代人的需要，又不对后代人满足其需要的能力构成危害的发展。可持续发展理论在全世界范围内使用得越来越广，甚至每一个学科都涉及可持续发展理论，它为人类解决面临的困境指明了道路。这一理论提出了四个原则：

（一）公平性原则

所谓公平是指机会选择的平等性。可持续发展的公平性原则包括两个方面：一方面是本代人的公平，即本代人之间的横向公平；另一方面是指代际公平，即当代与后代人之间的纵向公平。可持续发展要满足当代所有人的基本需求，创造机会以满足对美好生活的愿望。因为人类赖以生存与发展的自然资源是有限的，未来各代人应与当代人有同样的权利来提出他们对资源与环境的需求。可持续发展要求当代人在考虑自己的需求与消费的同时，也要对未来各代人的需求与消费负起历史的责任，因为同后代人相比，当代人在资源开发和利用方面处于一种无竞争的主宰地位。各代人之间的公平要求任何一代都不能处于支配的地位，即各代人都应有同样选择的机会空间。

（二）可持续性原则

资源环境是人类生存与发展的基础和条件，资源的持续利用和生态系统的可持续性是保持人类社会可持续发展的首要条件。这就要求人们根据可持续性的条件调整自己的生活方式，在生态可能的范围内确定自己的消耗标准，要合理开发、合理利用自然资源，使再生资源能保持其再生产能力、非再生资源不会过度消耗并能得到替代资源的补充，环境自净能力能得以维持。可持续发展的可持续性原则从某一个侧面反映了可持续发展的公平性原则。

（三）共同性原则

可持续发展关系到全球的发展，要实现可持续发展的总目标，必须争取全球共同的配合行动，这是由地球整体性和相互依存性所决定的。因此，致力于达成既尊重各方的利益，又保护全球环境与发展体系的国际协定至关重要。

（四）需求性原则

可持续发展是坚持公平性和长期可持续性，满足所有人的基本需求，向所有的人提供实现美好生活愿望的机会。人的需求是由社会和文化条件所确定的，是主观因素和客观因素相互作用、共同决定的结果，与人的价值观和动机有关。

（五）可持续发展理论体现的特点

1. 需要重新审视实现经济增长

要达到具有可持续意义的经济增长，必须审计使用资源和原料的方式，力求减少损失、杜绝浪费并尽量不让废物进入环境，从而减少每单位经济活动造成的环境压力。既然环境退化的原因存在于经济过程之中，其解决办法也只能从经济过程中去寻找。

2. 可持续发展以自然资源为基础，同环境承载能力相协调

可持续性可以通过适当的经济手段、技术措施和政府干预得以实现，目的是降低自然资源的耗竭速率，使之低于资源的再生速率和可替代资源的开发速率。如果经济决策能够全面、系统地考虑环境影响，可持续发展是可以实现的。

3. 可持续发展以提高生活质量为目标，同社会进步相适应

单纯追求产值的增长不能体现发展的全部内涵。学术界关于增长和发展的辩论已经达成共识，即经济发展的概念远比经济增长的含义广泛。

4. 可持续发展承认自然环境的价值

这种价值不仅体现在环境对经济系统的支撑和服务价值上，也体现在环境对生命系统不可缺少的存在价值上，应当把生产中环境资源的投入和服务记入生产成本和产品价格之

中,并逐步修改和完善国民经济核算体系。

5. 可持续发展的实施以适宜的政策和法律体系为条件

强调综合决策和公众参与需要改变过去各部门封闭地、分割地、"单打一"地分别制定经济、社会和环境政策的做法,提倡根据周密的社会、经济、环境考虑和科学原则、全面的信息和综合的要求来制定政策并予以实施。可持续发展要纳入经济发展、人口、环境、资源、社会保障等各项立法及重大决策中。

可持续发展理论的最终目的是要实现持续发展。在社会效益、经济效益和生态效益实现的同时,解决好持续增长的问题。全域土地综合整治就是将土地资源进行重新规划和优化配置,提高土地资源的利用率和产出率,在有限的资源供给情况下,实现其价值的最大化。而且,在实现社会效益和经济效益的同时,要充分考虑生态效益的实现,不能盲目追求经济利益,一切要以可持续发展为指导方向。

第三节　全域土地综合整治项目实施程序

一、项目建议书阶段

(一)项目建议书的内容

项目建议书是项目单位就新建、扩建事项向项目管理部门提交的书面申请文件。全域土地综合整治项目建议书是由项目建设业主单位(一般是地方国土局)根据土地利用总体规划、产业政策、生产力布局、所在地的内外部条件,提出的某一具体全域土地综合整治项目的建议文件,是对拟建全域土地综合整治项目提出的框架性的总体设想。

项目建议书应阐述项目必要性和可行性,估算投资与收益,明确投资方式与资金来源,具体包括以下几方面内容:①投资建设必要性和依据。这一部分须阐明拟建项目提出的背景、拟建地点,明确项目类型、建设范围、建设规模,提出或出具与项目有关的长远规划或行业、地区规划资料,说明项目建设的必要性;分析项目拟建地点的自然条件和社会条件,论证建设地点是否符合地区布局要求。②项目建设基础条件的初步分析。重点阐明拟建地点水电等公用设施、基础设施条件,以及地方材料的供应情况与可靠性。③主要规划方案的设想。④投资估算和资金来源的设想。投资估算根据掌握数据的情况,可进行详细估算,也可以按单位面积投资标准进行估算。⑤项目建设进度的安排,提出项目建设起止时间。⑥经济效益和社会效益的初步估算。计算项目投资的新增耕地率、投资回收期等指标以及其他必要的指标,进行项目的社会效益和社会影响的初步分析。⑦有关的初步结论和建议。

项目建议书是项目建设初始阶段情况的汇总，是选择和审批项目的依据，也是下一阶段编写可行性研究报告的依据。由于项目条件还不够成熟，对项目的具体建设方案还不明晰，相关专业咨询意见还未办理，项目建议书侧重于论证项目建设的必要性，建设方案和投资估算比较粗略。

（二）全域土地综合整治项目的选定

全域土地综合整治项目的选定首先需要论证合法性，合法是对全域土地综合整治活动的最基本要求。合法包含两层含义：一是符合现行法律、法规规定，二是符合相关规划。项目合法性要求阐明该项目实施与现行的法律、法规的规定是否一致。如项目实施后土地利用与土地利用总体规划和上一级全域土地综合整治规划的要求是否一致，土地开发是否经过依法审批，是否依据规划避免了湿地开发、毁林毁草和围湖造地等。

在合法的前提下，全域土地综合整治项目的选定应遵循以下原则：

1. 以全域土地综合整治潜力评价结果为基础

注重生态环境影响。生态环境十分脆弱、不宜开垦为耕地的地区，如坡角为25°以上的坡耕地，应退耕还林与还草；林地、草地不宜规划为耕地。

2. 系统性与完整性原则

项目集中连片，且具有一定规模的，应优先选择，如果片块过多、相隔太远，全域土地综合整治工程利用效率低；全域土地综合整治项目边界划分应综合考虑自然边界与行政区边界，人为地割裂与随意地划定都会破坏项目完整性，难以实现项目区整体的目标。

3. 具有较好的基础设施条件

所在规划区须具备项目实施所必需的主干道路、主干排灌渠系、堤坝、电力等配套基础设施；或已拟订相关的道路、水利、电力工程、村庄改造等方案，有关措施与资金已经落实，拟同步规划、同步实施。

4. 无权属争议

要摸清项目区土地权属现状，有严重权属问题的土地不应纳入全域土地综合整治范围。存在土地权属争议的，应及时调节处理，不宜将一时无法解决的争议土地纳入全域土地综合整治的范围。

全域土地综合整治项目选定的步骤：①根据全域土地综合整治潜力分析、划区结果和规划目标，初步提出项目类型、范围与规模。②进行实地考察，邀请当地干部、群众座谈，分析项目实施的可行性。③与有关部门协商，进行综合平衡。④确定项目的边界线，量算面积。⑤进行项目汇总，编制项目图集。

二、可行性研究与立项申报阶段

全域土地综合整治项目可行性研究是对全域土地综合整治工程项目进行全面、综合的技术经济分析的设计前期工作，其主要内容是论证全域土地综合整治项目建设的必要性与可行性，重点是各种工程的标准、设计方案、土地利用方案等的技术可行性及经济合理性。在可行性研究阶段，要对整治区进行系统的项目分析（包括全域土地综合整治潜力分析、土地适宜性评价、水资源平衡分析等），初步提出土地利用布局、工程布置方案和工程设计标准，并做出项目投资概算；分析工程建设本身存在的各种不确定性和风险，并提出相应的对策；对工程建设的社会、生态和经济效益进行客观评价。项目可行性研究的目的是为管理部门对项目立项决策提供科学依据。

可行性研究报告与项目建议书的区别表现在以下几个方面：

（一）目的不同

项目建议书是初步选择项目，确定是否需要进行下一步工作。可行性研究直接为项目是否立项的决策服务，须进行全面深入的技术经济分析论证，做多个方案比较，推荐最佳方案，或者否定该项目并提出充分理由，为最终决策提供可靠依据。

（二）基础资料依据深度不同

项目建议书是依据国家的长远规划和行业、地区规划以及产业政策，拟建项目的有关的自然资源条件和生产布局状况，以及项目主管部门的相关批文。可行性研究报告除把已批准的项目建议书作为研究依据外，还须把初步设计资料和其他数据资料作为编制依据。

（三）内容深度要求不同

两个阶段均对项目的必要性与可行性进行论证，但项目建议书要求以定性描述为主，可行性研究报告则以初步设计为依据，在项目建议书的基础上进行充实补充，使其更完善，具有更多的定量论证。

（四）工程造价确定的精度要求不同

项目建议书的投资一般根据国内外类似已建工程进行测算，可行性研究报告阶段必须进行初步设计，工程概算以初步设计为工程量依据，对项目所需的各项费用进行较为详尽的计算。

全域土地综合整治项目可行性研究是全域土地综合整治项目前期工作的重要内容，从工程建设和后期工程与土地利用的全过程考察分析工程的可行性，以最终确定工程投资建设是否进入实质性的启动程序。全域土地综合整治项目可行性研究的目的是回答全域土地综合整治项目是否有必要建设、是否可能建设和如何进行建设的问题，其结论为投资者的最终决策提供直接的依据。按照全域土地综合整治项目管理程序，全域土地综合整治项目可行性研究报告批复后才能进行规划设计。

三、规划设计与预算编制阶段

全域土地综合整治规划设计是全域土地综合整治项目可行性研究的优化与细化，必须与项目可行性研究保持衔接。全域土地综合整治项目可行性研究是规划设计的依据和基础，规划设计是对可行性研究中工程布局的深化。所谓深化，就是在可行性研究的基础上对各工程在设计上的深化，例如沟渠路的初步定线、断面设计，确定各项建筑物的位置、结构形式和尺寸，土地平整、灌溉与排水、田间路桥、其他工程等的施工组织设计，确定总预算，安排各工程施工进度等。

全域土地综合整治项目规划设计包括以下内容：土地平整规划设计、灌溉与排水工程规划设计、田间路桥工程规划设计、其他工程规划设计等。土地平整规划设计包括田块平整规划设计、田埂（坎）修筑工程设计、坑塘清淤规划设计等；灌溉与排水工程规划设计包括灌溉工程规划设计、排水工程规划设计、电力工程规划设计以及相关施工组织设计等；田间路桥工程规划设计包括线路规划设计、路基规划设计和路面规划设计以及相关施工组织设计等；其他工程规划设计包括农田防护林规划设计、水土保持林规划设计、治坡工程规划设计、治沟工程规划设计和治滩工程规划设计以及相关施工组织设计等。

一般而言，规划设计不能改变已批复的项目可行性研究报告所确定的工程布局方案和设计标准。但是，根据全域土地综合整治工作的实际情况，规划设计还存在对全域土地综合整治项目可行性研究的一个优化过程。所谓优化，就是在规划设计阶段对可行性研究中的土地利用布局、工程布局进行调整，使土地利用更加合理，使工程在布局上更符合实际、在技术上更加可靠、在经济上更加合理。

四、招投标阶段

招投标是在货物、工程和服务的采购行为中，招标人通过事先公布的采购和要求，吸引众多的投标人按照同等条件进行平等竞争，按照规定程序组织技术、经济和法律等方面专家对众多的投标人进行综合评审，从中择优选定项目的中标人的行为过程。其实质是以较低的价格获得最优的货物、工程和服务。

五、实施前准备阶段

实施准备工作主要是建立工程实施的领导和协调机构，做好工程建设的宣传和动员工作，建立工程资金的"三专"（专款、专账和专户）管理制度。

六、施工阶段

施工单位根据施工图，在工程监理单位的监督和管理下，按照工程质量标准和工程进度安排进行施工。

七、竣工验收阶段

工程竣工验收是对竣工项目工程的完成情况及效果的全面验收，工程验收内容主要包括项目建设位置和范围、工程等级和标准、工程质量、工程数量、工程效益、工程权属、工程设施管护措施以及工程建设档案材料管理等。

八、项目后评价阶段

（一）全域土地综合整治项目后评价概念与原则

全域土地综合整治项目后评价是指在全域土地综合整治项目竣工验收后的一段时间内，对项目从立项决策到验收竣工后生产运营各阶段工作及其变化的成因、效益、作用和影响及可持续性等进行全面的跟踪、调查、分析和评价的活动。其目的是通过全域土地综合整治项目后评价，总结经验，提高项目的决策、工程实施和运营管理水平，为合理利用资金、提高投资效益、改进管理、制定相关政策法规等提供科学依据。

全域土地综合整治项目后评价应遵循独立性、科学性和公正性的原则。

1. 独立性原则

全域土地综合整治项目后评价通常应由独立的第三方来完成，评价过程和结论不受项目决策者、管理者、可研人员、规划设计人员、实施者的影响和干扰，以保证评价结果的客观性和公正性。

2. 科学性原则

全域土地综合整治项目后评价方法和手段要科学，设置的评价指标体系要合理，收集的材料数据要翔实、充分，采用的数据具有可比性，前后对比的口径要一致。

3. 公正性原则

全域土地综合整治项目后评价的结果要以客观事实为依据，评价的结论要公正：既要指明项目建设中存在的问题，又要分析产生问题的内外部原因；既要实事求是地总结成功的经验，又要认真地总结失败的教训。

全域土地综合整治项目后评价应选择典型性、有代表性的项目进行。从我国全域土地综合整治的特点、现状以及投资倾向来看，全域土地综合整治项目后评价的重点应集中在以下几类项目：①全域土地综合整治重大工程；②能体现全域土地综合整治管理与技术等方面改革、创新的项目；③对项目区以及区域的经济、社会、生态有显著影响的项目；④在生态脆弱地区建设的、对生态环境的影响有待重新审视的项目；⑤多渠道筹集项目建设资金，特别是由县级以下投资主体、外商投资或有多投资主体参与的项目。

4. 实行全域土地综合整治项目后评价的意义

（1）为提高项目的决策科学水平服务

通过对全域土地综合整治项目进行后评价并建立相应的后评估制度和方法体系，一方面可以进行可行性研究，增强规划设计人员和其他评价人员的责任感，从而提高全域土地综合整治项目预测的水平；另一方面可以通过后评价反馈的信息，及时纠正项目决策中存在的问题，促进决策的科学化。

（2）为国土部门制订投资计划和政策提供依据

根据全域土地综合整治项目后评价所反馈的信息，国土部门可以更加合理地确定全域土地综合整治方向、投资重点区域、全域土地综合整治项目的投资规模和投资计划，调整有关的政策和规定，为制订有关计划和政策服务。

（3）总结项目管理的经验教训，提高项目的管理水平

全域土地综合整治项目的管理是一项十分复杂的活动，不仅涉及政府有关部门、建设项目业主、材料供应、工程施工、工程监理等众多部门，也直接面对着项目区的农民群众，只有各方面通力合作，项目才能顺利如期完成。而如何协调各方的关系、采取什么样的具体协作方式都应该在项目建设过程中不断地摸索和完善。

（4）监督和改进项目本身，促进项目运营状态正常化

全域土地综合整治项目后评价要分析全域土地综合整治项目投产时期和达产时期的实际情况，比较实际状态和预测目标的偏离程度，分析产生偏差的原因，提出切实可行的改进措施，从而促进项目经营管理正常化，提高项目的经济、社会和生态效益。

（二）全域土地综合整治项目后评价的内容

全域土地综合整治项目后评价的内容不仅涵盖可行性研究和规划设计阶段评价的内容，它还包括对项目决策、项目实施效益、影响效果、项目实际运营状况、项目管理、可持续性等的后评价。其评价的具体内容可概括为：

1. 项目立项决策阶段的评价

主要内容包括：土地勘测、项目可行性研究、项目申报、项目入库审查、项目规划设计及预算编报与审查、投资计划和预算建议编报、年度项目计划与预算草案编制等。

2. 项目准备阶段的评价

主要内容包括：项目实施方案的制订、项目招投标、合同条款和协议的签订、开工准

备、涉及建筑物搬迁等。

3. 项目实施阶段的评价

主要内容包括：项目合同执行、工程设计变更、工程"三大控制"（进度、投资、质量）、资金支付和管理、项目管理等。

4. 项目竣工和运营阶段的评价

主要内容包括：工程竣工和验收、土地发包、权属调整、整理后土地重估和登记、基本农田重划和标志设定、运营管理等。

5. 项目效益评价

（1）经济效益评价

项目在微观上的盈利能力和清偿能力、在宏观上对国民经济的贡献率等。

（2）社会效益评价

主要内容包括：项目实施在保持耕地动态平衡、提高粮食产量和农民收入、就业脱贫、经济增长等方面所产生的效益。

（3）生态效益评价

主要内容包括：项目实施在土地垦殖、绿色植被覆盖、水土流失治理、土地沙化治理、土地污染治理、水体环境改善、灾害防治、土壤肥力改善等方面所产生的效益。

6. 影响评价

（1）技术影响评价

主要内容包括：项目所采用的技术对农业乃至国民经济发展有无影响、对项目所在地乃至全国的技术进步有无影响，是否值得并可能进行推广等。

（2）社会影响评价

主要内容包括：项目的受益范围、项目建设对项目区乃至区域土地利用、产业结构调整、生产力布局、生产习惯、社会稳定和城乡建设等方面的影响。

（3）环境影响评价

主要内容包括对自然环境的影响评价、社会环境的影响评价和生态环境的影响评价。

7. 项目可持续性评价

（1）项目可持续性的内部因素

主要内容为：工程设施的使用和维持、组织机构建设、技术水平及人员素质、内部运行管理体制及运行状况、财务运营能力、项目效益发挥和持续等。

（2）项目可持续性的外部条件

主要内容为：政府政策因素、管理组织因素、社会文化因素、环境和生态因素、配套设施建设等。

8. 综合评价

在分别对以上内容进行评价之后，为评价项目建设总的效果和影响，还应对项目建设全过程决策的正确性、实现预期目标的程度和可持续性等进行一个总的评价和回顾。

（三）全域土地综合整治项目后评价的方法

全域土地综合整治项目后评价方法的基础理论是现代系统工程与反馈控制的管理理论，它应遵循工程咨询的方法与原则。项目后评价的方法很多，主要包括逻辑框架法、对比法、成功度法、统计预测理论方法、因果分析法、多目标综合分析评价法，但其最基本的方法是逻辑框架法、对比法和成功度法。全域土地综合整治项目后评价也可借鉴这些方法。

1. 逻辑框架法

逻辑框架法把项目的目标和因果关系划分为四个层次：目标、目的、产出和投入，从这四个层次来对项目进行分析和总结。

2. 对比法

对比法是项目后评价的基本方法，它是根据后评价调查所得到的实际情况，对照项目立项时所确定的直接目标和宏观目标，以及其他指标，找出偏差和变化，分析原因，得出结论和经验教训。对比法包括前后对比、有无对比和横向对比。前后对比法是将可行性研究和前评价的预测结论，与后评价时点的实际运行结果和后评价时点所做出的预测相比较，以发现变化和分析原因。有无对比法是将项目在后评价时点发生的情况和假设无建设项目时可能发生的情况进行对比，以度量项目真实的效益、作用和影响，横向对比是将具有不同特征（如全域土地综合整治的不同区域、不同类型、不同地貌、不同投资方式）或同种特征的项目相关指标的对比，以分析比较具有不同特征或同种特征的项目的费用效益水平，以找出差距，分析原因，发现问题。

3. 成功度法

成功度法是依靠评价专家组的经验，综合测评项目各项指标的评价结果，对项目的成功程度做出定性的分析，也就是通常所说的打分法。

第四节 全域土地综合整治项目规划设计

一、规划设计程序

（一）前期工作

全域土地综合整治项目规划设计前期工作内容包括：

1. 成立领导小组与规划组

规划领导小组主要负责审定工作计划，落实编制经费，协调与相关部门的关系解决规划中的重大问题，审查规划方案，等等。在规划领导小组领导下，成立全域土地综合整治规划组，负责规划的具体编制工作。

2. 制订工作计划

主要包括指导思想、工作内容、人员配备等。指导思想指现阶段在一定区域内依据土地利用总体规划的要求，编制全域土地综合整治规划，通过全域土地综合整治，坚持在保护中开发，在开发中保护的方针，使土地从粗放经营到集约利用，提高土地的利用率和产出率。工作内容一般包括规划的目的、任务、范围、期限和工作步骤等。由于全域土地综合整治规划是集社会性、技术性和法律性为一体，在编制规划人员配备上应由多学科人员组成全域土地综合整治规划设计小组，由市、县国土局（国土房屋局）及规划设计单位专家、技术人员共同组成。

3. 制订技术方案

主要包括规划依据、规划内容与方法、技术路线、成果要求等。熟悉规划设计任务，仔细研读可行性研究报告，掌握可行性研究报告中的关键内容，如项目合法性与安全性、建设规模与土地利用结构、新增耕地比例、灌溉水源、排水方式、工程建设标准、工程建设内容与工程布局、投资结构等。

（二）现场踏勘（一次踏勘）

收集项目规划与工程设计所需的资料，提出工程布局的初步方案等。

1. 资料收集整理

包括：县、乡（镇）土地利用总体规划；上级下达的全域土地综合整治分解指标和要求；各有关部门涉及的土地利用专项规划资料；县、乡（镇）土地利用现状资料；全域土地综合整治潜力调查资料；土地评价资料；基础资料包括当地的自然生态环境、人口和社会经济发展资料、农业普查资料等。

2. 与相关人员深入交流

踏勘人员必须全面熟悉全域土地综合整治区的基本情况，并与整理区的农、林、水、地等方面技术人员及村干部、村民代表进行全面深入的交流，初步形成规划设计方案设想。

（三）拟订初步规划设计方案

根据对整治区掌握的情况，深入分析踏勘区自然、经济、社会条件、水资源、新增耕地潜力、土地利用问题等，明确全域土地综合整治区土地利用存在的主要矛盾和次要矛盾，并针对主、次要矛盾确定规划设计所需解决的主要问题，形成全域土地综合整治初步规划设计方案，并编制预算，计算总投资。

（四）二（多）次踏勘与征求意见

二（多）次踏勘是对初步规划设计方案的确认、修改与完善。由于以下几个方面的原因，初步规划设计方案需要进一步地完善与修改：规划设计小组按照一次踏勘调查的工程内容计算出的预算投资与项目批复的资金额出入较大；一次踏勘调查的工程内容通常在项目区现场确定，主要意见来自参加一次踏勘的当地村民，个人提出的方案可能不代表多数村民的意见，导致方案修改；村民提出了更优化的方案。

（五）规划设计

1. 规划方案图

工程布局是对整理区内的建设用地整治工程、土地平整工程、农田水利工程、田间道路工程以及其他工程进行全面的布置。由于全域土地综合整治涉及工程内容较多，因此各工程布局应该有一个先后顺序。通常，首先应进行道路工程布局，其次进行灌溉排水工程布局，再次进行水工建筑物工程布局，然后进行其他工程布局，最后进行土地平整工程布局。但各工程布局并没有一个严格的先后顺序，在进行工程布局时，还应考虑各工程的布局要求以及各工程布局间的优化组合，并对各工程布局方案从可行性、经济效益、生态效益、运行维护等多方面进行选优，以确定适宜的整治方案。

2. 单体工程设计

单体工程设计是对全域土地综合整治的各单项工程进行详细设计的过程。工程设计先拟定单体工程设计标准，涉及新增耕地率、灌溉标准、排涝标准、水工建筑物级别、道路标准等；然后进行工程设计计算，保证单项工程设计的结构稳定性及安全性，满足设计标准要求。

3. 施工组织设计

主要任务是把工程项目在整个施工过程中所需的人力、材料、机械、资金和时间等因素，按照客观的经济技术规律，合理安排，使之达到耗工少、速度快、质量高、成本低、安全好、利润大的要求。施工组织设计的主要内容包括工程概况和施工条件分析、施工方案分析、施工进度计划和施工平面图等。

（六）设计成果整理与提交

规划文本是规划的主件，文本内容经申报批准后，具有法律或法规效力，其主要内容一般包括以下 11 个部分：①前言。简述规划的目的、任务、主要依据和规划期限。其中，规划的目的和任务中应包含同级土地利用总体规划确定的全域土地综合整治指标的分解和落实，规划依据中应包含同级土地利用总体规划，规划期限一般也应与同级土地利用总体规划一致。②基本概况。简述开发整理地区的总人口、总面积、城市化程度、自然地理概况、土地利用简况等。③全域土地综合整治潜力分析。简述拟整理土地资源的类型、数量、位置、适宜性及开发前景和存在的问题。是编制全域土地综合整治规划的现状基础。④全域土地综合整治的目标和方针。简述远、近期规划目标和开发利用的方针。⑤编制规划的简要过程。包括任务来源、组织准备、资料准备、技术路线、编制过程和规划成果等。⑥规划编制原则和指导思想。应能反映规划编制的基本原则和当地的特点。⑦主要规划内容的说明。这是规划说明的主要内容，应对规划的内容进行有重点的、具体的说明。⑧规划的方案分析和多方案比较。这是对规划的全面评估和比较，也是规划说明的主要内容。⑨规划的协调情况和不同意见的处理。反映本规划和相关规划的关系、不同意见的协议情况，是本规划能顺利实施的重要条件。⑩实施规划的措施。⑪附表、附件。规划附件包括专题研究报告、基础资料及其他相关资料、工作报告等。专题研究报告是指调查研究和规划编制协调过程中形成收集的专题报告，包括未利用土地资源开发、废弃地复垦、村镇体系布局、基础设施布局等。这属于规划编制过程中的中间成果，可根据实际需要增减。基础资料包括规划编制过程中收集的各种资料和图件，有关的法规文件、规程、标准等，属于规划编制的前期工作。工作报告内容有：规划的组织领导、参加人员、编制方案、工作体会和存在的问题等。

规划图件包括全域土地综合整治规划图和单体图册，均为必备图件，和文本同属于规划主件，并具有法律或法规效力。其比例尺一般平原不小于 1∶5 000；丘陵不小于 1∶2 000，特殊情况可适当变通，具体应根据规划的任务和要求、项目区的地形复杂程度、现有图件基础，以不影响图中各要素的清晰表达为原则，来确定规划底图比例尺不能小于规划图比例尺。全域土地综合整治规划图应包括：各类整理区界线，县、乡、村行政界线，村、镇、独立工矿及占地面积大的用地单位的规划用地范围，沟、路、林、渠等工程的规划走向和位置等。

（七）规划评审与修改

为保证规划成果质量，由上级土地主管部门组织规划评审小组对规划成果进行评审。规划评审标准应以同级土地利用总体规划和本标准的各项规定为准，并要符合下列要求：①规划整治后的土地用途应符合土地利用总体规划确定的用途，总体规划未确定用途的，可根据土地适宜性和实际需要确定。②城、镇、村调整改造应符合国家规定的用地标准。③规划提出要解决的全域土地综合整治任务符合实际，规划方案切实可行，并且经济合理。④规划较好地做到了社会效益、经济效益和生态效益相统一。⑤规划与其他相关部门的规划协调较好。⑥规划采用的基础资料翔实可靠。⑦规划文本、说明及专题研究内容符合要求、论述清楚。⑧规划图件内容全面，编绘方法正规，图面整洁清晰。⑨预算编制符合规范，工程造价计算准确。

规划成果评审小组对被评审的规划成果应做出结论，符合要求的应评为合格，可报送有批准权的机关批准公布实施。对规划成果不合格或部分内容不合格的，评审小组应提出修改或补充的具体意见。

（八）规划设计变更

规划一经批准公布实施，在规划期内一般不得随意修改变动，在实施过程中，允许做出小的调整，因情况变化需要进行较大修改的，必须经原批准机关批准。

二、调查分析内容

全域土地综合整治项目规划设开展调查分析涉及项目区自然条件、社会经济条件、土地利用和质量等级状况、基础设施条件、土地利用和质量等级限制因素、新增耕地来源、水土资源平衡等方面。

（一）自然条件

调查应采用土地利用现状图（比例尺1：1 000-1：5 000）、实测地形图（测绘精度不应小于1：2000）和遥感影像，并以实地相结合。测绘图还应符合《工程测量规范》和《全域土地综合整治制图规范》的有关规定。调查项目区所在乡（镇）村（行政村）范围、经纬度坐标（采用西安80坐标系）等位置信息，并在项目现状图中表示。调查地形地貌、地面高程、地面坡度、坡向等，地形复杂的应分区域说明地形变化情况、不同地貌单元划分及微地貌形态的分布特征。调查多年平均降水量、蒸发量、最大暴雨量；平均气温、最高和最低气温、相对湿度；多年平均日照时数、积温；多年平均冰冻期、冻土层深度、无霜期；主风向、风速、最大风力特征值等。调查不宜小于20年的月平均降雨量、蒸发量资料。调查土壤类型、质地、结构、分布状况、土层厚度、耕作层厚度和pH值、氮、磷、钾、有机物含量等，以及影响土地利用的障碍因子，调查客土土源的土壤质量、储量及其位置、权属状况、运输线路、相关权利人的意愿等。调查植被种类、分布、覆盖情况，退耕还林、还草区域，水土流失现状及治理情况等。

调查主要河流流域面积、径流量及流向、水质、含沙量、洪水特征、可供水量、水位、灌溉面积等现状利用情况；湖泊、塘坝的总蓄水量、可供水量、灌溉面积、水位、水质等现状利用情况；水库总库容、有效库容、灌溉面积、水位、水质等现状利用情况。调查地下水类型、分布、含水层岩性、赋存条件、动静水位、水质、补给量、可开采量、灌溉面积等现状利用情况。调查拟建工程地址的地层、岩性、地质构造和岩体风化等地质条件，必要时应补充地质勘探。调查项目建设相关的天然建筑材料的种类、质量，当地可供应量、运输条件。调查项目区内及周边农田景观格局，主要生物种群类型、分布和习性，重要生态廊道、湿地等自然景观情况。调查旱、涝、冰、冻、霜、渍、潮、风、沙、地质等主要自然灾害的类型、发生频率、危害程度、影响范围及其对土地利用产生的影响。

（二）社会经济条件

调查乡（镇）、行政村及自然村数量，所涉及乡（镇）、行政村近三年的总人口及劳动力状况、人均年纯收入、人均耕地数量、主要作物单位面积平均产量及生产成本、畜牧业和乡镇企业发展状况、农产品和建筑材料价格等。调查农业种植结构、种植制度、复种指数、机械化作业程度、农业生产经营方法、土地流转情况以及当地农业科技发展水平。调查居民点归并、中心村建设分布和发展状况，待整治村庄分布、人口规模、用地面积、建筑质量，以及村庄基础设施状况。调查历史文化遗产、乡土特色情况，包括具有历史文化价值的古村落、古树、建（构）筑物和具有农村特色、地域特色以及民族特色的建筑风貌等。

（三）土地利用和质量等级状况

调查土地的所有权、使用权和承包经营权等权属状况，以及土地流转和土地租赁情况。收集最新土地利用变更成果和基本农田划定成果资料，复核土地利用现状、基本农田数量和分布，编制土地利用现状表。收集农用地分等定级成果、耕地质量等级更新成果和农用地产能核算成果等资料，复核耕地质量等级状况、分布及其生产能力等。调查灌溉面积、农田有效灌溉面积、实灌面积、排涝面积、耕地撂荒情况；田块类型、规格、耕作方向、田块内平整情况；耕地利用和农业生产中存在的主要问题等。

（四）基础设施条件

调查骨干道路和田间道路的分布、类型、等级、完好程度和利用状况，以及在建等情况。调查现状地表水水源工程的类型、等级、数量、供水能力、完好程度和利用状况；现状机井的分布、数量、涌水量、水质、动静水位、井深、机电配套情况、完好程度和利用状况；现状骨干渠（沟、管）道的类型、等级、数量、分布、设计流量、特征水位、完好程度和利用状况；现状渠（沟、管）系建筑物的位置、类型、主要结构尺寸、完好程度和利用状况；现状田间灌排设施的控制面积、数量、完好程度和运行状况等。有排涝、降渍要求时，应调查项目区外围排水出口或承泄区及骨干设施情况。调查水源工程、骨干灌排设施、渠（沟、管）系建筑物、田间灌排设施的在建情况。调查现状变电站位置、规模、容量、电压等级及相关输配电线路走向、配电、用电设备位置、数量、用电功率、分布及运营方式；调查电力设施的在建情况。

调查现状、在建的防洪、水土保持和防护林等农田防护与生态环境保持工程设施的具体分布、类型、数量、结构和运行情况等。调查地下管网线、光缆等现状、在建情况。调查是否有工厂排污、历史遗留等环境污染情况。调查项目区内现状基础设施与周边基础设施的衔接，及在建情况。

（五）土地利用和质量等级限制因素

分析土地利用总体规划、全域土地综合整治规划、村镇规划、新农村建设和各行业发展规划等对项目区土地利用和农业生产的影响方式、范围和程度，并提出解决措施。分析土壤、气候、水文和水文地质条件以及旱、涝、渍、碱、风灾、洪灾等自然因素对土地利用和农业生产的影响，应确定限制因素，并提出消除或降低土地利用限制性因素的具体措施。

分析田块规格、交通设施、灌排设施、农田防护和防洪排涝等设施状况对土地利用和农业生产的影响，应确定限制因子，并提出解决措施。分析地表水、地下水、土壤和大气等的污染源对土地利用和农业生产的影响范围和程度，并提出防治措施。分析项目区自然山水格局、地表形态等景观特征，提出不同景观特征类型和景观重建、保护等措施。分析社会经济等其他因素对项目区土地利用和农业生产的影响，并提出改善措施。

（六）新增耕地来源

应通过现场图斑比对和初步拟订规划方案，逐地块分析新增耕地的可行性，通过开发、复垦等方式新增耕地的地块应进行土地适宜性评价。

三、规划设计原则

编制全域土地综合整治项目规划设计文件要以土地利用总体规划、全域土地综合整治专项规划和有关法律、法规、政策为依据，立足于提高土地利用效率、增加农用地及有效耕地面积，以实现经济效益、社会效益、生态效益的统一。按照上述指导思想，全域土地综合整治项目规划设计应遵循下列原则：

（一）依法依规编制规划的原则

全域土地综合整治项目规划设计要以国家、地方的相关法律、法规、政策、行业规范为依据，在其指导和规范下进行。

（二）因地制宜的原则

全域土地综合整治具有鲜明的地域性，地区不同，全域土地综合整治项目规划设计的重点、内容和方法也不相同，编制规划要充分体现地域特征。丘陵地区全域土地综合整治项目规划设计的重点是如何解决灌溉问题以及如何防止水土流失；低洼易涝地区的重点则应放在如何解决排涝排渍问题上；平原地区重点须在确保农田基础设施的配套与完善的基础上，有条件的地方在田块设计方面应该满足土地适度规模经营和机械化的要求。

（三）政府决策和公众参与相结合的原则

全域土地综合整治涉及农业、交通、水利、林业、城镇等多个方面，全域土地综合整治项目规划设计要充分听取各部门的意见和当地农民、居民的意见，注重与基本农田建设、生态退耕、农业结构调整和土地权属调整相结合，不能一致时，要充分听取有关部门的意见，并做好协调工作，否则，全域土地综合整治项目规划设计难以顺利实施。

（四）系统性的原则

系统是具有特定功能、相互间具有有机联系的许多要素所构成的一个有机整体，全域土地综合整治的系统性特点决定了全域土地综合整治项目规划设计必须着眼全局，充分发挥系统各组成部分的功能，使全域土地综合整治系统效益达到最优。以灌溉与排水工程设计为例：衬砌渠道通过铺设水泥硬化渠底可保证水路畅通，但从系统论的角度考虑，这可能会导致物种多样性的下降，最终造成生态失衡。此外，全域土地综合整治不仅有自己的各个组成部分，同时也是土地利用活动的重要内容，作为这个大系统的一部分，全域土地综合整治项目规划设计中应处理好全域土地综合整治与其他土地利用活动的关系，促进土地利用的持续发展。

（五）三效益相结合的原则

经济效益是全域土地综合整治的基础，只有长期平均产出大于投入，全域土地综合整治才可能顺利进行并良性发展；生态效益是全域土地综合整治的保障，只有保护和改善生态环境，提高环境的容纳能力与自我调节能力，全域土地综合整治的成果才可能得到长期巩固，全域土地综合整治才具有持续的生命力；社会效益是全域土地综合整治的支撑，在全域土地综合整治前要广泛征求社会群众意见，引导群众参与，充分考虑和保障农民的切身利益，经济、生态、社会三大效益长期来说是一致的，但短期内却有可能发生冲突，如短期内为增加耕地面积而破坏植被，导致生态失衡；为求规模经营不顾农民意志强行集中田块，破坏农民参与全域土地综合整治的积极性等。因此，在全域土地综合整治项目规划设计中，特别是在安排土地开发时，一定要注意生态环境的保护，以追求生态、经济、社会三大效益的统一，要从全局和长远利益出发，通过全域土地综合整治，改善生态环境，做到土地资源的可持续利用，做到经济有效、生态平衡、社会和谐。

第二章　全域土地综合整治重点

第一节　大力推进高标准基本农田建设与农用地整理

一、高标准基本农田建设的意义

（一）从基本农田保护到高标准基本农田建设

改革开放以来，基本农田建设保护经历了起步、立法配套、专项规划、规模整治等阶段。《基本农田保护条例》颁布后，国家在全国范围内开展了大规模基本农田规划编制和划定工作，920多个国家级商品粮、棉、油生产基地及城市周边、交通沿线的高产稳产耕地被划入基本农田保护区，各地还制定了一系列行之有效的措施进行保护。新《土地管理法》及配套法规的出台，将耕地和基本农田保护确定为法定内容，在《全国土地利用总体规划纲要》中，提出了"在保护和改善生态环境前提下，实现耕地总量动态平衡"的战略目标，通过省、市、县、乡级土地利用总体规划体系，对耕地保有量、基本农田保护面积实行总量控制、逐级配置落实，并规定了各级规划都应明确基本农田保护的布局安排、数量指标和质量要求，县、乡级土地利用总体规划必须划定基本农田保护区，在规划审批后予以公告。为深化土地利用总体规划，实现耕地占补平衡，国家又开展了国家、省、市、县级土地开发整理专项规划，确定土地开发整理的重点区域、重点工程和重点项目，改善耕地生产条件、生态环境，提高农用地综合生产能力，为国家粮食安全奠定了坚实基础。

可以看出，随着经济社会的发展，保护耕地和基本农田建设的内容也发生着改变，从注重数量平衡逐步转向数量、质量保护和生态管护并举，从单一的耕地保护扩展到对全部农用地的有效保护，从重点区位的保护延伸到重点工程与项目的安排，保护中更注重社会效益、经济效益和生态效益三统一。保护耕地的内容更加明确，目标进一步细化，逐层落实，这对于保护耕地，维系粮食安全和社会稳定起到了极为重要的作用。

（二）高标准基本农田建设的意义

1. 高标准基本农田的内涵

高标准基本农田是将基本农田上"双保险"。旱涝保收高标准基本农田是通过全域土地综合整治建设形成的布局合理化、农田规模化、农艺科技化、生产机械化、经营信息化、环境生态化的基本农田。高标准基本农田的具体标准界定为：一定时期内，通过农村全域土地综合整治形成的集中连片、设施配套、高产稳产、生态良好、抗灾能力强、与现代农业生产和经营方式相适应的基本农田，包括经过整治后达到标准要求的原有和新划定的基本农田。

高标准基本农田具有以下三个特征：

（1）具有明确的法律定位

根据《基本农田保护条例》，基本农田是指按照一定时期人口和社会经济发展对农产品的需求，依据土地利用总体规划确定的不得占用的耕地，高标准基本农田是基本农田的一部分，必须依法保护。

（2）实行最严格的保护制度

高标准基本农田一经建成，就必须依法实行永久保护，不得随意侵占。

（3）具备具体的衡量尺度

高标准基本农田是指集中连片、设施配套、高产稳产、生态良好、抗灾能力强、与现代农业生产和经营方式相适应的基本农田。

2. 高标准基本农田建设的意义与作用

高标准基本农田建设是以建设高标准基本农田为目标，依据土地利用总体规划和全域土地综合整治规划，在农村全域土地综合整治重点区域及重大工程建设区域、基本农田保护区、基本农田整备区等开展的全域土地综合整治活动。

民以食为天，粮食是关系社会稳定和国家经济安全的重要战略物资。近年来，人口不断增长导致人多地少的矛盾进一步加剧，并且随着城镇化、工业化的不断推进，耕地总量减少的问题十分突出。基本农田作为耕地的精华在保障国家粮食安全上有着举足轻重的作用：

（1）是巩固和加强农业基础的重要内容

是确保国家粮食安全的核心。通过全域土地综合整治建设形成的集中连片、设施配套、高产稳产、生态良好、抗灾能力强、与现代农业生产和经营方式相适应的基本农田，主要是为国家粮食安全奠定坚实基础。基本农田的建设和保护，不仅在数量上，更重要的是在质量上，反映在耕地的综合生产能力上。建设高标准基本农田，就是确保粮食生产能力的提高，确保国家粮食安全。

（2）是促进粮食稳定增长、农民持续增收的重要手段

从外部环境来看，国际金融危机对我国经济的负面影响日益加深，对农业农村发展的冲击也不断显现出来。我国保持农业稳定发展、农民持续增收的难度明显加大。综合考虑国内外经济发展形势，我国的农业农村工作面临着很大的困难，农业是整个国民经济中最薄弱的环节，耕地持续减少、淡水资源短缺、金融和科技支持不足、农田水利设施老化失

修、自然灾害频发等问题严重制约着农业的稳定发展，确保国家粮食安全的任务依然十分艰巨。因此，党中央和国务院高度重视高标准基本农田建设，提出了以全域土地综合整治工作为核心的高标准基本农田建设。

二、高标准基本农田建设目标与要求

（一）基本农田现状

反映基本农田现状因素主要包括自然条件、基础条件和区域条件三个方面。自然条件主要包括耕地质量等别、新增耕地潜力、破碎化程度和基本农田面积比例。基础条件主要包括灌溉耕地比例、排水和田间道路条件，其中灌溉耕地比例基本能够反映基本农田的基础条件。区域条件主要是单位耕地面积产量和农业人口比例。

耕地质量利用等别不仅反映耕地的自然条件（土层厚度、表层质地、剖面构型、盐渍程度、有机含量、障碍层次、地形坡度、岩石露头），同时也反映利用条件（灌溉保证、灌溉水源、排水条件、灌溉水质）。因此，乡镇耕地加权平均质量等别能够从总体上反映该区域的耕地质量情况。耕地质量利用等别高的区域，也是建设高标准基本农田的重点区域。

（二）高标准基本农田建设目标与选择要求

根据《高标准基本农田建设规范》，结合具体情况，提出高标准基本农田建设的总体要求、建设目标、基础条件、区域选择以及建设内容与基本要求。

1. 总体要求

坚持"十分珍惜、合理利用土地和切实保护耕地"的基本原则，规范开展高标准基本农田建设。坚持规划引导，以土地利用总体规划和全域土地综合整治规划为依据，兼顾相关部门规划，统筹安排，规模整治，优先在基本农田范围内建设。坚持因地制宜，实行差别化整治，根据不同区域自然资源特点、社会经济发展水平、土地利用状况，采取"田、水、路、林、村"综合整治措施。

坚持数量、质量、生态并重，促进基本农田数量稳定、质量提高、景观优化、生态良好。坚持农民主体地位，充分尊重农民意愿，维护土地权利人合法权益，依法保障农民的知情权、参与权和收益权，鼓励农民采取多种形式参与工程建设。

以全域土地综合整治专项资金为引导，聚合相关涉农资金，集中投入，引导和规范社会力量参与。

2. 建设目标

（1）总体目标

提高基础设施配套程度，改善农业机械化、规模化生产条件，增强抵御自然灾害能力，改善生态景观，提高粮食生产保障能力，落实高标准基本农田建设目标任务，促进高标准基本农田持续利用。

（2）具体目标

①优化土地利用结构与布局，实现节约集约利用土地；②增加高标准基本农田面积，提升耕地质量；③完善田间基础设施，改善农业生产条件；④促进集中连片，发挥规模效益；⑤加强建成高标准基本农田利用的监测监管，确保好地好用；⑥加强生态环境建设，发挥生产、生态、景观的综合功能。

3. 区域基础条件

符合国家法律、法规，符合国务院国土资源、农业、水利、环境保护等行政部门的有关规定，符合土地利用总体规划等相关规划的要求。

地形坡度在25°以下，其中15°以下区域优先作为高标准基本农田建设区域，集中连片提高，且每个耕作区到达一定规模。

水资源有保障，水质符合农田灌溉标准，土壤适合农作物生长，无潜在土壤污染和地质灾害。具备建设所必需的水利、交通、电力等骨干基础设施。地方政府重视程度高，当地农村集体经济组织和农民群众积极性高。

4. 建设区域选择

（1）高标准基本农田建设重点区域

包括：①土地利用总体规划确定的基本农田保护区和基本农田整备区；②农用地质量分等评定的优等、高等、中等耕地集中分布区域。

（2）高标准基本农田建设限制区域

包括：①水资源贫乏区域；②水土流失易发区、沙化严重区等生态脆弱区域；③历史遗留的挖损、塌陷、压占等造成土地严重损毁且难以恢复的区域；④土壤污染严重的区域；⑤易受自然灾害损毁的区域；⑥内陆滩涂等区域。

（3）高标准基本农田建设禁止区域

包括：①地形坡度大于25°的区域；②自然保护区核心区、退耕还林区；③河流、水库水面及其保护范围。

5. 建设内容与基本要求

（1）建设内容

高标准基本农田建设内容主要包括土地平整、灌溉与排水、田间道路、农田防护与生态保持以及其他五项工程。

（2）基本要求

①优化土地利用结构，完善田间基础设施，提高机械化水平和农业综合生产能力，增

强抵御自然灾害能力，改善生态景观；②实现每个耕作田块直接临渠（管）、临沟、临路，保证每个耕作区与农村居民点相连；③田间基础设施占地率不高于8%，基础设施使用年限一般不低于15年；④建成后的耕地质量等级达到所在县的较高等级。

三、高标准基本农田建设布局

（一）高标准基本农田建设评价

根据高标准基本农田建设要求，以土地利用总体规划确定的基本农田为基础，进行高标准基本农田建设评价。

1. 评价目的与原则

（1）评价目的

根据高标准基本农田建设目标和区域选择要求，通过评价确定高标准基本农田建设区域优先选择顺序，为高标准基本农田建设重点区域和示范区建设提供依据。

（2）评价原则

①耕地质量较好，优等、高等、中等耕地比重较大；②基本农田整治增加耕地潜力较大；③基本农田分布相对集中，集中连片程度高；④基础条件较好，地方政府重视程度高；⑤一般不打破乡镇级行政界线。

2. 指标体系

根据高标准基本农田建设评价原则，选取自然条件、基础条件和区域条件三个因素，构建高标准基本农田建设评价指标体系。

（二）高标准基本农田示范区建设

建设"基本农田标准化、基础工作规范化、保护责任社会化、监督管理信息化"的高标准基本农田示范区。采用"两分法"分别将各区县划分四个部分，结合高标准基本农田建设任务，将综合评价分值最高的部分划入高标准基本农田建设示范区。同时，城市和县城所在地的街道或镇作为城镇发展拓展区，给予剔除。

（三）高标准基本农田建设保障措施

1. 政府主导，社会参与

建设高标准基本农田涉及多个领域和部门，在建设过程中，资金量大、工期长、利益主体多、协调事务多，必须由县级以上政府统一组织，发改、建设、国土、财政、农业、林业、水利、交通、民政、环保等相关部门协同配合，同时注重发挥项目所在地农村集体经济组织的作用。

2. 因地制宜，科学规划

建设高标准基本农田是一项系统工程，必须坚持规划先行，紧密结合当地实际情况，按照统一规划、统一设计、统一整治的要求，加强与产业发展、村镇建设、交通、水利、环保等相关规划的协调衔接，因地制宜，突出高标准基本农田多功能性和多效益性。

3. 严格资金管理，拓宽筹资渠道

（1）用好专项资金

新增建设用地土地有偿使用费是高标准基本农田建设的最主要资金来源，要严格执行全部用于耕地开发和土地整理的有关规定，将之全部投入高标准基本农田建设。

（2）整合相关资金

按照现有政策，可将土地整理开发专项资金、城乡建设用地增减挂钩增值收益、各类涉农资金整合使用。积极探索多元化投融资渠道，吸引社会资金投入，制定扶持政策，鼓励农民自愿出资出工参与建设。

（3）规范资金使用管理

在资金支出上，强化预算管理，整合内部资源，集中财力、物力用于重点工作的突破。按照"用途不变、渠道不乱、集中财力、以点带面"的要求，对各类资金统筹管理，由原来分散使用变为集中整合，发挥各类财政资金的整体效应。

4. 规范运作，全过程监管

在行政管理上，健全"集中统一、分级负责、全面全程"的监管制度，进一步明确监管责任、监管程序、监管标准和监管内容；制定科学合理的高标准基本农田建设考核指标体系和考核评价方法，注重考核评价及其结果的激励运用。在技术管理上，依据《高标准基本农田建设规范》，加强对高标准基本农田建设的指导，强化从业人员业务培训。

5. 标准化建设，规范化管理

建设的标准化。严格落实《高标准基本农田建设规范》，根据高标准基本农田建设内容，实现耕作田块直接临渠（管）、临沟、临路，保证每个耕作区与农村居民点相连。推进土地平整，合理确定田块规模，规整田块，使其满足农业机械作业条件；完善田间道路系统，优化田间道、生产路布局，提高道路的荷载标准和通达度；加强农田灌溉与排水工程建设，提高耕地灌溉面积比例和渠系水利用系数，增强农田防洪排涝能力等。

管理规范化将高标准基本农田建设任务层层配置，明确不同区域的建设定位、主导方向、时序和任务，建立高标准基本农田建设信息档案，统一标志、统一保护，使其成为可检索、可定位的高标准基本农田。

四、农用地整理重点与协调

(一) 农用地整理重点

全域土地综合整治要促进农业农村发展和农业现代化,促进新农村建设和城镇化发展;要增加耕地数量、提高耕地质量,促进农业产业结构调整,提高农业集约化水平;要优化城乡用地结构,加强农村基础设施和公共服务设施建设,要按照有利生产、方便生活、改善环境的原则,以农田整治为重点,立足提高高产稳产基本农田比重,加快改善农村生产生活条件,促进农民增收、农业增效、农村发展。因此,农用地整理要围绕提高耕地质量、完善农田基础设施、改善农田生态环境等内容开展。农用地整理重点包括:

1. 强化耕地地力提升,提高综合生产能力

根据不同土壤条件,积极实施深耕深松、秸秆还田、增施有机肥及其他地力培肥技术措施,改良土壤物理性状。农业防治、生物防治和化学防治相结合,施用高效、低毒、低残留农药和生物农药,减少化学农药残留。

2. 完善农田基础设施,提高耕地质量

在平原区,大力发展高效节水工程,推广喷灌、滴灌、微灌、管灌技术;加强农田水利设施建设,增强农田防洪排涝能力;完善农田路网布局,提高道路的荷载标准和通达度。在低山丘陵区,加大中、低质量等级耕地改造力度,规整田块,合理确定田坎规模,提高机械作业水平;加强小型农田水利设施建设,增加塘坝、大口井数量,提高农田灌溉比重。

3. 积极开展坡耕地整理,减低中低产田比重

按照先易后难、循序渐进、治理水土流失与促进农民增收相结合的原则,以梯田建设为重点,科学规划,合理布局,实现保土、蓄水、节水、增效的有机统一,充分发挥全域土地综合整治综合效益。

4. 加强农田生态建设,保障生态环境安全

在平原区,推进农田林网建设,完善农田防护林体系,增强农田抵抗自然灾害的能力。在低山丘陵区,加强小流域综合治理,构建有效的水土流失综合防治体系,保障农田生态环境安全。

(二) 协调特色农产品种植区全域土地综合整治

现代农业是与传统农业相对应的农业形态,是以广泛应用现代科学技术、普遍使用现代生产工具、全面实行现代经营管理为本质特征和主要标志的发达农业。规模化经营是现

代农业的发展方向。在农用地整理中,应特别注意与特色农产品种植区的协调,主要包括:

1. 统筹特色农产品种植区全域土地综合整治,提高农产品生产能力

加强特色农产品资源的开发与保护,积极发展高产、高效、优质、生态、安全农产品,重点培育茶叶、瓜菜、果业、桑蚕、药材、花卉等优势特色产业,发展设施农业、循环农业、绿色农业、休闲农业等现代农业。

2. 协调农产品生产基地化建设,促进农业规模化经营

与绿色高效粮油生产基地、绿色高效蔬菜生产基地、绿色果品生产基地、绿色茶叶生产基地、特色农产品生产基地、观光休闲农业基地"六大基地"建设相结合,着力发展规模化、区域化特色优势主导产业,挖掘区域特色资源利用潜力,提升农业综合实力,促进全市特色块状经济发展格局的形成。

(三)统筹其他农用地整理

农用地整理的重点是耕地,在加强区域全域土地综合整治的背景下,还应统筹其他农用地的整治。主要包括:

加强特色水果生产基地全域土地综合整治,提高园地单产和效益。积极引进试验示范水果新品种,推广现代矮化密植栽培技术,稳步发展水果设施栽培,培育、壮大名优新特珍良种示范基地。加强林地整理,促进生态环境改善。以生态建设为重点,坚持"先易后难、由近及远"的原则,重点绿化国道、省道、城市周边、风景旅游区附近可视山头,实行工程措施和生物措施相结合,综合治理,恢复绿色植被。加强畜禽养殖用地管理,鼓励标准化规模养殖。推行区域化布局、规模化饲养、标准化生产、产业化经营和品牌化建设,积极发展现代畜牧业,培植一批畜禽养殖标准化示范基地。发展"养殖业—沼气—种植业"模式的循环农业。

五、农用地整理重点区域和重点工程

(一)农用地整理区域评价

1. 评价目的与原则

(1) 评价目的

通过评价确定农用地整理区域优先选择顺序,为农用地整理重点区域和重点项目的选择提供依据。

(2) 评价原则

①保护耕地原则

农用地整理在增加耕地数量的同时,更加注重提高耕地质量。

②改善生产条件原则

农用地整理要改善生产条件，促进耕地集中连片，降低耕地破碎化程度。

③地域完整性原则

保持行政界线的完整性，原则上不打破乡镇级行政界线。

2. 评价指标体系

根据农用地整理区域评价原则，选取农用地整理增耕地潜力、农用地整理质量提升潜力、农用地平均利用等别和耕地集中连片程度四个因素，构建农用地整理区域评价指标评价体系。

（二）农用地整理重点区域

1. 农用地整理重点区域

根据农用地整理区域综合评价值，确定农用地整理的重点区域（乡镇）。根据农用地整理综合评价分值大小，采用"两分法"分别将各区县划分四个部分，将农用地整理综合评价分值最高的部分划入重点整理区域。从整理的对象看，高标准基本农田建设是农用地整理的一部分，因此，应将高标准基本农田建设示范区纳入农用地整理重点区域。

2. 农用地整理重点区域整理要点

强化中、低等地改造力度，加强农田环境综合治理，增加农业基础设施建设投入，优化农田的灌溉、排水、道路、林网等田间工程体系，全面提高农业抗御洪涝等自然灾害的能力。改良土壤结构，解决土壤可能存在的通透性强、漏水漏肥等问题。加强土地平整、农田水利建设及土壤改良工作力度，改善农业发展基本条件。

（三）农用地整理重点工程

农用地整理重点工程一般在农用地整理重点区域内选择，并符合以下要求：

第一，对实现整理目标起主要支撑作用。

第二，土地整理规模较大。

第三，对落实重点区域内土地开发整理任务发挥主导作用。

第四，预期投资效益较好。

第五，能够明显改善区域生态环境。

以农用地整理重点区域划定结果为基础，按照重点工程选定要求，根据农用地整理的重点，确定农用地整理重点工程。

第二节 规范推进农村建设用地整理

农村建设用地整理要坚持"群众自愿、因地制宜、量力而行、依法推动"的原则，积极稳妥推进农村建设用地整理，优化农村建设用地布局，完善农村基础设施，改善农村生产生活条件，提升农村公共服务水平，促进城乡一体化发展。农村建设用地整理主要任务是优化农村居民点布局和完善农村基础设施，其目的是改善农村生产生活条件。

一、农村居民点整理背景与意义

（一）农村居民点整理的背景

1. 城市化发展进入新阶段

新型城镇化是以城乡统筹、城乡一体、产城互动、节约集约、生态宜居、和谐发展为基本特征的城镇化，是大中小城市、小城镇、新型农村社区协调发展、互促共进的城镇化。新型城镇化的核心在于不以牺牲农业和粮食、生态和环境为代价，着眼农民，涵盖农村，实现城乡基础设施一体化和公共服务均等化，促进经济社会发展，实现共同富裕。从城市化进程的角度和城乡统筹的角度来看，我国农村发展即将进入一个新的阶段，传统的农村聚落规模小而分散，与自然联系密切，农村的生产与生活水平相对较低，经济基础相对薄弱，且受现代化和工业化的影响较慢，要实现城乡统筹首先要改善农村居住质量，优化农村居民点空间布局。

2. 农村建设面临新的发展机遇

建设"生产发展、生活富裕、乡风文明、村容整洁、管理民主"的社会主义新农村，是党和政府对"三农"问题政策方针的全面升华，全面体现了新形势下农村经济、政治、文化和社会发展的要求。国家给予政策上的倾斜，同时也在资金和其他方面对农村加大了投入，农村建设进入了一个新的发展时期，面临着新的发展机遇。

新农村建设的"新"体现在城乡统筹发展，体现在工农业协调推进，体现在相关制度的配套完善、综合推进。具体而言，所谓"新农村"包括五个方面，即新房舍、新设施、新环境、新农民、新风尚，这五者缺一不可，共同构成社会主义"新农村"的范畴。在这样一个历史环境下，农村建设的首要重点就是改善居民生活，最直观的体现便是农村人居环境，农村居民点的建设是村庄建设非常重要的一个部分，因此，农村居民点的布局优化显得更为重要。

3. 农村人居环境改善成为农村发展的重要内容

由于我国城乡二元体制的存在，使农业、农村、农民处于劣势，尤其是在特定的历史条件下对农村长期索取过多，带来农村生态环境的巨大负担，较长时期内对农村的投入不足，造成农村的人居环境成了"脏乱差"的代名词。特别是在基础设施建设、公共服务设施配套、环境治理等方面，农村与城市差距表现更为突出。与日新月异、飞速发展的城市面貌相比，农村建设和社会发展明显滞后。农村人居环境是农民生活水准的主要标志，它的提高对于协调农村居住与社会、经济、资源环境等之间的关系，改善村容村貌和农民生活起着至关重要的作用。

（二）农村居民点整理的意义

1. 有利于农村建设用地节约集约利用

农村居民点整理是提高农村居民点用地效率和集约化程度的重要手段。通过对农村居民点整理，可以优化土地利用结构，提高土地利用率，盘活存量土地，不仅有利于提高农村居民点用地效率和集约化程度，改善不符合可持续发展要求的无序、低效的农村土地利用现状，还可以进一步缓解城乡建设用地供需矛盾，加快城镇化和工业化进程，对统筹城乡经济和社会发展作用重大、意义深远。

2. 有利于社会主义新农村建设

农村居民点整理是社会主义新农村建设中的一项重要内容。在建设社会主义新农村的背景之下，对于布局不合理的农村居民点开展重新规划和布局，全方位改善农村居住环境，改变传统的居住形态，塑造新的居住形态，达到节约耕地，改善农村生产、生活环境的目的。总之，开展农村居民点整理对促进社会主义新农村建设，实现"生产发展、生活宽裕、乡镇文明、村容整洁、管理民主"的目标，有着重要的现实意义，将为促进农村生产发展发挥长期而重要的支持作用。

3. 有利于农村社会科学发展

坚持以人为本，树立全面发展、协调发展和可持续发展的理念，促进经济社会和人的全面发展是现代化建设的发展道路、发展模式和发展战略，具有重大的现实意义和深远的历史影响。落实科学发展观，要求在进行农村居民点整理时不仅要考虑空间形态布局，更要重视形态层面以外的软性环境，如社会、经济和文化环境；还应当体现当地的自然地理与历史人文的有机融合，以促进人与社会、自然的和谐发展，实现农村社会的科学发展。

二、农村居民点用地与空间布局

（一）农村居民点用地变化

土地利用变化在一定程度上反映经济社会的发展变化。农村居民点用地的变动反映农村社会发展的变化。长期以来，农村居民点用地主要随人口的变化而变化。随着社会经济的快速发展，农村社会经济结构发生了剧烈的变化，农村居民点用地规模等方面也发生了变化。

（二）农村居民点空间布局

农村居民点空间布局受自然因素及社会、经济因素的影响，如地形、水系、交通等自然及人文等的影响，农村居民点的规模、形态、分布规律反映了这些因素的综合作用。

三、农村居民点整理原则与基本路径

（一）农村居民点整理原则

1. 统筹城乡发展原则

区域经济社会全面发展依赖于城镇和农村共同协调推动，城镇与农村发展进程不一致，必将影响经济社会的健康发展和总体水平提高。通过农村居民点整理，改善农村生产生活条件，促进农村经济发展，提升城乡一体化发展水平；同时，配置功能完善的基础设施和社会服务设施，体现城区设施和农村设施的衔接，使城乡之间统筹建设成为现实。

2. 充分尊重农民意愿原则

农村居民点整理，必须考虑农村居民的愿望和利益，绝不能按照少数人的意志而违背农民的利益和愿望；要维护农民的合法权益，政府、农民个人和集体要合理承担相关成本，对生产生活做出妥善安排，包括居住、就业、养老等。

3. 注重集聚规模效益原则

通过迁并村庄，调整空间布局，使土地利用方式向集约化方向转变。将建设新型农村社区作为农村居民点整理的重点，降低现有宅基地用地标准，规范新建社区建设用地标准。推动农业现代化进程，实现由分散化向规模化经营转变，引导以从事农业为主的农民在社区集中居住，鼓励以从事非农业为主的农民进镇居住，推进城市化进程，形成集聚效益。

4. 保护乡土风貌与特色建筑原则

传统农村居民点景观充分考虑了建筑与地形、植被、水体等环境要素的关系，与自然景观融为一体，展现出原汁原味的乡土风情。传统民居具有很大的建筑创作价值，是乡镇景观中最具地方特色的部分。在对农村居民点整理过程中应注重保护原有乡土风貌和特色建筑。要把农村社区建设成为具有地方特色、环境优美、布局合理、基础设施和公共服务设施完善的现代化农村新型社区。

（二）农村居民点整理总体要求

按照新农村建设的总体要求，以适应城镇化发展水平，改善农村生产生活条件、逐步实现城乡一体化为出发点，以社会稳定为基础，以经济支撑能力为尺度，以村民自愿为原则，实行整体规划、分类指导、循序渐进的办法，把长期全面调整与短期重点调整结合起来，把全面性的环境整治与重点性的配套建设结合起来，把布局调整、新村建设和改善村民生活条件结合起来，通过不断探索，建成富有特色的社会主义新农村。

农村居民点整理要在符合农村居民点演化趋势的前提下，根据农业产业布局及其未来发展的定位和要求，立足当前，着眼长远，坚持从实际出发，紧密结合当地的自然社会经济条件，结合农村住户从事各种生产、生活的实用性，以有利于生产、方便生活，有利于生态环境建设为原则，因地制宜地妥善处理并发挥地区优势与统筹规划的关系、产业发展与生态环境保护间的关系、城镇发展与乡镇发展间的关系；实行农村居民点发展分类指导，统筹城乡发展空间。

对于布局基础条件各异的农村居民点整理不可能采用一种模式，必须坚持从实际出发，充分考虑其职能和发展基础，考虑农民的生产、生活方式，结合其经济状态和环境要求来确定调整的方向和模式。以区位条件好、产业基础好的农村居民点为基础建设新型农村社区，统筹安排基础设施和社会服务设施，有效地促进人口与经济要素的空间集聚。推进城乡产业对接，促进城乡资源要素的合理流动和优化配置，形成良性互动、与生产力布局框架相协调的区域居民点空间结构组织形式。

（三）农村居民点整理基本路径

农村居民点整理不仅仅是用地空间布局的调整，还涉及农村基层组织建设和农村产业发展，要以组织整合为基础、产业整合为核心、空间整合为目标，实现农村要素有序流动及优化配置。通过组织整合建立农村居民点整理的组织领导体系，为产业整合和空间整合提供保障；通过产业整合推动农村经济发展，提高农村基层组织的领导能力，促进农民增收，为推进空间整合积累资金；通过农村居民点空间整合，进一步提高农村组织的效率，促进农村产业集聚发展。

1. 组织整合

农村居民点整理是一个系统工程，涉及农村经济、社会、文化等诸多方面，需要一个结构合理、功能完备的农村基础组织体系来推动和管理。高效的农村基层组织不仅是农村居民点整理的需要，而且也是推进城乡统筹的重要基础。因此，推进农村居民点整理，必须进行农村组织整合，建立结构完善、功能完备、等级有序的农村基础组织体系。

（1）完善地方政府组织

农村居民点整理的主体是具有一定宏观性和引领性的政府组织，但多部门分治削弱了政府组织的作用和效率，因而整合多层次的组织机构显得尤为重要。改革开放以来，我国农村实行"村民自治"，地方政府对农村的管理多为部门分治式管理。这种管理往往会造成资源浪费、效率较低。推进农村居民点整理，必须整合多部门的力量，建立组织有序、分工明确的工作秩序，促进要素资源在农村的合理配置，发挥其最大效率。考虑农村居民点整理的综合性，应在县级政府成立农村居民点整理委员会，或者依托原有的新农村建设组织，赋予其新的职能，组织领导农村居民点整理工作。

（2）整合农村基层党组织

农村基层党组织是农村组织的领导核心。我国众多乡镇发展与建设实践表明，农村基层党组织的知识水平、领导能力在一定程度上决定着农村改革与发展的成败。随着城镇化发展，农村高素质人口向城镇转移，农村基层党组织缺乏人才，基层党组织的领导能力和水平难以提升。因此，整合农村基层党组织，提升基层党组织领导能力对于推进农村居民点整理十分重要。应根据未来农村发展与空间布局的长远规划，打破原来村庄建制，建立促进村庄未来空间整合和产业整合的村庄联合党支部，有条件的地区可以依农村社区化建设的要求，成立农村社区基层党委，联合基层党委的力量，提高基层党组织的领导和管理水平。

（3）完善村民自治组织

随着农村的发展，农村常住人口不断减少，并且农村留守人口多为老人、妇女、儿童。由于人口的减少和人员自我管理与自我服务能力的下降，村民委员会很难发挥其作用。应依据未来乡镇发展和空间布局的长远规划，参照农村血缘、地缘关系，建立村民自治联合委员会，有条件的地区可以按照农村社区化建设的要求，建立农村社区委员会，提高村民自我管理、自我教育、自我服务的能力。

（4）推进农村经济合作组织建设

建设农村经济合作组织是实现农业家庭经营与大市场对接的有效途径。由于农业生产的生物性、地域的分散性以及生产规模的不均匀性，农业家庭经营具有其他经营方式不可比拟的优势，并且作为一种基本的经济制度在我国将长期存在。但农业家庭经营在市场经济体制下具有其先天的局限性，尤其是在快速城镇化背景下，农业家庭经营体制下小规模生产及其农户技术、管理、知识水平的局限性尤为突出。小生产与大市场之间的矛盾使农民在市场竞争中总是处于不利的地位。应依据未来乡镇发展和空间布局的长远规划，建立专业性的农村经济合作组织，农民依靠专业组织获取信息、资源和帮助，调整生产经营，适应不断变换的市场，为产业整合奠定基础。

2. 产业整合

随着农村优质资源流向城镇，农业生产由于投入不足导致效率低下，农村非农产业由于技术落后和缺乏竞争力面临诸多困难。通过整合农村产业，建立现代农业体系，促进农村非农产业集聚发展，实施乡镇品牌发展战略，提升农村整体竞争力，为提高农村基层组织的凝聚力和推动农村居民点空间整合提供保障。

（1）建立农村现代农业生产体系

农业是基础产业，也是农村经济的核心内容。农村现代农业生产体系是提升农业产业竞争力的根本途径，有利于合理组织农业生产，提高农业生产效率。建立农村现代农业生产体系，应从以下几个方面着手：

①科学规划农业生产布局

发挥比较优势，确定乡镇多功能农业发展重点，整合农村优势农业资源，形成优势互补、分工明确的农业生产布局。

②推进农业结构调整

充分发挥乡镇农业资源优势，瞄准市场需求，积极推进农业结构调整，因地制宜发展特色农业和乡镇旅游业。

③推进农业规模化、专业化和现代化

开展农村土地综合整治，创新农村土地制度，推进农业适度规模化经营，促进农业分工和合作，提高农业专业化和现代化水平。

④实施农业生产的标准化，提高农产品质量

通过实施农业生产的标准化，从农产品生产、收购、储运、加工、销售各环节进行质量把关，提高农产品质量，提升农产品竞争力。

（2）促进农业非农产业集聚发展

改革开放以来，以乡镇企业为代表的农村非农产业的发展给经济发展带来了活力。由于农村非农产业技术缺乏竞争力，一些企业发展遇到诸多困难。在农村居民点整理过程中，应根据乡镇发展的长远规划和农村非农产业发展的态势，突破村庄界线，立足于农村实际，发挥优势，发展社区内合作经济组织，壮大产业规模，形成"龙头企业＋专业合作组织＋农户""专业合作组织＋农户""龙头企业＋农场"等产业化经营新模式，不断提高农业经营组织化程度，促进农业非农产业集聚发展。

3. 空间整合

通过对农村居民点生产、生活生态及基础设施的空间整合，重构新时期农村发展的有序结构形态，促进乡镇集约化发展。在乡镇发展转型过程中，乡镇聚落由"生活"功能转向"生活、生产、生态"的综合功能，农村宅基地生活、保障功能逐渐弱化。空间整合促进城乡要素的合理流动和农村要素的相对聚集，为农村宅基地的功能转换提供了空间新平台。

（1）建立有序村镇空间体系

随着农村的发展，原有村镇数量多、规模小、水平低、实力弱、分布散等问题日益突出,难以适应新形势下农村发展的需要。应结合区域城镇化进程推进农村居民点整理,实施城乡一体化空间布局规划,实现城乡之间的有序分工协作和村庄内部生产力空间整合;按照集约节约资源、加强社会管理、便于接受公共服务、提升生活质量的原则,在农村社区中心村建设农民集中居住区,影响和吸引周边的村庄群众逐步向中心村或城镇聚集融合,逐步形成有序的村镇空间体系。

(2)完善农村基础设施网络

加快完善农村基础设施网络,是乡镇空间重构的核心工作。应首先完善农民最急需的生产生活设施,包括农村饮水安全设施,农村道路,农村沼气、秸秆气化、太阳能等农村能源基础设施,农村电网,农村信息网络等。不断增加农村基础设施建设的投入,针对农村居民点存在的突出问题,加强农村集中供水、公厕改造、垃圾处理等建设。通过完善农村基础设施网络,推动人口集中和产业集聚。

(3)建立社会公共服务网络体系

完善农村公共服务设施,根据乡镇发展规划,建设农村医疗卫生、商贸服务、文化娱乐等公共设施,提高社会公共服务的能力,引导农村人口集聚,推动农村空间重构。

(4)优化农村生态环境

农村居民点整理应尊重自然生态,对水源涵养地、生态敏感区进行重点保护,改善农田生态系统,优化乡镇生态空间布局,提升农村生态服务价值。重点加强农村环境治理,实施农村垃圾"村收集,镇运输,县处理"的集中处理方式,严禁城镇或工业污染物向农村地区转移,防控农业面源污染,加强农村环境保护。

四、农村居民点整理分区

农村居民点整理受自然条件、用地状况、经济社会发展水平等诸多因素影响,具有系统性、长期性、艰巨性和复杂性等特点。需要遵循综合性、可比性、可获取性、代表性等原则,建立评价指标体系进行综合评价,对农村居民点整理分区,以指导不同区域的农村居民点整理。

五、农村居民点整理模式

(一)农村居民点整理模式

1. 社区化整理模式

对中心村、经济强村和大企业驻地及周边村庄,按照农村新型社区的标准,统一组织建设集中居住区,同步配套建设基础设施和公共服务设施,促进城乡基本公共服务均等化,并可通过宅基地置换方式,将拟撤并村庄的农户吸引进来。鼓励经济强村兼并周边弱村，通过集中建房改善农民居住条件，拓展发展空间。

2. 小村归并整理模式

在低山丘陵地区，历史上农民为耕种便利，有散居的习惯，形成分布密集、规模小的"迷你型"村庄，使得村庄基础设施配套难度增加，管理不便，土地资源浪费，制约了这些村庄的发展。这种类型主要适于发展中心村，即把分散于大村以外的自然村并入中心村中，集中发展一个中心点，既方便管理，又有利于公共基础设施配置。这种模式无论是在经济发达地区还是在经济欠发达地区都适用。实现这种模式需要对农民加以引导，特别是传统的乡土观念一时难以在农民头脑中消除，可采用先选取试点后推广的形式，结合当地实际，大力发展经济，带动一片，让农民看到土地整理可以产生经济效益，从而自觉支持土地整理。

3. 村庄整体搬迁整理模式

这种整理模式针对经济发展水平较高，根据未来发展需要集体统一迁入城镇的村庄；村庄原址不适宜建设，如自然环境条件恶劣、交通不便、信息不灵的偏远山区农村，洪涝灾害区或山体易滑坡地带或生态保护区内的乡镇。从农村长远发展的角度出发，应由政府或集体组织逐步进行异地迁移，整体搬迁到经济条件好、发展空间大的农村居民点或城镇，或选择合宜的地区建设独立新村，并对老宅基地进行复垦还耕。

4. 村庄内部改造整理模式

村庄内部改造整理模式，由于是在原址上进行改造，不改变土地使用性质，虽然节地效果不是很明显，但是在提高土地集约利用程度、改善农村居民点环境、促进新农村建设等方面有着十分重要的意义。这种方式对平原地区居民点改造有很强的针对性。

无论采用何种整理模式，各级政府管理部门均应制定政策，提供技术、资金支持，并做好监督检查工作。对没有村庄规划的村庄，督促搞好村庄规划。严格宅基地审批制度，保证"一户一宅"不超国家或地方的用地标准。农村住宅是农民重要的私有财产，受到法律的保护。要优先考虑农村闲置宅基地的再利用问题，通过发展农村宅基地流转市场，使部分农民新建住房需求在闲置宅基地中得以消化，通过政府组织的收购、储备、整理、置换，促进闲置宅基地的循环利用。充分利用废地、坡地、空闲地建房，原则上先拆后建，不允许占用耕地建房。搞好村庄配套设施建设，使道路通畅、水电齐全，吸引农户进村建房。可结合城镇化政策制定优惠政策，如宅基地置换、人口转移政策，吸引富裕农民进城，既可减少农村宅基地面积，又提高了城镇化水平。

（二）不同区域农村居民点整理重点

1. 经济较发达平原地区

此类地区主要经济收入已不靠农业，集体经济和个体经济较为发达，农业人口大多向城镇迁移，一户多处宅基地现象较为普遍。对此类地区，可采用迁村并点的模式，建立规模较大的中心村（农村社区），并可通过建设公共设施，让农民空闲之余有一个充分的活动场所。迁村并点后的宅基地复垦还田，规模成片，有利于农业机械化生产。

2. 经济欠发达平原地区

此类地区经济较为落后，农业收入仍是主要经济来源，农户宅基地占地面积较大。对于自然村分布较多的村落，可采取滚动搬迁并点的方法，让有一定经济实力的农民，先在中心村（农村社区）内落户，以后逐步搬迁其他农户；对于自然村不多的村庄，可用"缩村腾地"模式，"减肥"空心村，将分布在外的自然村逐步迁入中心村（农村社区）。

3. 经济较发达丘陵地区

此类地区农民大都为了方便农业生产，依地而居，居民点零散，且多占用平地建房。农户大都靠发展山地种植、养殖业而脱贫致富，经济收入主要已不靠种田。因此，对于农村居民点整理，宜用迁村并点模式，将中心村（农村社区）集中建在丘陵与平原接合的地带。

4. 经济欠发达丘陵地区

此类地区主要收入仍靠农业，农居与经济发达丘陵地区分布大致相同。交通不便、观念陈旧是制约经济发展的主要因素。因而，对于此类农村居民点的整理，不宜建立大规模的中心村（农村社区），可将邻近的村落在适宜的地方合并，建立小规模的中心村（农村社区）。

5. 城乡接合部

城乡接合部往往是用地管理最混乱地区，土地产权不明晰，特别是城市规模不断扩大，城市对农民有较强的吸引力。此类地区，要按照城市规划，对规划区范围内的农村居民点改造，集中兴建村民住宅小区，防止在城市建设中形成新的"城中村"，避免"二次拆迁"；对城市规划范围外的农村居民点改造，按照城镇化和集约用地的要求，鼓励集中建设农民新村（农村社区）。

总之，农村居民点整理的方法多种多样，关键在于从实际出发，因地制宜，选择适合区域条件的农村居民点整理模式。

（三）农村居民点整理中的问题与对策

农村居民点整理涉及面广，问题复杂，需要对不同整理模式中可能出现的问题进行探讨。

1. 迁村并点

迁村并点是将现有的规模小、基础设施落后的自然村并入中心村或集镇，并将原居住宅基地还耕。中心村作为非城市化地区的基本居住点，是指具备一定规模的基础设施、承担一定地域范围内农村人口的居住及生活服务功能的农民居住地。迁村并点工作是一项复杂的系统工程，从农民角度来看，它涉及被迁村民的切身利益（短期利益和长期利益同时存在），对政府部门来讲，如何达到政策的既定目标，解决目前存在的问题，而又不引起大的社会、经济问题是各级政府所关注的。从涉及的政府部门来看，迁村并点涉及农业、发改、建设、国土、民政等相关部门，以及乡镇政府、村民委员会。

在不同阶段，各级政府、各相关部门的介入与协调配合非常重要，迁村并点是一项涉及范围较大的工作，这一过程可能出现的问题是多方面的、综合性的。

（1）土地问题

①责任田

迁村并点中涉及最多的就是土地权益问题。被迁的居民主要有两种情况：一是由于市政工程或土地征收引起的动迁，属于农转非；二是迁并入中心村，原有责任田不变。对于第一种情况，被迁村民不再有责任田。土地是农民的命根子，由于目前城市居民福利待遇的减少，进城落户对于农民来说吸引力已不如从前。因此，可能出现的情况是近郊农民为了保留自己的责任田（这些土地往往种植经济作物，效益较好），不愿动迁，而远离城区的宅基地不可能有市地价值，拆迁中最主要的是解决农民就业和社会保障问题。

对迁入集镇的迁村并点，可以推行土地股份制，以村（农村社区）为单位，成立土地开发股份公司，对原有土地按级差地租和土地产出效益核定地价，并按成员的承包权、劳动贡献等折股，年终分红，按年支付。要注意的问题是要对土地开发股份公司的运营加以引导，避免短期的利益行为。

②中心村土地征用

迁村并点首先要做的就是中心村选址。不论是以原有基础较好的村归并其他自然村，还是新建中心村，都要涉及中心村土地征用问题，这就关系到被征土地所有者和使用者的权益。

在平原地区，应充分利用原有村庄用地，迁村并不一定要建设一个新的中心村，而是可能考虑对符合条件的原有村庄进行改造，引导其他自然村归并。在丘陵区，力求在不增加用地面积的情况下，对原有旧居住区实行改造，或者在广泛征求农民意见的前提下，以增加住宅建筑的容积率减少对新增住宅用地的需求。对于被征土地使用者，可通过协商，对其损失予以经济补偿。

（2）经济问题

在迁村并点过程中，不少原有质量较好的住宅要予以拆除，对于村民来说，有可能会损害其短期利益，产生抵触情绪，从而给迁村并点带来阻力。妥善解决这一问题，关键是对由于迁移造成的经济损失予以合理补偿，政府有关部门需要在和村民协商的基础上，制定相关办法，规范操作，减少不必要的纠纷。

（3）社会问题

①社会文脉的破坏与重构

由于长期共同居住而形成的邻里交往关系以及对所在村的认同感会因村庄迁并而遭到破坏，必须对原有的社会肌理、邻里关系、人际交往形式、居住形式进行深入调研，引导村民参与新村的规划，努力塑造一个符合原有社会肌理的居住环境。在新村的管理服务中，建设公共服务设施，以促进村民的交往，重构社会文脉。

②农民的就业问题

规模化、集约化经营是未来农业发展的趋势。迁村并点会引起耕作半径的增加，造成劳动成本的提高，因此必须发展规模经营。劳动效率的提高会产生大量的剩余劳动力，这些人员除外出就业外，还要加强培训，提高就业能力，引导剩余劳动力向本地第二产业、第三产业转移。

2. 原村庄改造

将村中旧宅基收回，集中连片改造，同时限制在村外围建设新房。主要改善农民的生活环境，而农民的生产方式基本不变。

在村庄改造时，首先要搞好村庄规划，按规划安排居住用房、生产用地，保证一户一宅不超国家或地方的用地标准。可对农户多出的宅基地按不同情况以无偿收回、适当有偿收购的方式进行储备利用，整理后划为标准宅基地分配给农户，充分利用废地、坡地、空闲地建房，原则上先拆后建，不允许占用耕地建房。结合当地实际制定政策，鼓励宅基地流转，以提高土地利用效率。

3. 新型农村社区建设

农村社区化发展可以很好地解决一些经济比较发达的或者已被规划为城市建设区的农村居民点的农民的生活问题，使生活环境与质量得到极大提高。关键是要根据区域产业发展，加强自身造血功能，将产业发展与社区建设紧密结合，在产业链延伸以及物业管理等方面提供服务，促进农民就业以及农村经济的发展。

对农民建房进行限制，不再审批新宅基地，不可私建新房。对近郊村庄要结合城市规划、土地利用总体规划、城镇规划，集中建设居住社区。但对远郊村庄应考虑农民的工作性质、收入水平、居住习惯、接受程度等，所住社区的户型、居住面积、容积率、基础设施配套方面要多元化，满足不同层次的需求。

六、农村全域土地综合整治与乡土文化保护

传统的村落是人类文化精华的体现，每个地区独特的地域环境也导致这个地区的传统村落具有与众不同的空间形态与文化特质。随着农村发展、生产生活方式改变、民俗民风

缺失等以及由其导致的农村土地利用变化，农村聚落、乡土风貌和文化景观受到破坏。全域土地综合整治应加强乡镇景观风貌和乡土文化的保护，以促进乡土文化更好地传承，这不仅是社会主义文化建设的客观要求，也是促进新农村建设和农业现代化建设内涵更加丰富、底蕴更加深厚的必然要求。

（一）乡土文化保护价值

1. 农村居民点整理现状与存在的问题

（1）传统村落的风貌特征逐步消失

在社会主义新农村建设背景下，随着村镇空间发生的剧烈变化，针对旧村落人口流失、土地房屋闲置、环境恶化、生活基础建设滞后等多种状况，各地的各种类型的旧村落正在进行不同程度的旧村改造工作。根据旧村落具体区位、社会经济状况等的不同，改造采取不同的方式并有不同的内容。在村庄体系的层次上，位于交通条件差、社会经济贫困地区的小规模村落，一般在迁村并点中，根据社会经济要素资源的分布与流向变化，采取整村搬迁、人口迁移的改造方式。农村居民点整理目的在于盘活存量土地资源，优化用地布局，改善农民生产生活条件。但在整个过程中，不少具有整体风貌特色和典型民居特点等历史文化价值的村落被拆除，破坏村落与自然环境之间的和谐关系而导致了聚落风貌和村落价值的丧失。

在农村居民点整理中，不同类型的村庄改造出现的问题不同。位于城市近郊的村庄，由于靠近城市交通区位条件较好，经济发展较快、人口较多，农村居民点整理通常采取统拆统建的方式，并形成了单一模式的住房高聚现象。这样的整理方式虽然达到了集约土地的目的，但传统的聚落形态和风貌特征完全消失。多层而聚居的新村，呈现出与城市小区相似的特征，但由于与城市生活方式的不同而导致新村缺乏特色。在对新旧混杂的村落改造过程中，往往忽视老房屋的历史文化价值和风格特征。新建的房屋常常采用现代建筑形式，历史街巷和整个村落的色彩、形式等风貌整体丧失，导致历史文化价值的降低。在对空心村的整理中，常常由于传统老房子的破旧和维修的不方便而直接将老房屋拆除，即使是新建房屋也很少考虑到协调老村落的整体风貌，在建筑形式上也同传统典型的当地民居形式相去甚远。在旧村改造的过程中，对自然环境、聚落风貌、村庄格局、传统建筑形式等缺乏全面考虑，已成为村落传统保护面临的严峻问题。

在社会主义新农村建设的背景下，传统乡镇以及乡土民居正面临着极其严重的破坏。由于认识和理念落后，往往导致对传统村落和民居价值的认识不足，从而忽略了对传统的保护和继承。从目前村庄建设的现状看，传统的民居式样和村庄形式被认为应该被淘汰，而行列式的农民新村充斥着新农村建设的区域，完全忽视了传统村落的风貌特征。

（2）传统社会形态及文化面临挑战

社会问题是旧村改造更新过程中出现的另外一个严重的问题。在农村居民点整理过程中，往往忽视了农村传统社区内部的联系，对村民和村民之间的矛盾、村民与集体之间的关系、村落之间的利益冲突等各个方面的社会问题缺乏考虑。这样的结果是村庄整理往往激化了整个农村社会的矛盾，最终导致改造等工作无法实施。与此同时，旧村改造等缺少对农村非物质文化遗产的关注，并没有为非物质文化遗产的持续发展提供合适的空间场所以及相应的活动组织，传统的风俗习惯、民俗风情、手工艺等正在逐渐消失，从而导致整个乡镇的乡土文化不断丧失。

总之，在社会主义新农村建设的大背景下，村庄整理忽略了对村落的环境价值、历史文化价值、建筑美学价值等多方面的考虑，而逐渐造成乡土风貌的丧失。

2. 传统村庄的历史文化价值

传统村庄的历史文化价值主要体现在物质文化遗产和非物质文化遗产两个大的方面，其中物质文化遗产包括自然山水环境、聚落格局风貌、街巷空间、乡土历史建筑、文物古迹、古树名木等；非物质文化遗产包括传统工艺、民俗风情、历史地名等。传统村落的历史文化价值是从自然环境到人工环境、从物质文化到非物质文化等多层次的整体历史文化价值体系。对传统村落的保护，应从整体上把握历史文化价值。

（1）村落的自然环境

村落是聚落的一种，自古以来在中国的传统概念中即是有别于都邑的乡镇聚落点。中国的聚落体系是由特大城市—大城市—中等城市—小城市—建制镇—集镇—中心村—基层村组成，作为乡镇聚落的村和集镇区别于密集的城市区域的特别之处就在于它们与自然环境之间形成的相辅相成的依存关系。村落与自然环境之间的关系在有较长历史的旧村上体现得更为突出，其中包括了村落在自然环境中的选址、与山体水体之间的关系、村庄在自然环境中的形态等。处于不同自然环境之中的村落往往呈现出很大的差异，处于山地、丘陵之中的村庄往往紧密沿着地形呈梯田状地依山而建，而位于平原、河流边的村庄则往往采用舒展的分散布局。村庄的选址布局在中国历史传统上往往考虑"风水"因素，择吉地而居，"风水"实际上是古代处理村落与自然环境之间关系的一种方式，形成了中国传统村落选址与建造的内在原则。因此，村落承载着大量的人与环境之间和谐共处的信息，是适应于自然环境的反映。

（2）村落的空间格局

村落的空间格局，主要包括村落的空间形态、道路骨架、街巷格局以及由此形成的村庄肌理。村庄的空间格局体现着村庄内部的形成逻辑，通过街巷格局、尺度、形态等体现出不同自然环境下不同文化人群的居住文化。如山区沿着水系自由分布的村落，街巷弯曲狭窄，与大自然十分亲近；平原区的村落常常规整而宏大，街巷横平竖直。不同的生活方式、居住文化和价值观念，往往体现出不同的空间格局。同时，村落的空间格局还蕴藏着中国传统文化，对空间格局的保护是保持文化多样性的一个重要内容。

（3）乡土建筑环境

乡土建筑的形式不仅是当地群众审美的选择结果，更是在长期的实践中总结出来的适应当地环境的生存与居住方式。乡土建筑的价值主要体现在以下三个方面：一是美学价值。主要指乡土民居的秩序美、和谐统一美和意境美。乡土建筑强调从院落到街坊、邻里以及整体聚落的秩序格局，将形式与日常生活紧密联系在一起。同时，建筑形式、建筑装饰等也体现出传统的工艺建造水平，具有一定的建筑艺术和美学价值。二是文化价值。乡土民居是直接体现农民生活的场所，建造什么样的房子、如何使用民居的空间等直接反映了当地的文化传统、价值观念和生活方式，是地方特色的集中体现。三是科技价值。乡土建筑总是从使用者的实际要求出发，经过漫长的发展改进，而成为适应当地环境气候的最直接方便的形式，反映在建筑材料、建筑形式、建筑构造等方面。

（4）环境景观要素

古桥、古塔、古树等环境景观要素是村落中的点状要素，是传统村落历史文化特征的重要物质载体，体现出区别于城市的乡镇风味。古塔、古桥等通常是村庄的景观控制点或者景观节点，往往是村庄景观视线最好并最具风貌之处，具有很高的美学价值。这些环境要素是整个村落环境不可缺少的一部分，是村落价值整体中的有机组成部分。

（5）社会文化形态

传统村落通常含有丰富的传统生活和文化形态，包括了以血缘和地缘聚集为基础的乡镇社会组织和社区生活，是乡土生活和乡土文化的直接体现。传统村落中所含有的非物质文化遗产表现了村落农民长期以来形成的共同心理结构、思维习惯、生活习俗等内容，规范着群体生活方式、价值取向，并形成了村落社区的凝聚力，是构成文化多样性的重要组成部分。而传统的手工艺、民间艺术等还具有极强的美学价值。

（二）乡土文化保护内容与途径

1. 保护原则

（1）保持历史的原真性

老房屋的建筑原真性是传统村落价值特色的根本存在，在整治和保护的过程中应防止使用不合理的建筑材料与色彩等对建筑遗产造成的真实性损害，修复性的工作都尽量采用原材料。在旧村改造中保持历史的原真性是指在旧村的改造中应该尽量采用与传统历史建筑相同的适宜性材料、技术等以保持历史的真实性。

（2）保护传统的整体性

村落传统环境是自然环境、空间格局、建筑环境、人文环境等共同组成的统一整体。传统与所处的环境必须是一致的、土生土长的。在旧村的改造过程中，应从整体上分析传统村落的价值所在，防止在改造的过程中造成整体风貌的破坏。例如，破坏了村落与自然环境的和谐或者破坏了村庄的整体空间格局等。

（3）保护传统的延续发展性

传统是随着历史的不断发展而不断变化的，而不是僵化的、一成不变的。因此旧村的改造和保护应该相辅相成，形成保护与发展之间的相互促进。保护不是静止不动的静态保护，而是随着社会经济的发展适度地有所改进，并能有多种保护与利用的方式。

2. 保护内容

传统村落的历史文化价值有多个方面，不同价值的旧村在改造过程中保护的程度和力度可以有所不同。

（1）保护自然环境以及村落与自然之间的和谐

在保护旧村的自然环境方面，着重在于保护旧村自然环境构成的景观控制点，其中包括对景的关系、控制点的位置形态、视廊、景观节点等。在对点、线以及村落整体尺度等面上的控制下，基本保护村落在自然环境中的存在状态，其中包括传统村落的基本尺度和关键尺寸的控制。同时要注意保护村落与自然环境之间的协调过渡，避免村庄在自然之中的突兀，其中包括绿化的衔接、色彩的搭配、材料的选择等多方面内容。

（2）保护村落已形成的空间形态、空间格局以及功能特色

由点（古建筑、院落）、线（街道）、面（建筑组群、村落）所构成的空间形态结构不能改变，从街道的角度讲是要保护完整的、景观连续的历史街巷数量、长度。对空间格局的保护，主要保护村落的道路骨架和建筑肌理，防止新修道路以及改扩建等产生的破坏以及房屋的拆建造成的街巷院落等空间的改变。在对街巷空间的控制上，主要体现在街巷空间的尺度、街巷空间的立面以及街巷空间的铺地三个方面。街巷空间的尺度指街巷宽度与沿街建筑高度之间的宽高比；街巷立面随街巷的功能的不同以及生活方式的不同而有不同的变化，有交通性的、有生活性的、有商业性的，应根据不同的功能要求，进行街巷立面的保护和整治，保持沿街建筑在立面形式、建筑材料、建筑色彩等方面的统一性；在街巷地面的铺地上，应注意使用原生态的材料和铺装风格以维系传统风味。

（3）保护文物、历史建筑与乡土民居形成的建筑环境

建筑环境的保护应在街巷空间和道路骨架保护的基础上，重点保护建筑所形成的肌理风貌以及文物、历史建筑等的传统建筑特征，针对建筑的不同级别采取不同的保护措施，其中包括复原、修复、整修、整饰、保留、拆除等。对文保单位、反映地方建筑特色的传统建筑进行及时的整治、维护。对于已倒塌的房屋，有价值的可继续保留现状或复原，无价值的则可清除并开辟为公共绿化空间。同时要在建筑高度、建筑色彩、建筑材料、建筑形式等多个方面对新建建筑进行控制，控制的力度应该在整体和谐的基本原则的基础上依据其保护的重要性而呈梯度变化的状况。

（4）保护有地方特色的古迹等环境要素

体现村镇特色、典型特征的古迹主要包括古桥、古塔、古树等。古迹特征等环境要素在传统村落的保护中属于点的要素，是旧村历史文化特征的很重要的一部分物质载体，并能够体现出区别于城市的乡镇风味，同时古塔等常常是村庄空间格局的景观控制点，因而具有极其重要的作用。在对古迹等的保护中，应注意将古迹等同非物质文化遗产和历史信息紧密结合起来，例如传说等，而防止单纯的古董似的僵硬保护。

（5）保护传统村落的社会文化形态，以保持文化的多样性

合理控制旧区内的人口密度，既要避免"空心村"现象，又要避免环境超负荷的情况。同时，要注意地方特色的传统节日、传统手工艺和传统风俗的延续，能够提供一定的场所开展这样的文化活动，并通过社会活动等创造一定的氛围以使文化习俗能够在日常生活中得以体现和延续，从而具有自身的内在生命力和活力，以防止文化消亡。对社会文化等非物质文化遗产的保护应注意同物质环境空间的保护相结合，将文化信息附着在物质空间上以进行整体性的保护与利用。

在传统村落保护中，应将保护和改造以及重新利用相结合，而不是为了保护而保护，忽略了发展。应根据不同村庄的具体情况，采取不同的改造保护模式。

3. 保护途径

（1）提高对传承乡土文化的认识

农村全域土地综合整治不仅要整理农田和村庄，还要配套建设农村公共设施，提升农村基本公共服务水平，而且应更加尊重农村特色，尽可能保留传统的农耕文化和民风民俗中的积极元素。

（2）因地制宜做好村庄整理整体设计

加强村庄整体风貌设计，注重村庄人文环境、建筑环境和艺术环境的统一规划，实现自然环境和人文环境的和谐统一；加强地方特色建筑保护，保持原有景观特征，避免大规模拆旧建新对历史风貌造成不利影响；加强特色村庄保护，控制周边建筑类型、高度、风格和色彩，使之与旧址建筑相协调；对不同区域的村庄改造或新型农村社区建设，要采取不同的空间布局和景观设计，体现乡镇特色和区域化差异。

（3）制定相应的保障措施

积极探索建设有利于乡土文化保护的土地政策，妥善解决历史民居保护与改善居民居住条件的矛盾，将新申请宅基地农民逐步安排到社区中心村；引导和整合乡土文化保护方面的财政资金，形成政府投入持续加大、社会力量广泛参与的规范的多元化资金投入机制，破解农村全域土地综合整治中乡土文化保护资金缺口。

第三节　有序开展城镇工矿建设用地整理

全域土地综合整治不仅要大力推进农村全域土地综合整治，还要有序开展城镇工矿建设用地整理，这不仅是落实节约集约用地原则的重要举措，也是未来开展全域土地综合整治的重要和难点。因此，全面推进旧城镇、旧工矿以及"城中村"改造，拓展城镇发展空间，促进土地节约集约利用，提升土地价值，改善人居环境，以保障城镇化健康发展。

一、城镇工矿建设用地整理类型

（一）城镇建设用地整理的内涵

城镇建设用地整理是指在现状城镇空间范围内，按照城镇发展规划和土地利用总体规划的要求，调整城镇土地利用结构，改善城镇用地环境，提高城镇土地的利用率和经济产出率，提高城镇的现代化水平，以实现经济、社会、生态的可持续发展，其实质是合理组织城镇土地的开发利用，提高土地的经济承载能力和土地收益率，优化城镇用地结构，改善生态环境。

（二）城镇建设用地整理的类型

城镇建设用地整理的重点是城镇低效建设用地再开发，主要是对旧城区、危旧房区、低效工业用地区、"城中村"等低效建设用地进行改造，完善配套设施，加强节地建设，拓展城镇发展空间，提升土地价值，改善人居环境，提高节约集约用地水平。

1. 危旧房区

危旧房区一般位于城市中心区域，是老城市中心，由于建筑年代比较久远以及城市发展不连续，无论是建筑物本身还是周边居住环境都已经不适应现代城市的发展。这类区域土地利用比较明显的特点是土地投入很少、基础设施条件很差、公共设施和绿地很少或没有、土地人口承载量不高、建筑密度很高但容积率很低。

2. 低效工业用地区

这类土地的特征是土地利用率很低，大量的工业用地位于城市中，占据着比较好的地理位置，并且工业用地与周边商业、住宅用地混杂，导致城市的布局与功能混乱，不能发挥城区有限土地的最佳效益，影响城市总体功能。

3. "城中村"

"城中村"是由于城市化快速推进而把周边地区部分村落及其农用地一起纳入城市用地范围，而原有村庄用地却没有转为国有纳入城市系统中来，仍然属于集体所有土地上以居住功能为主且深受城市影响的农村社区。这类地区土地利用特征与城市中危旧房区有相似之处：单位土地投入较小，基础设施、公共服务设施条件都很差等。这类土地一般处于城市边缘区，但在一些中小城市，它的范围甚至涉及城市的中心区。

二、城镇建设用地整理

（一）中心城区土地整理

中心城区土地整理范围为市级土地利用总体规划划定的中心城区规划控制范围，有条件的地区也可对市辖区范围内的土地整理进行统筹安排。对中心城区允许建设区内"城中村"、旧城危旧房区及待退工业用地制定不同整理模式及时序，促进城乡空间布局优化。

对"城中村"，将通过改造融入城市，彻底完成村居的城市化过程，提升城区总体建设水平，改善城市环境。对"城边村"，在其城市化过程中，通过规划、政策手段的调控，提高村民生活质量，降低城市开发成本，避免形成新的"城中村"，促进农村社区向城市地区顺利过渡。对"城外村"，将提高农村经济发展水平，促进村庄有序建设，改善村民生活水平，协调城市与乡镇的发展关系，实现城乡一体化发展。

根据村居的现状基础条件和自然环境，村居建设模式分为城市社区模式、中心村模式、基层村模式、特色旅游点模式四种模式。城市社区建设模式主要适用于"城中村"和"城边村"，社区模式标准为人口规模 5 000 ~ 10 000 人。"城外村"主要采取中心村、基层村、特色旅游点三种村居建设模式，并依托中心村组建农村社区。平原地区农村社区人口规模在 5 000 人以上，最少不低于 3 000 人，社区服务半径控制在 2km 以内，最大不超过 3km；山区农村社区人口规模在 3 000 人以上，最少不低于 2 000 人，社区服务半径控制在 3km 以内，最大不超过 5km。

（二）县城驻地土地整理

在城区现状用地中，各类性质用地混杂在城市核心地带，降低了土地利用率；大量批发市场充斥城市中心地区，影响城市生活环境；历史遗留的"城中村"多，居住区建设缺乏整体性和特征性，"城中村"用地占居住用地比例高达四成以上；工业区和居住区之间缺乏有效的隔离空间与措施，严重影响了城市居住区的生活安全与环境质量；部分地块居住与工业物流等矛盾性质用地混杂，互相干扰。

重点做好基础设施落后、人居环境较差、奇零细碎或与城镇功能定位不符老旧小区用地的更新改造，挖掘用地潜力。积极实施工矿用地功能置换，在调查评价和治理修复的基础上，结合周边环境将工矿用地改造为居住、商业、办公等用途。

（三）城镇土地整理中历史文化保护

历史的不可重复性特征，决定了历史文化资源必须保护。历史文化资源是人类文明的见证和载体。一个没有历史的城市，是一个悲哀的城市；一个忘记历史的城市，是一个不理智的城市。

随着现代社会向工业、后工业时代前进，城市的功能逐渐由防卫、贸易，发展到成为一种符号、象征。此时，城市的功能则主要变成了用来流传人类文明的成果。在众多的要素当中，文化无疑是城市的灵魂，而物质空间不过是文化的外在表现。进入后工业社会后，文化、生态成为人们应该关注的焦点。无论时代如何变迁，人们对所居住的城市还是有一个普遍的好的"标准"，那就是具有诗意的城市。

建筑的外在和环境是时代精神追求的外显，浮躁的时代最容易造就奇形怪状的建筑。凡是时髦的都是短命的。不是所有的城市建筑都应该去追求时髦，只有经典才可长久流传。一些文化类的建筑，应该留下时代的印记，留下一些时代的痕迹，记录时代的变化。

因此，在城镇土地整理中，应注重保护历史街区，挖掘文化内涵，延续历史文脉，保护地方特色建筑，保持原有的景观特征，避免大规模拆旧建新对旧城风貌造成不利影响。应对城市现有文化景观进行全面普查，对包括城市整体格局和风貌、历史风貌区、历史街巷、重要建筑物和构筑物在内的文化景观进行梳理，建立重要文化景观保护名录，确定文化景观保护框架，制定文化景观保护管理规定，加强重要建筑和历史风貌区等的保护、利用和管理。

三、工矿及其他建设用地整理

（一）工矿用地整理的重点

1. 充分挖掘现有工矿用地潜力，促进产业更新升级

鼓励工业用地向空中发展，提高容积率。对原有工业用地，拆除旧厂房或利用原厂房、在建厂房加层提高容积率的，减免容积率增加部分的土地出让金；对超出原核定容积率部分减免城市基础设施配套费。鼓励工业企业利用地下空间。积极引导工业企业将停车场、配套设施等在符合人防、城市公共安全设施建设和消防要求的前提下，向地下发展。鼓励中小企业通过整合调整集中建多层标准厂房。加强工业用地使用监管，严格落实闲置土地处置办法，防止土地闲置、低效利用和不合理利用。

2. 优化空间布局，引导工业集聚发展

以集群化、专业化、生态化园区为载体，构建"一带三轴八区"的空间架构，形成工业集中、产业集聚、土地集约、管理科学、环境良好的发展格局。按照"集约化、环保化、效益化"的原则，引导新建企业按产业门类向各类产业园区集聚。探索建立园区建设

和管理新模式，积极引入社会资金，引导分散企业向园区和生产基地集中。结合农村产业发展，将公路两侧带状及零星分布的村镇企业用地进行适度整理，逐步向园区集中。

（二）特殊用地（墓地）和"路边店"整理

其他建设用地包括风景名胜设施用地、特殊用地和盐田，其整理的重点是特殊用地中农村墓地。"路边店"是农村地区特别是城乡接合部工矿用地在特定时期的空间布局形态，是整理的重点和难点。

1. 农村墓地整理

农村墓地建设各地方情况不尽相同，大多数未经主管部门设计、审批，由村民集中安葬地演变而来，节约用地和管理水平不高；个别村镇公益性公墓布局不合理，比较混乱，由丧户自由选点安葬，有的占用承包的耕地建造墓地，或在公益性墓地内随意扩大建造规模，超面积建墓，建家族墓、豪华墓等，或以公益性之名行经营性之实，违规开展经营活动。这都不符合民政部及省、市公墓管理办法的规定要求，不仅浪费土地资源，破坏了自然环境，而且干扰殡葬市场的正常秩序，严重阻碍了殡葬工作的统一规划和管理，甚至影响了社会稳定。因此，要加强公墓建设规划指导，完善公墓建设体系，积极引导公墓健康发展，为殡葬事业科学发展奠定坚实基础，促进经济社会协调可持续发展。

农村墓地整理要坚持节约土地资源，保护耕地和生态环境的原则，因地制宜、统筹兼顾、分类指导、逐步推进，全面推动生态葬法，充分利用荒山瘠地和历史形成的墓葬点，设立公益性墓地，新建墓地主要在荒山瘠地或林地。逐步普及生态葬法、节地葬法，促进资源型、环境友好型社会建设。国土资源部门要对公墓建设用地严格管理，依法办理农用地转用和土地征收手续。林业部门要依法从严审批公墓建设征用占用林地。新建公墓要按照园林化、生态化要求进行规划建设，并积极引导社会公众选择骨灰树葬和骨灰寄存等生态、节地葬法。

2. "路边店"整理

由于社会经济发展阶段的特殊性，农村地区特别是沿道路两侧建有大量的"路边店"，布局零散，土地集约利用水平较低。"路边店"在一定程度上满足了当地的发展和生产生活需要，但从长远发展的角度，需要适度集中布局，循序渐进，逐步推进。

"路边店"整理可以借鉴工矿废弃地复垦调整利用政策。要严格保护耕地，尤其是基本农田，促进建设用地节约集约利用。建新地块的总面积不得大于复垦地块的总面积。建新地块的集约利用水平应高于现有存量建设用地的集约利用水平。拆旧地块复垦耕地的数量和质量应不低于建新占用的耕地。使用调整利用指标的建设用地，按照国家供地政策和节约集约用地的要求依法供地。建新地块内用于商业服务、住宅商品房和工业项目开发的，必须是国有土地。需要征收集体土地的，要依法办理土地征收手续，并依法给予合理补偿。经营性用地一律按照规定实行招标拍卖挂牌供地。村民安置用地及配套设施用地，可以划拨方式供地或使用集体土地。

第四节　加快土地复垦与适度开发宜耕后备土地

加快推进生产建设活动损毁土地和自然灾害损毁土地的复垦，促进耕地保护和节约集约利用土地，改善生态环境，保障土地可持续利用。适时适度开发耕地后备资源，在保护和改善生态环境的前提下增加耕地。

一、生产建设活动损毁土地复垦

（一）土地复垦类型与原则

土地复垦是指对生产建设活动和自然灾害损毁的土地，采取整治措施，使其达到可供利用状态的活动。

生产建设活动损毁的土地主要包括：露天采矿、烧制砖瓦、挖沙取土等地表挖掘所损毁的土地；地下采矿等造成地表塌陷的土地；堆放采矿剥离物、废石、矿渣、粉煤灰等固体废弃物压占的土地；能源、交通、水利等基础设施建设和其他生产建设活动临时占用所损毁的土地。

土地复垦应当坚持以下原则：

1. 科学规划

土地复垦必须建立在科学规划的基础上，与相关规划进行充分衔接，避免盲目、无序复垦。

2. 因地制宜

兼顾自然条件与土地类型，因地制宜，统筹兼顾，合理确定复垦土地的利用方向。

3. 综合治理

注重生态环境保护，做到土地复垦与生态恢复、景观建设和经济社会可持续发展相结合，复垦后景观与周围自然环境相协调。

4. 经济可行

充分考虑土地复垦所需资金，做到经济可行。除政府投资外，采取市场手段，广泛吸收社会资金参与土地复垦。

5. 合理利用

复垦的土地应当优先用于农业,主要是增加耕地,其次是增加林地和园地。

(二) 土地复垦中的生态重建

土地复垦不仅是土地问题,也是环境问题。生态重建是土地复垦的核心和目标。生态意义的复垦才是土地复垦的最终目的。土地复垦与生态重建涉及自然、社会、经济等方面,复垦不是一个简单的土方工程或绿化工程,更是一个复杂的、综合的生态环境治理的系统工程。

土地复垦最根本的问题是重塑地貌、重构土壤和恢复植被。土地是由地质、地貌、气候、土壤、植被和水文等自然要素相互作用、相互联系而形成的一个自然综合体。破坏土地实际就是破坏了地貌、土壤、水、生物等资源,往往导致地貌改变、河流改道、植物群落消失、土壤丧失生产力。所以重塑地貌、重构土壤和恢复植被就成了土地复垦生态重建的基础工程。生态恢复的关键是在正确评价废弃地类型、特征的基础上进行植被的恢复。植被恢复主要围绕土壤条件的改善和植物物种的选用进行,基质改良与植物种类的筛选是植被恢复的关键,也是人工植物群落结构调控的手段。总之,土地复垦和生态重建应根据待复垦土地类型、水文条件、土壤条件及经济投入等因素,进行自然、经济技术的综合分析评价,寻求符合实际的复垦模式。

(三) 采矿废弃地复垦中的环境治理

采矿废弃地复垦要将机制建设、重点区域保护和生态恢复相结合,形成治理与保护协调一致的工作格局。

1. 建立矿山生态保护与恢复治理长效机制

积极推进矿山生态保护与恢复治理。探索建立生态友好型矿山开发建设模式,大力推进绿色矿山建设,鼓励矿山生态恢复技术研究与创新应用。建立矿山生态环境动态监测体系,强化监督管理。按照分类指导、区别对待的原则,建立多元化、多渠道的矿山环境保护投资机制。

2. 有效避免和减轻矿产资源开发对生态环境的破坏

依法依规限制或禁止在日照水库野生动物保护区、长城岭生态保护区、大青山生态保护区、青峰岭生态保护区等重要生态功能区,五莲山、九仙山等风景名胜区,浮来山地质遗迹自然保护区等重要地质遗迹保护区开采矿产资源;禁止在铁路、国道、省道两侧的直观可视范围内进行露天采矿。新建矿产资源开采项目,必须进行地质灾害危险性评估和矿山环境影响评价,采取生态环境保护及预防和治理地质灾害的措施,避免或减少对大气、水源、土地等的不利影响和破坏。

3. 积极推进采矿废弃地和压占地生态功能恢复

采取"整理土地、垦造耕地、恢复生态、再造景观"的模式，对采矿废弃地进行整理，宜耕则耕，宜林则林，防治水土流失，恢复自然生态景观，保护和改善土地生态环境。对采矿压占地综合利用生物技术、工程技术，以重建林、灌、草优化的人工生态系统为主，加强生态建设，提高生态保障能力，逐步恢复为耕地；利用采矿企业的废弃物作为复垦地的人工再造耕作底层材料，实现废弃物减量化、资源化和无害化。

（四）土地复垦重点区域

1. 划定原则

土地复垦潜力较大，可通过采取工程或生物措施，恢复到可利用状态。相对集中连片，可有效提高土地复垦效率和复垦质量，增加有效耕地面积。土壤条件、水文条件、地形坡度适宜，有利于降低开发成本，有利于保护和改善生态环境。

2. 整理要点

土地复垦重点区域在整理潜力调查、分析和评价的基础上，立足优先农业利用、鼓励多用途使用和改善生态环境。复垦潜力较大、相对集中连片的土地，根据土地复垦类型、特点、数量和破坏情况，以及所处位置和环境要求，选择适宜的复垦利用类型及复垦方法，将土地恢复到可利用状态，增加有效耕地面积，促进生态环境的保护和改善。

二、宜耕后备土地开发

（一）宜耕后备土地资源开发原则

1. 生态优先

优先考虑水土流失防治和生态环境保护，根据宜耕后备土地条件，合理适度开发，避免因开发造成对生态环境的破坏。

2. 因地制宜

综合考虑地形地貌、水土条件，因地制宜确定开发利用方向，宜耕则耕，宜林则林。

3. 综合效益

坚持经济效益、社会效益和生态效益相统一，发挥宜耕后备土地资源开发的综合效益。

（二）宜耕后备土地资源开发重点区域

1. 划定原则

待开发宜耕后备土地相对集中连片，开发潜力大，具有规模开发价值。土壤条件、水文条件、地形坡度、交通条件适宜，有利于降低开发成本。充分考虑土地生态资源承载力，不得破坏自然环境。

2. 开发要点

在充分考虑区域资源环境承载能力的前提下，针对相对集中连片、具有一定规模和较大土地开发价值的土地，综合经济技术水平的影响，因地适宜，统筹安排，适度开发。在不破坏生态环境的基础上，合理开发宜耕后备土地资源，并结合改土治水，改良土壤、植树种草、改善生态环境。

第五节　规范推进低丘缓坡土地开发利用

一、低丘缓坡土地开发利用的意义

推进低丘缓坡土地综合开发利用，是从我国人多地少、耕地资源稀缺和山地丘陵资源丰富的国情出发，进一步贯彻落实十分珍惜、合理利用土地和切实保护耕地的基本国策，优化国土空间开发布局，有效减少工业城镇建设占用城市周边和平原地区优质耕地，切实严格保护耕地特别是基本农田的重要举措；是在新形势下转变土地利用方式，统筹保障发展和保护资源，合理开发未利用土地和少量劣质农用地，缓解用地供需矛盾，促进区域协调发展和城乡统筹发展的重要途径。因此，开展低丘缓坡土地开发利用，对保护优质耕地，拓展建设用地新空间，促进城乡统筹发展具有重要意义。

二、低丘缓坡土地开发的有利条件和不利因素

（一）开发利用的有利条件

1. 国家政策的有力支撑，为低丘缓坡土地开发利用带来了机遇

为有效保护优质耕地，促进土地节约集约利用，缓解土地供需矛盾，拓展建设用地新空间，国土资源部先后下发了《低丘缓坡荒滩等未利用土地开发利用试点工作指导意见》

和《关于开展低丘缓坡荒滩等未利用地开发利用试点工作的通知》，为开发利用工作提供了有力的政策支撑。

2. 政府高度重视，为低丘缓坡开发利用提供了有力的组织保障

政府高度重视低丘缓坡资源开发利用工作，成立了低丘缓坡土地开发利用工作领导小组，构建了共同推进的工作机制，为推动低丘缓坡资源开发利用工作，提供了组织保障。

3. 资源优势明显，有较好的开发经验

低丘缓坡土地资源比较丰富，且相对集中连片，便于规模开发。通过低丘缓坡土地开发利用实践，积累了一定实践经验，取得了良好的社会效益、生态效益和经济效益，也为今后低丘缓坡土地开发利用奠定了良好的工作基础。

（二）不利因素和面临问题

1. 涉及面较广，政策协调难度较大

低丘缓坡土地开发利用中涉及相关的政策，特别是相关群众利益。从长远看，低丘缓坡土地开发利用必然会给当地发展和群众的生产生活带来实惠，但就当前而言，势必会影响近些年的农业发展，同时也涉及安置补偿等问题。因此，如何减少群众的损失，同时调动群众积极性是一个重要的问题。

2. 影响因素较多，生态环境保护成为关键环节

低丘缓坡土地开发利用必须采取一定工程措施，势必对地表或植被造成一定程度的破坏，影响当地的生态环境。如何保护生态环境、防止地质灾害是低丘缓坡土地开发利用需要考虑的重要因素，也是关系开发利用成败的关键问题。

3. 工程量较大，资金保障有一定难度

低丘缓坡土地开发利用是一项复杂的系统工程，必须有足够的资金保障，仅靠政府资金解决难度较大，因此解决资金问题是事关开发质量的难点。

4. 综合性较强，质量监管任务繁重

低丘缓坡土地开发利用涉及城镇发展、产业布局、农田水利建设、地质灾害防治、水土保持、生态环境保护等方面，涉及部门较多，质量监管任务难度较大。因此，加强质量监管，是做好综合开发利用工作的重要手段。

三、低丘缓坡土地开发利用原则与基本要求

（一）开发利用原则

1. 城乡统筹，合理布局

以低丘缓坡土地资源调查评价为基础，结合城镇发展、产业布局、生态保护、基础设施建设及社会主义新农村建设等，与相关规划充分衔接，统筹规划，合理布局。

2. 生态优先，保建并重

优先考虑地质灾害、水土流失防治和生态环境保护，保护好优质耕地，禁止占用基本农田。根据低丘缓坡土地自然属性和区位条件，合理适度、节约集约开发利用低丘缓坡土地资源，防止低水平建设。

3. 整体规划，分步实施

对规划涉及的宜建区域进行整体规划，统一进行场地平整和基础设施配套建设。根据项目建设需要、用地需求、资金投入、工程实施的易难程度、土石方平衡等因素，制定科学合理的开发建设及农转用、土地征收报批和供地时序。

4. 因地制宜，规范管理

依据土地利用总体规划、城市总体规划、城乡统筹规划、生态功能区划和产业规划布局，科学、合理确定低丘缓坡开发利用方向，做到宜农则农、宜建则建、宜林则林。遵循"统筹部署、突出重点、先易后难、风险可控"的原则，积极稳妥推进低丘缓坡开发利用，严格按程序进行，确保被征地农民的合法权益不受损害。

（二）基本要求

1. 做好开发前基础工作，实现低丘缓坡科学开发

做好地质灾害危险性评估、经济社会生态效益及技术可行性论证等工作。按照开发利用方向，因地制宜编制实施方案，统筹协调建设开发、农用地保护和生态建设，明确具体功能分区，优化空间开发布局，实现低丘缓坡土地科学开发。

2. 加强环境保护，实现低丘缓坡土地生态开发

正确处理开发与保护的关系、做到生态优先，保建并重。在开发过程中，加强对现有水利设施的保护，做好防洪排涝工程建设。在项目建设时，必须严格执行环境保护相关要求，实现低丘缓坡土地生态开发。

3. 落实水土保持措施，实现低丘缓坡安全开发

建设用地开发应充分考虑原有地形地貌，采取不同的开发利用模式，尽可能减少土石方工程量。在场地平整过程中，要采取相应措施，防止水土流失，实现低丘缓坡土地安全开发。

4. 合理安排开发时序，实现低丘缓坡有序开发

按照先易后难、因地制宜的原则，合理确定低丘缓坡土地建设时序。首先选择工程量较小的地块进行平整，配套"三通"工程，验收后进行先期建设；然后完成所有地块的"三通一平"建设，验收后开展各类项目建设，实现低丘缓坡土地有序开发。

5. 优化用地结构，实现低丘缓坡集约利用

把好项目供地门槛，严格按照供地政策和限制、禁止用地目录供地；规划设计和建设用地各环节要严格执行用地标准，实现低丘缓坡土地集约利用。

四、低丘缓坡土地开发利用空间布局

（一）布局原则

维持地貌连续性和形态。在维持自然地貌连续性的前提下，顺应地形地貌形态，适度安排各类用地，维护现有生态格局，保护多样化的乡土生态系统。维护区域自然山水生态格局。维系河道的自然形态，保留水系、蓄水、泄洪等通道，维护区域自然山水生态格局。保留传统文化特色。保留区域内具有文化价值的传统建筑物，促进传统文化延续与传承。保护历史人文景观。保护区域内的历史人文景观，禁止因开发利用引起对历史人文景观的破坏；注重项目开发建设与历史人文景观的协调一致。

（二）农用地开发

1. 耕地开发

在保护和改善生态环境的前提下，积极推进低丘缓坡土地耕地开发，通过土地平整、完善田间道路和农田水利设施等措施，有效补充耕地，确保耕地数量不减少、质量不降低。低丘缓坡土地耕地开发重点做好：一是加强土地平整，提高区块平整度。结合开发实际地形，采取挖填等多种措施，提高田块的平整度，满足耕作需要与灌排水要求。二是加强农田水利建设，提高灌溉能力。加强区域内农田水利设施建设，提高现有农田水利设施利用效率，形成配套完善的灌排设施体系。三是强化农田防护和生态环境保持。实施农田防护和水土保持工程，合理布局农田林网、修筑水平梯田、治坡治堤，防止水土流失，提高抵御自然灾害能力，改善生态环境。

2. 林地开发

结合荒山绿化及工矿废弃地生态恢复治理，稳妥推进低丘缓坡土地开发，增加林地面积，提高林木覆盖率，减少地质灾害的发生，改善区域生态环境，提升区域生态景观风貌。低丘缓坡土地林地开发要做好两个结合：一是与林业产业结构调整相结合，提高林地综合效益，推动林业产业化进程；二是与山地丘陵生态保护相结合，通过荒山绿化及废弃矿坑生态恢复治理，发展生态林，提高林木覆盖率，改善区域生态环境。

（三）建设用地开发

按照城镇建设、产业布局和生态保护的要求，有序推进低丘缓坡土地建设用地开发，形成功能互补、集中发展的空间格局，促进用地结构和功能的优化配置，提高土地开发利用水平和效率。

依据产业发展布局，充分利用低丘缓坡土地，拓展产业聚集区的发展空间，促进用地集中布局。按照城乡统筹发展的要求，优化农村居民点空间布局，利用低丘缓坡土地规范推进新型农村社区建设，改善农村生产生活条件，促进城乡一体化发展。

五、低丘缓坡土地开发利用模式

（一）生态工业集约开发模式

随着城市化进程的加快及经济社会的发展，经济发达地区对土地的需求越来越大，因此，工业的发展必须走生态集约利用的道路。低丘缓坡土地资源丰富、区位条件好且适宜开发为建设用地的区域，要结合城镇及产业发展布局，以循环经济理念为指导，大力优化产业结构，调整工业布局，大力倡导低丘缓坡土地生态化开发模式；按照产业布局，引导产业聚集发展，发挥集聚效应和规模效应，促进低丘缓坡土地集约化开发。

（二）绿色旅游业开发模式

低丘缓坡分布地区山川秀丽，旅游资源丰富。低丘缓坡土地资源的开发可以结合旅游景区优势资源，拓展景区的旅游空间，通过融入绿色旅游理念、倡导绿色旅游方式和建设绿色旅游基地，大力发展绿色旅游。可采用绿色建筑，建设绿色饭店，推行绿色服务，进行绿色环境管理，并以此带动其他相关绿色产业的发展。

（三）低丘缓坡土地开发区域选择

低丘缓坡土地开发区域的选择应符合以下要求：

1. 政府重视程度高，群众基础好

地方政府高度重视，组织得力，前期工作基础好；项目区内群众要求改善生产生活条件及生态环境、消除地质灾害威胁的愿望高，有较好的群众基础。

2. 区位条件好，便于开发利用

区位交通条件好，靠近城镇或工业功能区，有较好基础设施相配套。低丘缓坡资源较为丰富、规模较大，地块连片、开发难度小、建设成本低，以利集中开发、高效利用。

3. 协调衔接一致，利于生态环境保护

与土地利用总体规划、城市总体规划、工业空间布局等相衔接，做到用地布局上的协调统一；与林业规划、生态规划、矿产规划、地质灾害防治规划等规划相协调，做到资源开发与保护的协调一致。

第三章 节地节水型全域土地综合整治项目规划设计技术

第一节 全域土地综合整治项目规划设计前期研究

一、全域土地综合整治项目可行性研究的作用

可行性研究是指在进行项目投资、工程建设之前的准备性研究工作,是经济活动中经常使用的一种决策程序和手段,也是投资前的必要环节。可行性研究是一个由粗到细的分析研究过程。

(一)可行性研究的三个阶段

1. 投资机会研究

一般根据国民经济和社会发展长远规划、地区性规划、经济建设方针、建设任务和技术经济政策,通过对自然资源和市场的调查、预测,寻找最有利的投资机会,提出项目投资建议。

2. 初步可行性研究

介于投资机会研究和详细可行性研究的中间阶段。其目的是对项目进行初步评估、广泛分析、筛选方案,确定项目的选择依据和标准,进一步分析和判断项目是否具有生命力。

3. 详细可行性研究

是项目投资前期的最重要阶段,一般可行性研究就是指这一阶段。此阶段需要对研究项目进行深入细致的技术经济论证,提供项目所需的各种依据,做出全面、详细、完整的经济评价,列出不同方案,并从中选出最优方案。

(二)项目可行性研究的作用

1. 项目决策的依据

一个项目的成功与否及其效益如何,受到社会、经济、自然、技术等诸多不确定因素

的影响，而项目的可行性研究有助于分析和认识这些因素，并依据分析论证的结果提出可靠合理的建议，从而为项目的决策提供强有力的依据。

2. 筹集资金的依据

部分地方或公司投资开发全域土地综合整治涉及向银行贷款筹措资金问题，银行在接受项目建设贷款请求时，需要对项目贷款进行分析评估。银行决定是否贷款的依据通常是项目可行性研究及其评估意见。

3. 开展规划设计的依据

在可行性研究报告中，对项目的建设地点、建设规模、建设方案等都有一个较为详细的说明，因此，在项目可行性研究得到审批后，即可以作为项目规划设计的依据。

4. 签订有关合同、协议的依据

项目的可行性研究是项目投资者与其他单位进行谈判，签订项目规划设计合同、项目投资合同、工程承包合同、设备订货合同和原材料供应合同等的重要依据。

二、全域土地综合整治项目概况分析

（一）项目基本情况

1. 项目简介与背景分析

（1）项目简介

第一，列出项目名称，说明项目类型、项目性质（土地开发、全域土地综合整治、土地复垦、全域土地综合整治复垦、土地开发整治、土地开发复垦或土地开发整治复垦，以面积比例较大的作为主要性质），概述项目建设规模。

第二，说明项目区的位置和范围。项目区的位置即项目建设地点，用所在县、乡、村或土地使用权属单位表示；项目区范围用四至或经纬度坐标表示，并概述项目所在地区地貌类型、项目区的地貌类型、项目区土地权属状况（土地所有权、使用权）。

第三，说明项目主要建设内容，概述项目新增耕地面积、新增耕地比例，简要说明当前耕地质量状况及开发整治后耕地质量变化情况。

第四，从新增耕地、预期工程建设的效果、预期耕地质量和景观生态效果等方面说明项目建设目标，概述项目建设工期。

第五，概述项目估算投资及估算依据。

（2）项目背景

第一，项目所在县简况。简述项目所在县的地理位置、自然条件、社会经济情况、土地利用情况。

第二，项目提出的缘由。从土地资源、基础设施、生态环境和社会主义新农村建设等方面分析论证项目提出的缘由。

第三，可行性研究报告编制依据。简述编制可行性研究报告依据的法律法规、相关政策、相关规划、技术标准、基础资料。

2. 项目区概况

（1）自然条件

其包括地形地貌、气候、水文地质、工程地质，以及与项目工程建设相关的天然建筑材料的分布、储量、质量和开采运输条件等（在天然建筑材料缺乏的地区，应提供人工骨料来源及质量评价）。

（2）自然资源条件

其包括光热资源、水资源、生物资源等。

（3）社会经济状况

其包括项目所在乡和项目涉及村的人口和劳动力数量、与项目有关的社会经济现状、农业生产方式等。

（4）自然灾害说明

其包括项目区发生的主要自然灾害情况，以及这些自然灾害对农业生产的影响。

（5）土地利用现状

其包括土地利用结构、土地利用程度、耕地质量现状、土地利用经济效果等。

（6）基础设施条件

其包括交通条件、灌排设施、电力设施、农田防护设施等。

（7）居民点建设发展现状

其包括居民点的地位和作用、居民点的用地结构、居民点的建筑情况。

3. 项目分析

（1）项目合法性分析

分析项目与有关法律法规、土地利用总体规划和土地开发整治规划、其他规划等的一致性。

（2）土地利用限制因素分析

分析项目区土地利用现状，确定土地利用的主要限制因素，提出针对土地利用限制因素的改善措施。

（3）新增耕地来源分析

分析土地利用结构，确定新增耕地来源。

（4）水土资源平衡分析

其包括灌溉水源、灌溉设计标准、需水量预测、水土资源供需平衡分析等。

（5）土地适宜性评价

土地复垦项目和土地开发项目按下列要求进行土地适宜性评价：①根据项目性质，选择适当的评价因子；②选择适当的适宜性评价方法，列出计算过程；③说明土地适宜性评价结果，列出各适宜地类面积及分布。

（6）公众参与分析说明

主要从公众参与的形式、内容、过程和结果进行介绍，说明当地有关部门和群众对项目设计、施工和管护阶段的公众参与方案的建议。

（二）全域土地综合整治项目实施内容

1. 项目规划方案及建设内容

（1）规划原则

项目规划应贯彻十分珍惜、合理利用土地和切实保护耕地，社会效益、经济效益、生态效益相统一，土地资源的可持续利用，统筹兼顾、因地制宜、工程技术可行、经济合理，充分利用现有工程，节水、节能、节材，合理利用新技术、新工艺、新材料等原则。

（2）建设标准

确定田块规格、平整度、灌溉、排水、道路、农田防护工程等各项工程的建设标准，说明确定标准的依据。

（3）规划方案比选

首先，根据项目具体条件，提出两个或多个可行的备选方案；其次，说明备选方案内容，进行规划方案综合分析比较；最后，选定规划方案。

（4）总体布局

其包括土地利用布局、工程平面布置、绘制项目规划图、节水措施说明等。

（5）建设内容

其包括土地平整工程、灌溉排水工程、道路工程、农田防护工程、景观生态工程、拆迁工程、居民点用地整治工程等。

（6）整治后土地利用结构说明

计算规划后各类用地面积、新增耕地面积，分析整治前后土地利用结构变化情况，分析规划后土地利用效果，采用标准三级地类统计各类土地当前面积，并编制土地利用结构对比表。

2. 土地权属调整方案

（1）项目区土地权属现状

根据土地清查情况，说明项目建设范围内土地权属状况，包括集体土地所有权、集体土地使用权和国有土地使用权；根据土地清查情况，说明农户、经济组织和单位的土地承包经营状况，并编制土地承包经营情况统计表；说明项目区存在的土地权属争议问题。

（2）土地权属调整原则

土地权属调整应遵循依法、公开、公平、效率和自愿的原则，有利于稳定农村土地家庭联产承包责任制的原则，有利于生产、方便于生活的原则，尽量保持村界的完整性原则，促进土地规模化、集约化经营的原则。

（3）权属调整程序

权属调整程序如下：①制订权属调整方案；②签订土地权属调整意向书；③公告土地权属调整方案；④停止变更土地利用现状；⑤办理土地变更登记；⑥权属管理的保障措施。

3. 实施管理措施与施工组织设计

（1）实施管理措施

实施措施说明组织机构、管理制度、实施控制措施等。

工程管理说明管理机构、管理措施、经费筹措等有关情况。

（2）施工组织设计

①施工条件

简述工程布置特点、施工场地条件、水文、地质、气象等基本情况；简述对外交通（铁路、公路、水运）现况、近期及工程管理拟建的交通设施；简述建筑材料的来源，水、电等供应条件，当地可能提供修配加工的条件以及对工程建设期的有关要求等。

②天然建筑材料研究

分析混凝土骨料、石料等的分布、储量、质量、开采运输条件、开采获得率与利用率及主要技术参数，通过技术经济比较选择料场，提出开采工艺，选择开采、运输及加工设备，研究各类开挖料的利用方式和利用率。

③施工布置

选定对外交通方案、场内主要交通干线布置，研究主要施工工厂、生活设施的规模，并进行规划和布置，基本确定施工总体布置等。

④主要工程施工

选择主要工程的施工方法、施工程序及施工进度，研究采用新技术、新工艺、新设备、新材料等用于本工程的可行性。

⑤施工进度

提出施工总进度安排原则，安排施工总进度，确定施工总工期，提出工程准备期、主体工程施工期和工程完工期的控制进度，论述各阶段施工控制性进度和相应施工强度。

4. 投资估算

（1）编制说明

说明投资估算编制的依据，包括采用的定额、编制规定及其他有关规定；编制投资估算的价格水平年；说明主要材料和主要设备原价、运输方式确定的依据，沙石料价格确定的依据等及其他须说明的问题。

（2）估算费用构成

说明费用构成及计算标准；编制投资总估算表、工程施工费估算表、设备购置费估算表、其他费用估算表。

（3）资金筹措

提出项目投资组成、投资承诺意见和资金筹措方式。

（4）投资进度计划

根据施工进度安排说明分年度投资计划。

三、项目区水资源平衡分析的作用

水量供需平衡分析要计算来水量和需水量两个部分。来水量是指项目区内可以利用的一切水源。需水量则是指灌溉用水、工业用水、城乡居民生活用水、畜禽用水，以及水运、水电、水产养殖等需水量。一般来讲，水运、水电、水产养殖对水资源是用而不耗（不包括水体的蒸发）。因此，在计算用水量时，可以不包括在内。水量平衡是一个相对的概念，是指在一定的保证率下水量供需平衡。因此，在进行水资源平衡分析之前，应从项目区的水土资源状况出发选择合适的灌溉设计保证率。如果灌溉设计保证率选得过高，会增加水利工程的投资和管理费用；如果灌溉设计保证率选得过低，则不能满足生产的需水要求。不同的保证率，其供水和用水定额是不同的，因此，在计算水资源平衡时，要考虑气象、水源、土地面积、土壤质地、各类作物产量指标和灌水定额等因素，正确确定项目区的灌溉设计保证率，一般取中等干旱年作为选择保证率的依据。水资源平衡分析的作用主要有以下三个方面。

（一）进行水资源区域再分配、合理利用水资源的重要依据

各种水资源均来自大气降水，由于受地理位置的影响，大气降水的分布是很不均衡的，这就造成了水资源在地区间的分布不平衡。通过对项目区进行水资源平衡计算，就可以根据项目区的水量余缺情况，进行水资源的区域再分配，以盈补缺。就我国的水土资源组合情况来看，从沿海到内陆，从南方到北方，水资源的数量相差悬殊。南方湿润多雨，水量多有剩余；北方干旱少雨，缺水十分严重。

（二）确定水量调节措施、兴修水利工程措施的基本依据

根据水资源平衡计算，如果本项目区水量充足有余，就应当考虑向区外调水；如果本项目区水量不足，就应当考虑从区外引水，并兴建相应的水利工程设施。

（三）确定土地利用方式的重要依据

土地资源的利用是受水资源制约的，通过水资源平衡计算，可以根据水量的余缺情况改进土地利用方式，以达到水资源的最佳组合。若来水量有余，可以根据当地季节、劳动力等具体情况，扩大灌溉面积，调整作物布局和轮作制度，以提高土地利用的集约度。反之，就应适当降低灌溉定额，以提高水资源的有效利用率。

四、全域土地综合整治环境影响评价

(一) 全域土地综合整治对环境的影响

1. 全域土地综合整治对环境的正面影响

(1) 对地形地貌的影响

全域土地综合整治，尤其是农地整治，为了实现土地的集约、规模和合理利用，往往采取工程措施较大程度地改变整治区域原有地形地貌。如果整治区域位于丘陵地区，地块零碎，高低不平，就必须通过实施平整工程，才能够调整地面的坡度，起到调整地形的作用。而降低坡度将直接导致零碎地块的可合并性，使同种地类的面积发生改变，从而改变地貌类型。

同样，渠道及各种规格的道路对地面坡度有一定的要求，修建是以一定要求的地面坡度为基础的。因此，为修建一定级别的渠道或道路，就需要先对地面坡度进行调整，其可以反作用于地面坡度，使项目区的地形更为规整。

(2) 对水文的影响

全域土地综合整治带来的地形坡度变化使地表径流量情况发生改变，坡度降低会减少水土流失量，从而改变地表径流水质，使水中所溶解的元素含量减少。通过实施全域土地综合整治，营造农田防护林，能够改变地表径流和地下径流比例，可以减少地表径流、增加地下径流量，其涵养水源的作用是巨大的。

(3) 对土壤质量的影响

在我国的大部分地区，水土流失是造成土壤贫瘠的主要原因之一。水土流失使土壤结构受到破坏、土壤肥力降低、土壤有效微量养分缺失，从而导致作物产量低下。土地平整可以降低地面坡度，进而减少水土流失量及土壤肥力损失。此外，土地平整可以调整土层厚度，增加土壤的持水能力，降低水土流失强度。

实施全域土地综合整治，营造防护林，可以改善土壤结构，防止土壤侵蚀，提高土壤肥力。在林带保护下，表土不易吹蚀，在雨季又可减轻雨水对土壤的侵蚀。同时，林木枯枝落叶可增加农田腐殖质，使其比无林地农田高20%～70%，土壤有机质含量提高0.12%。此外，林网内土壤含盐量比无林地农田低60%～78%。在林带附近，微生物的数量、种群及蛋白酶和转化酶的活性都优于旷野。林地植物庞大的根系对土壤具有明显的固结作用，并有利于土壤团粒结构的形成，改善土壤的孔隙状况，提高土壤的渗透性和持水性，从另一方面提高土壤的肥力。

(4) 对项目区小气候的影响

全域土地综合整治工程对项目区小气候影响较大的是防护林工程，其主要表现在防风固沙、增加空气湿度、改善空气质量等方面。

农田防护林具有明显的降低风速的作用。根据大范围绿化工程研究的结果，当风速小于8米/秒时，90%以上沙量的飞扬高度在30厘米内，飞扬越高的沙粒直径越小。因此，在防护林的防护下大部分流沙被固定在防护林前和防护林内。乔木林和灌木林都有固沙作用，但乔木林（包括林下灌木）对农田的保护作用显著优于灌木林。

农田防护林具有明显的增湿效果。在无灌溉条件下，防护林使林网内水分增加22%～42%，有效水提高幅度为5%～17%。此外，农田防护林可以增加空气负离子含量，吸附空气中的固体颗粒，吸收各种污染物，使空气的质量得到不断改善。

防护林能够降低风速，降低被保护农地的实际蒸散量，缩小夏季昼夜温差，增加空气湿度，有利于土壤有机物的分解，从而提高农作物或牧草的产量，在干旱和半干旱地区，农田防护林可使农作物增产10%～30%，在湿润地区可增产5%～10%。

2. 全域土地综合整治对环境的负面影响

土地生态系统是一个由土地、自然环境、技术、政策、人等生态因子组合而成的有机整体。根据土地生态学的生态平衡理论，土地生态系统中的任何一种因子的变化都会使自然界原有的土地生态平衡被打破。土地生态系统作为一个有机整体，其自身具有一定的恢复功能，但这个功能是有一定限度的，超过了这个限度，土地生态平衡将不能恢复。

（1）对地貌的影响

全域土地综合整治工程往往对地表造成巨大的扰动，尤其是在丘陵地区，利用现代化的机械设备，人们可以对自然地貌进行改造，形成人类目标所规划的新景观。这种新景观是从人类自身需要出发制定的，符合人类生产活动的需要，而且一般这种景观是不可逆的，一旦形成就不可能再恢复。因此，这种新的地貌可能对该区域的生态环境造成深远的影响。

（2）对水资源及水环境的影响

作为全域土地综合整治活动重要内容的农田水利工程及坡地垦殖与梯田建设等往往会改变地表水系的网络结构，不仅会直接影响自然生境类型的改变，还可能影响伴随原有水系网络而形成的各种生态过程。例如，大面积混凝土灌溉水渠的修建，减少了维护渠道与田园除草等劳力的付出，但无法涵养水源，且渠道笔直、表面光滑，造成渠道无法储存水分以寄养水中生物或为地下水提供补充；在修建渠道时为了节省材料和人工，对渠道随意"裁弯取直"，破坏了生物的栖息地，阻断了生物迁移、交换的渠道；坡地垦殖与梯田建设不仅增加了土壤侵蚀的危险，还造成流域水源补给过程受阻。

全域土地综合整治中工矿企业的安置与开发、村镇归并及新集镇建设等均会带来工业污水和生活污水的排放问题，从而对整治区内部及其周边，乃至区域水环境质量产生影响。例如，将工矿企业安置在流域的上游，不仅会对其附近的水源造成直接危害，而且还会影响流域下游的农田灌溉和居民用水。

（3）对土壤质量的影响

全域土地综合整治改变了土壤结构。首先，土地开发破坏了地表的植被，土层的剥离、搬运又破坏了土壤熟土层，改变了土层的排列顺序。土地复垦中，塌陷区的复垦一般采用推高填平、挖深垫浅的方法，方法不当也会把底层的土层翻到表面，破坏土体的构型，对农作物生长不利。其次，全域土地综合整治工程使用大型机械易造成压实。机械化的施工改变了土壤的物理性质，容易造成土壤板结，使土壤的团聚体变差，破坏表土的熟化层，使有机质含量减少，易发生结构退化，土地质地的改变加剧了土地的退化和水土流失，并有可能造成局部气候恶化。

全域土地综合整治影响土壤肥力，造成土壤污染，加剧土壤退化。为了追求较高的耕地产出率而加大耕地垦殖力度和不顾土地适宜性要求调整土地利用方式，反而会降低土壤肥力和生产力，引起土壤侵蚀和荒漠化等，加剧土壤肥力下降和养分的流失。在土地开发整治过程中，也可能因客土污染而造成土壤的污染。在土地复垦时，回填材料一般都是粉煤灰和生活垃圾，这些填充材料含有大量有毒和污染元素，不加检测就回填会造成新造耕地重金属超标或土地污染。还有地表覆盖的客土，如塘泥、河泥等，如果污染，生产出的粮食作物根本不能食用，就会浪费大量的人力物力。

（4）对植被及相关生态过程的影响

村镇迁并、耕地垦殖率的提高、荒地的开发等一系列全域土地综合整治活动的实施，将会对地表植被及其相关生态过程产生深远影响。

第一，造成地表植被覆盖率和覆盖程度的降低，主要是非农建设用地的扩张、土地垦殖率的提高及荒地开发等导致原生、次生自然植被及人工植被的大面积减少和退化。这表现在植被组成逐步被单一的农业作物替代、景观多样性降低、病虫害发生的频率与强度增加、野生动植物资源的生存空间日趋减少。

第二，由各类型植被单元构成的地表景观格局是决定各种动植物生态过程、维持相应生物多样性的空间基础，但村镇迁并、荒地开发、筑路修渠等全域土地综合整治活动势必会改变已有的格局并因此造成许多生态过程的中断。例如，非农建设用地无序扩张、大面积耕地开发等引起的景观破碎化程度提高，会导致自然植被斑块间的自然连通度降低，威胁生物多样性；大型交通运输线路、灌溉工程及其辅助工程的修建往往会将许多连续的动植物生境一分为二，并成为许多动物迁徙、植物孢粉运移的屏障。不合理的全域土地综合整治活动、大面积的连片耕地开发、片面追求增加耕地、提高耕地利用率，结果得不偿失。

（5）对敏感生态系统及景观组分的影响

由于全域土地综合整治活动是一项综合性的区域开发活动，在全域土地综合整治方案实施过程中，人们往往会在短期经济利益和地方政绩的驱使下，对一些具有特殊重要意义的自然生态系统及人文景观造成永久性破坏和无法弥补的经济、生态损失。例如，热带雨林、湿地、海岸等自然生境类型既具有重要的生态价值，又是重要的旅游观赏资源；一些脆弱生态系统如山地平原过渡带、农牧交错带、沙漠绿洲带，抗干扰能力弱，易引发自然灾害；还有许多地方性特殊保护景观如风景名胜区、历史遗迹地等也是易受全域土地综合整治活动影响的敏感景观组分。

（二）全域土地综合整治环境影响评价内容

环境影响评价是针对全域土地综合整治项目的建设内容、对项目存在潜在影响的环境因子进行环境现状调查，以及项目建成后的环境状况预测，确定项目实施所引起的重要环境问题，制订环境保护方案。

1. 调查项目区环境现状

项目区环境现状调查包括自然环境调查和社会环境调查。自然环境包括气候、水文、地质、地貌、生物、土壤等主要内容；社会环境包括人口、社会经济、土地利用、交通状况等。调查目的是明确各自然环境要素的变化规律和分布特征、社会经济状况、土地利用状况、基础设施状况。其重点是分析环境敏感因素，明确重点保护对象及当地的主要环境问题，如珍稀动物栖息地和迁徙路线、少数民族生活习惯、湿地保护区等。环境现状调查的另外一个目的是为分析土地利用的制约因素及全域土地综合整治的适应性和潜力提供依据。

2. 预测项目对环境的影响

通过对项目区环境现状的调查，明确土地利用的制约因素，在此基础上分析全域土地综合整治的潜力，进而明确项目建设的内容，确定主要的环境影响因子，为进一步预测项目建设对环境的影响范围及影响程度提供基础资料。

根据国内外类似工程建设对相关环境因子的影响情况，对拟建项目的环境影响进行分析，分别对项目实施过程中和项目完成后对水、土、气、生态和社会等要素按其影响程度进行预测，列出项目的有益、有害影响，明确工程的主要有害影响因素及其影响程度。

在分析建设项目对环境的影响范围及影响程度的基础上，对危害程度比较深、影响范围大的主要影响因素建立数学模型进行预测，并对预测结果的合理性进行分析，总结各项工程建设的经验，除了涉及敏感及重大环境风险的项目，水土流失是全域土地综合整治所关注的重点问题。

3. 确定项目建设的重要环境问题及保护措施

在明确全域土地综合整治活动可能对项目区造成的主要影响后，根据生态学原理和其他相关方法制定相应的措施，进一步促进整治活动对项目区生态环境的正面影响，尽量减小、规避或尽快消除整治活动对项目区造成的环境问题。在制定针对整治活动对项目区的负面影响的措施时，要注重预防和控制的重要性，要通过合理规划、改良工艺技术等手段，尽量减少或避免全域土地综合整治对项目区造成的不必要的环境问题。此外，还要区分全域土地综合整治对项目区造成的暂时的、可逆的，以及永久的、不可逆的负面影响，如整治活动对土壤、植被等的负面影响就是暂时性的，是可以通过采取一定的工程、生物措施进行消除或恢复的，而对地貌、水文、敏感生态系统等的负面影响则是永久的、不可逆的。任何一项全域土地综合整治活动都有可能对项目区及其背景区域造成正面或负面或二者兼而有之的影响，这就需要在全域土地综合整治项目实施前对其可能的生态环境影响进行全面的分析和评价，采取有效措施减小或尽快消除整治活动对项目区造成的暂时的、可逆的负面影响，规避或尽量避免那些永久的、不可逆的生态负面影响，在正确协调社会、经济和自然生态效益间关系的基础上，为形成科学合理的项目实施规划方案提供决策依据。

(三) 全域土地综合整治项目环境评价指标

1. 自然环境影响

全域土地综合整治项目要达到"增加耕地面积，提高耕地质量"的目的，必须借助一系列的工程措施来实现。通过对全域土地综合整治对环境正、负面影响进行分析，确定这些工程对自然环境影响的评价指标。

局部气候评价指标主要包括蒸发量、风速和风向。在评价局部小气候变化时，需要采用科学的判别方法确定是不是由全域土地综合整治引起的。

地形地貌评价指标主要是坡度。

土壤质量指标主要有水土侵蚀模数、表层土壤厚度、通气性、农田土壤水分状况、土壤团粒结构、含盐量、土壤肥力（有机质、氮、磷、钾含量）、PH值、农药、氟及有毒有害重金属含量等。

全域土地综合整治项目对水文的影响可以分为对水文特性指标的影响和对水质的影响。水文特性指标主要有径流系数，河流泥沙含量，地下水动、静水位，补给条件等；水质指标主要有水中的氮、磷、钾含量，农药和有毒有害的元素含量等。

全域土地综合整治项目通过平整土地、截断坡长、修建梯田等措施改变地形条件，具有显著的水土保持作用。水平梯田有效地拦蓄了地表径流，降低侵蚀强度，从而降低径流中的泥沙含量。全域土地综合整治项目对泥沙的影响指标主要有径流中的含沙量和土壤侵蚀模数。

2. 生态环境

全域土地综合整治项目的实施对生态环境的影响主要包括对形态结构指标、能量结构指标、物质结构指标、生态功能指标和生态效益指标的影响。

（1）形态结构指标

形态结构指标主要是指森林、农田、河流、湖泊及人类居住面积等生态结构指标。全域土地综合整治项目一般都以"农田成方、路渠配套、排水畅通、绿化成网"为建设目标，因此，大多数都能够改善项目区的形态结构，需要评价的是其对形态结构的改善程度。

（2）能量结构指标

能量结构指标主要是指单位面积上的植物量、动物量、人口数量和每人每年的食物量。项目实施后土地生产力提高，单位面积上的作物产量提高，这是充分利用光热资源的结果，因此，整治后的土地能够提高能量利用效率。

（3）物质结构指标

物质结构指标是指包括区域各种水体的流入量、流出量，农业用水量和排水量，氮、磷、钾等营养物质在区域内的各种输入量、输出量及其在生物体和土壤中的含量等。

（4）生态功能指标

生态功能指标是指物质利用率和利用效率，包括水、氮、磷、钾等物质的利用率和利用效率，还包括总生物量、净生物量、净辐射量等。

（5）生态效益指标

生态效益指标指的是有益生物量、水土保持效果、净化空气效果、景观效果、生物群落物种种类保护区面积、植被覆盖面积等。

3.人文经济环境影响

主要从项目建设对水源的保障、作物长势、乡镇环境、景观的变化等方面进行评价，主要指标包括林网覆盖率、绿色覆盖率等。

通过项目的建设，耕地面积增加，耕地生产力提高，林带、道路、渠系更加规整，土地利用更趋合理，农业生产条件和交通状况得到改善，洪涝灾害抵御能力提高，促进了地区经济的发展。地区经济的主要指标有交通通达度、渠系配套率、排洪、排涝标准、社会受益人群，经济受益程度等。

第二节 节地型全域土地综合整治项目规划设计技术

一、全域土地综合整治项目节地潜力分析

（一）全域土地综合整治潜力分析

全域土地综合整治潜力是指在一定时期、一定生产力水平下，针对某种土地用途，实施行政、经济、法律和技术等一系列措施，使待整治土地增加可利用空间、提高生产能力、降低生产成本、改善生态环境的潜在能力。

全域土地综合整治进行的主要工程包括土地平整工程、农田水利工程、田间道路工程和其他工程。土地平整工程一般包括土石方开挖、土石方回填、土石方运输、平整土地等；农田水利工程是指对洪、涝、旱、盐、碱等进行综合治理和在水资源合理利用的原则下，对水土资源、排灌渠系统及其建筑物等进行改造的工程；田间道路工程主要是指直接为农业生产服务的田间道路和生产道路的铺设工程；其他工程是指全域土地综合整治过程中涉及的农田生态防护林及水土保持工程等。从全域土地综合整治所进行的工程可以看出，全域土地综合整治是对土地利用现状的整治，是为了使土地利用结构、利用方式更充分合理而采取的一系列措施。所以，全域土地综合整治挖掘的是土地在利用上的潜力，全域土地综合整治潜力实质上就是土地利用潜力，但从潜力大小上说，全域土地综合整治潜力总是小于土地利用潜力。

全域土地综合整治潜力具有相对性，潜力的大小取决于土地利用现状和当地全域土地综合整治的标准。全域土地综合整治标准是整治后土地在田块规模、水利设施建设、林网布局、田间道路设计、村庄选址、居民点用地规模等方面所达到的状态；土地利用现状是指土地在目前上述几方面的利用状态。土地利用现状相同而全域土地综合整治标准不同，全域土地综合整治潜力必然不同。例如，全域土地综合整治标准中，若灌排渠道设计为明渠，必然比暗渠占地面积大，土渠道比防渗、防漏的水泥渠道占地面积大。全域土地综合整治标准相同而土地利用现状不同，全域土地综合整治潜力也必然不同。例如，不同利用率的土地经整治后达到相同利用率，所增加的可利用空间必然不同。土地利用现状与全域土地综合整治标准各异，全域土地综合整治潜力可能相同。

全域土地综合整治潜力综合表现为土地可利用空间扩展、生产能力提高、生产成本降低和生态环境改善。全域土地综合整治通过对农田中的零星闲散地、道路、田埂、废弃沟塘及村庄中的空闲地、用地规模等进行综合整治，可以提高土地利用率，增加可利用土地面积；通过完善水利设施，改造限制因素，可以提高土地旱涝保收程度及消除耕作中的不利因素，从而提高土地生产能力；通过改善田间交通条件，加大田块作业面积和作业边长，消除不利于机械耕作的田块形状，提高土地平整程度，可以提高机械作业效率；通过改造灌排渠道，保证水系畅通，减少输水损失，可以提高输水能力，降低生产成本；通过村庄集中、基础设施配套、林网形成，改善农田或村庄的生态环境。从上述分析中可以看出，全域土地综合整治潜力正是土地可利用空间扩展、生产能力提高、生产成本降低、生态环境改善四者的综合集成。

（二）全域土地综合整治项目节地潜力

具体包括耕地可利用空间扩展的潜力、耕地生产能力提高的潜力、生产成本降低的潜力及生态环境改善的潜力四个方面，全域土地综合整治项目节地潜力就是在传统全域土地综合整治规划设计实现的耕地整治潜力的基础上，通过节地规划设计再增加的潜力，主要以耕地可利用空间扩展的潜力进行衡量。

1. 耕地可利用空间扩展的潜力

耕地可利用空间的扩展表现为耕地经整治后有效使用面积增加，增加的有效耕地主要来源于两个方面：

（1）通过道路、沟渠、防护林的综合整治所增加的有效耕地面积。在我国农村地区，许多道路、沟渠或防护林在布设时缺乏统筹安排，造成布设重复混乱，占地面积大，同时由于年久失修、无人管理，部分设施已处于荒废状态，利用效率低下。耕地整治中，对这些处于荒废状态或重复布设的道路、沟渠、防护林进行整治，使其恢复成直接生产用地，可增加有效耕地面积。同时，为方便生产生活，需要对路、林、沟、渠各项设施进行配套，在配套过程中应该统筹规划、优化配置，尽量将每项用地的占地面积压缩到最小限度。这一过程在不同的地区可能产生不同的结果，部分地区可能会因此增加有效耕地面积，部分地区可能会减少有效耕地面积，这主要取决于耕地目前的利用状态与当地耕地整治的标准。

(2) 通过土地平整、小田并大田等所增加的有效耕地面积

地权的分散造成田块小且分散，田坎占地面积大，通过土地平整、小田并大田、权属调整、田块规整等措施，可以减少田坎占地面积。同时，将原有的废弃坑塘、坟墓等整治成可利用耕地，并充分利用原耕地中难以利用的边角地，可增加有效耕地面积。

节地潜力即在全域土地综合整治项目中实施节地规划设计，通过田块节地规划设计、路网节地规划设计、沟渠节地规划设计及林带节地规划设计，较传统全域土地综合整治规划设计技术增加的潜力。

2. 耕地生产能力提高的潜力

耕地生产能力是由比较稳定的不易变化因素如土壤、地貌、气候、地理位置等作用形成，又由易变化因素如施肥、灌排、经营管理等活动影响来实现的。耕地整治通过改变耕地利用中的易变化因素（如灌排设施、土层厚度、道路设施等），影响农户对耕地的投入和经营，从而实现耕地生产能力的提高。

不同区域耕地利用中存在的问题不同，耕地整治的方式有所不同，提高生产能力的途径也就各不相同，一般可归纳为三种。一是通过完善基础设施提高耕地生产能力。基础设施建设主要是指农田水利设施建设、农村道路建设和农田林网建设。农田水利设施的完善不仅增加了耕地有效灌溉面积，提高了灌排保证率，而且提高了农田的防洪、治涝、抗旱能力，提高了农田抵御自然灾害的能力，从而为粮食增产提供了保障条件。农村道路是居民点、生产中心与农田之间联系的主要纽带，主要包括田间道和生产路，通过完善农村道路系统，可以满足人、畜、农业机械下田运作的需求，方便农户经营管理，提高耕地生产能力。农田林网的建设能够对农田的小气候起到较大的改善作用，不但能够有效地防御风害、霜冻和干热风等气象灾害，而且可以进行水气交换，有利于提高光能利用率，增加干物质积累，从而促进粮食增产。二是通过改造、消除耕作中的限制因素，可以提高耕地生产能力。耕地中存在一些限制生产能力发挥的障碍因素，如土层较薄、土壤侵蚀、潜育化、盐碱化等，耕地整治针对这些障碍因素实施一系列的工程、生物措施，可以消除限制因素，达到增产的目的。三是通过影响农户对耕地的投入、经营，可以提高耕地生产能力。耕地整治通过实施田、水、路、林的综合配套，为其他增产措施提供了基础。实践证明，耕地整治后，新品种、新技术、新设备更容易推广，而且农户更注重对耕地的投入、施肥和集约经营。

3. 生产成本降低的潜力

生产成本的降低表现为耕地整治后，农户的劳动成本和生产物资投入都相应减少。

(1) 由于田块集中而节约的劳动成本

耕地整治使原来分散经营的田块变得集中起来，明显减少了农户往返于不同田块之间

的时间及农户投入劳动的时间。

（2）田块规整、机械化耕作节约的成本

耕地整治改善了田间的交通条件，加大了田块作业面积和机械作业边长，消除了不利于机械耕作的田块形状，提高了田块内的土地平整程度，为农业机械的使用创造了条件，从而节约了劳动时间，提高了机械化作业效率。

（3）灌溉设施的完善

渠系水利用系数提高，输水损失减少，灌溉成本降低。

4.生态环境改善的潜力

生态环境改善是全域土地综合整治的发展方向。耕地整治需要借助一系列的生物、工程措施，在此过程中必然打破一定区域内土地资源的原位状态，会对该区域内的水资源、土壤、生物等环境要素及其生态过程产生诸多直接或间接、有利或有害的影响。生态环境的改善往往与经济效益的取得存在一定矛盾。例如，耕地整治中如从经济角度出发，要求减少耕地中的地块数以提高生产效率，而生态条件将与此规则产生冲突。又如，从纯经济的角度来看，直的地界较为有利，但这又不符合生态要求，而从生态角度讲，弯曲的地界具有较高的景观生态价值。

二、节地型田块规划设计技术

（一）节地型田块规划设计理念

田块是灌排、耕作、管理的基本单位，田块设计的合理与否除了直接影响到合理组织灌排、经济有效地使用农机具和科学地安排生产经营管理等方面的效果外，还影响到有效耕地面积的大小。设计时一定要使田块的土壤和地形条件适于作物的生长、具有规整的外形和合理的配置，以保证田间各项机械作业和灌排组织的顺利完成。整治后的田块应有利于作物的生长发育，有利于田间机械作业，有利于水土保持，满足灌溉排水要求和防风要求，便于经营管理。具体到田块节地规划设计，主要从田块布局与田块平整规划设计考虑，通过科学的规划设计提高耕地可利用空间、耕地生产能力并有效降低生产成本。

1.提高耕地可利用空间的田块规划设计理念

对于平原地区，通过田块设计增加耕地可利用空间主要有两个方面。一是通过土地平整减少田坎占地面积、小田并大田等措施增加有效耕地面积；二是将原有的废弃坑塘、坟墓等整治成可利用耕地，通过田块的合理布局，减少原耕地中难以利用的边角地，增加有效耕地面积。对于丘陵山地区，除平原区这两方面的设计理念外，还可通过合理的梯田设计与土地平整工程，达到节地的效果。

2.提高耕地生产能力的田块规划设计理念

耕作田块设计应保证耕作田块长边方向受光照时间最长、受光热量最大，并进行合理的作物种植结构布局,进行农业复合立体经营模式开发,提高耕地生产能力。

3. 降低生产成本的田块规划设计理念

在田块设计中,应根据区域实际设计合理的田块长度、宽度与形状,以有利于提高机械作业效率和合理地组织田间生产,减少输水损失,提高灌溉水利用系数,从而达到降低生产成本的目的。

(二)节地型田块规划设计内容

1. 田块布局节地设计

耕作田块是末级固定田间工程设施所围成的地块,是田间作业、轮作、工程建设和管理的基本单位。耕作田块规划合理与否直接影响到灌排渠系、防护林带、田间道路等作用的发挥以及生产效率和管理的便利性。田块布局应从有利于作物的生长发育,有利于田间机械作业,有利于水土保持,满足灌溉排水要求和防风要求,便于经营管理等方面进行综合考虑。耕作田块的规划主要是从耕作田块的方向、长度、宽度、形状、内部规划和作物种植结构布局等基本要素进行综合规划设计。

(1)耕作田块方向

耕作田块方向的布置应保证耕作田块长边方向受光照时间最长、受光热量最大,宜选用南北向。同时又要针对项目区的不同自然条件,确定耕作田块的方向。

(2)耕作田块长度

耕作田块长度规划主要是从有利于提高机械作业效率和合理地组织田间生产、有利于组织灌水和平整土地等方面进行考虑。首先,为了提高农业机械的工作效率,要求耕作田块具有一定的长度,田块越长,拖拉机在地头空行转弯的次数相对越少,工作效率越高,耗油量越少,机件磨损越小。其次,要考虑灌溉的要求,根据末级固定渠道要求的适宜长度及控制的面积来确定田块的长度。最后,北方地区,地面平坦,以旱作为主,机械化作业容易,耕作田块的长度可以大些。

(3)耕作田块宽度

制定田块宽度应考虑田块面积、机械作业、灌溉排水及防止风害等要求,同时应考虑地形、地貌的限制。下列为田块要求宽度参考数据:机械作业要求宽度200~300米;灌溉排水要求宽度100~300米;防止风害要求宽度200~300米。

(4)耕作田块形状

为了给机械作业和田间管理创造良好条件,田块形状要求外形规整,长边与短边交角为直角或接近直角,形状选择依次为长方形、正方形、梯形、其他形状,长宽比不小于4∶1。在自然边界(河流、沟谷、山等)较多的地区,最好将自然边界规划为地块的短边,采用自然边界的实际曲线,这样既不影响机械作业又不浪费土地。耕作田块的边界要结合沟、渠、路、林及其他自然界线，不能随意确定。

（5）作物种植结构布局

在确定项目区作物种植结构时，应充分征求当地农业部门意见，并根据当地气候、土壤、种植习惯、水土资源、劳力等条件，按照市场经济发展需要和国家宏观调控要求，采用按作物种类及重要性依次安排、逐步调整的方法，分区确定各种作物的种植面积和复种指数。选定作物种植结构的最佳方案，不仅要从当地气候、土壤等具体条件出发，而且还要符合发展高产、高效、优质农业的原则，适应市场经济发展的需要，满足国家宏观调控的要求。

2. 田块规划节地设计

（1）田块方向

田块长边方向往往是播种与耕作管理的方向，也是末级固定渠道、下地田间道路和护田林带主林带的方向。因此，田块方向选择的正确与否，将长期影响田块的日照、灌排条件、机耕作业和防风效果及下地距离远近等。在丘陵山区，合理设计田块方向，对保持水土有着十分重要的意义。

（2）耕作田块长度

田块长度的设计应有助于提高机械作业效率，有利于合理地组织田间生产、灌水组织工作，并满足土地平整的要求。

机械作业要求田块长度决定机器拖拉机组的工作单程，而后者对于机组空行程的大小和耕作效率的高低有着决定性的作用。工作单程长（或称拖拉机开行长度），机组转弯次数就少，机械作业效率就高。反之，工作单程短，转弯次数就会增加，消耗于转弯的时间和燃料就要增多，机械作业效率就会降低。

灌水组织工作和土地平整的要求。田块长，虽然对提高机械效率有好处，但会给灌水组织和土地平整工作造成一定的困难。首先，田块过长，田块面积相应地增大，于是就很难获得比较均匀一致的地形，土地平整工程量就会增加。其次，田块长度过长，沿长边配置的灌溉渠道（农渠），其流量和按其坡降计算的流速就随之增大，可能会引起冲刷。渠线过长，还会增加输水距离和输水损失，往往会使上段水多，两侧作物受渍，下段水少，两侧作物受旱。从排水角度来看，为控制地下水位于临界深度以下，要求沟内水位保持在设计高程以下，以使来水尽快送到集水沟（斗沟）或输水沟（支沟）去，因此，农沟不宜过长。

综上所述，要根据耕作机械工作效率、田块平整度、灌溉均匀程度及排水通畅度等因素确定耕作田块的长度。田块长度一般为500~800米，具体可依自然条件确定。

（3）耕作田块宽度

耕作田块宽度应考虑田块面积、机械作业要求、灌溉排水及防止风沙等要求，同时应考虑地形、地貌的限制。

①机械作业要求

为便于机组顺利作业，一般把田块划分成作业小区。作业机组最宜区宽与作业项目、行走方法和机组类型有关。

由于各种作业机组幅宽变动幅度较大，设计时可考虑以需要能量最大的耕地机组的最宜区宽作为参考，尽可能将田块宽度设计为适宜区宽的整数倍。具体设计田块宽度时，还应考虑机组的作业幅宽，一般按播种机幅宽计算。

②灌溉排水要求

水稻田横向作业比重较小，为了便于灌溉管理，水稻田块宽一般以 100～300 米为宜。田块宽度过大，往往造成田块内小地形的不一致，增加平整土地的工作量。为了排除地表径流，一般沿田块长边设计排水农沟，排水沟间距主要根据排水地区的自然条件、土壤条件、地面坡降及作物允许耐淹时间而定。

为了保证灌水的需要，一般沿田块长边规划农渠，农渠以下，根据不同灌水技术的要求规划各种田间临时渠道（灌水畦田、灌水沟和格田等）。因此，田块宽度（即农渠间距）取决于田间临时渠道最宜长宽度。根据计算，从灌溉要求来讲，当田块宽度为 200～400 米时是合适的。

（4）耕作田块形状

根据机械作业要求，必须使设计的田块至少具有一个直角和两个长边平行，因此，田块形状最好为长方形或正方形，其次是梯形，且其底角最好为 90°或接近 90°。三角形、锐角梯形和多边形田块对机械作业和田块管理工作都是不利的。不整齐的外形不仅会降低 20%～30% 的机组生产率，而且不利于机械作业质量。因此，田块设计时，应尽可能把田块设计成长方形、正方形或直角梯形，要使三角形田块数目降低到最低限度。在地形较复杂或具有曲折线边界的地段上设计田块时，在不过多减小机组工作单程长度的情况下，应使田块短边配置在此线边界上，以保证田块长边平行的要求。

在梯形地段上设计田块时，应尽可能避免出现过小的锐角，保持两个长边的平行条件。在三角形地段上设计田块时，为了保证两个长边平行，便于沿长边进行耕作，可从三角形三条中线的交点做平行于各边的平行线，即可将三角形地段划分为三个面积相等的梯形田块。与田块形状密切相关的是田块长宽比，后者的选定取决于田块面积、田内作物组成和横向作业比重。

田块长度比对机组回转次数有较大的影响，在面积相同的情况下，田块长边愈长，则回转次数愈少。因此，在工作条件许可时，应使长方形田块的长宽比不小于 4∶1，以满足机械作业的需要。

3. 田块设计综合因素

（1）田块设计与地形

在丘陵山区设计田块时，地形条件具有重要作用。地形对农业生产的影响是多方面的，地形影响热量的重新分配，同时影响土壤水分、养分、机械组成状况，并直接制约着土壤的肥力和小气候。同时，由于田块长边方向就是田间耕作方向，而耕作方向在丘陵山区对地面径流和土壤冲刷影响很大。

因此，在丘陵山区规划田块时，必须尽量使田块长边即机械作业的工作行程沿等高线配置。必要时，可把田块按地形坡向和坡度分成几个耕作地段，换句话说，应使每个田块具有相同的坡向，以保证坡度均匀，田块土壤、水分等条件一致，为合理组织机械作业并提高其效率和田间管理创造便利条件。

（2）田块设计与土壤条件

耕作田块土壤的质量主要取决于土壤结构、土壤质地、土壤理化性质等因素。各地应因地制宜，提出符合当地条件的、土壤质量改良要求。

土壤条件对田块规划的影响，一是设计时要保证在同一个田块内具有相同的土壤耕性，以便于同时采取相同的耕作方法和作物栽培措施（如同时耕翻、播种、中耕，乃至收获、治虫喷药、施肥等）；二是田块设计应保证耕作田块乃至轮作田区具有同等肥力，即土壤肥力的一致性，以保证轮作周期内农作物获得均衡产量。土壤的分布与地形特点有着密切关系，如南坡土壤由于接受太阳光热量多，土温高，北坡土壤则与此相反，土温低；分水岭的土壤由于经常保持良好的排水状态，持水量较少，机械组成较粗，土层浅薄，厚度常不及1米，养分含量较少，而山地、丘陵的坡脚和河谷中土层比较深厚，因水分集中，持水量较大，机械组成较细，养分含量较多。

不同类型的土壤具有不同的土壤耕性特点和不同的生产性。土壤耕性是指耕作难易、耕作质量和适耕期长短等，即土壤的物理机械性状在耕作条件下的综合表现。土壤的生产性，即土壤有效肥力在作物各个生育阶段中对作物生育状况的具体表现，换句话说，就是对作物的种子发芽、发苗、发株、籽粒结实、作物产量高低的影响。

在实际中，往往会遇到各种各样的土壤，在设计田块时，必须综合考虑、妥善处理土壤耕性一致和土壤肥力一致这两个方面的要求。对于土壤差异，应根据需要与可能，以及不同土壤的特性，采取平整土地、坡改梯、灌溉排水、土壤改良等有效措施加以适当的定向改造。

4. 耕作田块内部规划

根据地形、地貌、气候等自然特征及土壤质量要求，对耕作田块内部做进一步设计。

（1）平原地区的水田宜采用格田形式

格田设计必须保证灌排畅通，灌排调控方便，并满足水稻作物不同生长发育阶段对水分的要求。格田田面高差应在±3厘米以内，长度保持在60~120米为宜，宽度以20~40米为宜。格田之间以田埂为界，埂高以40厘米为宜，埂顶宽以10~20厘米为宜。旱地田面坡度应限制在1：500以内。

（2）滨海滩涂区耕作田块设计

应注意降低地下水位，洗盐排涝，改良土壤，改善生态环境，在开发利用过程中，可采用挖沟垒田、培土正地等方法。

以降低地下水位为主的农田和以洗盐除碱为主的滩涂田块田面宽宜为30~50米、长度为300~400米。

（3）丘陵山区以修筑梯田为主

梯田规格、坡坎形态应因地制宜，视地形、地面坡度、机耕条件、土壤的性质和干旱程度而定。梯田应尽量集中，并考虑防冲措施。

梯田田面长边应沿等高线布设，梯田形状呈长条形或带形。若自然条件允许，梯田田面长度一般不小于100米，以150~200米为宜。

田面宽度应考虑灌溉和机耕作业要求，陡坡区田面宽度一般为5~15米，缓坡区一般为20~40米。

5. 农田平整工程设计

农田田面高程设计要遵循因地制宜、确保农田旱涝保收、填挖土方量最小、与农田水利工程设计相结合等原则。不同的地块具体设计方式如下：地形起伏小、土层厚的农田田面设计高程根据土方填挖量确定；以防涝为主的农田，田面设计高程应高于常年涝水位0.2米；地形起伏大、土层薄的坡地的田面高程设计应因地制宜；地下水位较高的农田，田面设计高程应高于常年地下水位0.8米。

梯田田坎设计要遵循安全稳定、占地少、用工省与因地制宜选择田坎材料的原则。

三、节地型道路工程规划设计技术

（一）节地型道路工程规划设计理念

田间道路工程主要是指直接为农业生产服务的田间道路和铺设的生产路，一般可分为干道、支道、田间道和生产路四级。田间道路工程布局是农田基本建设的重要组成部分，它关系到农业生产、交通运输、农民生活和实现农业机械化等各方面，因此，在项目区田间规划中必须对道路进行全面规划。

项目区内的农村道路，按主要功能和使用特点可分为干道、支道、田间道和生产路。在常规道路工程规划设计的标准上，科学测算项目区内居民通行与农业生产的需求，通过降低路面宽度、降低路基、设计合理的道路纵坡等措施，减少道路工程占地。节地型道路工程规划设计通过路网体系与布局的合理配置、道路工程单体设计，实现节地效果。

当然，道路工程规划与灌溉渠道、农田防护林、田块布置及项目区内居民点的布置有直接关系，需要综合考虑。一般来说，应沿支、斗、农灌排渠沟布置，沟、渠、路、林的配合形式应有利于灌排，有利于机耕、运输，有利于田间管理且不影响田间作物光照条件。

（二）节地型道路工程规划体系与布局

1. 节地型道路工程规划体系

农村道路建设标准主要是从道路宽度、道路纵坡等方面加以界定，不同等级的道路工程设计具有相应的建设标准。干道路面宽6~8米，支道路面3~6米，田间道路宽3~4米，生产路路宽宜为1米左右。平原地区干道纵坡一般应小于6%，丘陵地区应小于8%，个别大纵坡地段以不超过11%为宜。田间道纵坡最大纵坡宜取6%~8%，最小纵坡以满足雨雪排除要求为准,一般宜取 0.3%~0.1%,多雨地区宜取 0.4%~0.5%。

对于项目区内的道路工程规划体系,根据有利于机耕、运输,有利于田间管理且不影响田间作物光照条件等要求,进行合理的体系规划。一般通过主干道与支路形成路网,连接项目区内及周边的村庄,田间道路与生产道路通达各生产单元。

2. 节地型道路工程布局

项目区的农村机耕道路(包括支道、田间道路等)一般沿支、斗、农灌排渠沟布置,沟、渠、路、林的配合形式应有利于排灌,有利于机耕、运输,有利于田间管理且不影响田间作物光照条件。从沟、渠、路三者的相对位置来说,一般有以下配置形式。

(1)沟—渠—路道路布置

在灌水田块的上端,位于斗渠一侧。这种布置形式对农业机械入田耕作比较便利,而且当前可修较窄的道路,随着农业机械化程度提高,道路拓宽比较容易,但机耕道要跨过所有的农渠,必须修建较多的小桥或涵管。

(2)沟—路—渠道路布置

在灌水田块的下端,介于灌、排沟渠之间。这种布置形式的道路与末级固定沟渠(农渠、农沟)均不相交,但农业机械进入田间必须跨越沟渠,须修建较多的交叉建筑物,且今后机耕道拓宽也比较困难。

(3)路—沟—渠道路布置

在灌水田块的下端,位于排水沟的上侧。这种布置形式的道路要与农渠相交,需要修建桥涵等交叉建筑物,若交叉建筑物过少或孔径不足,则影响排水,且雨季时田地和道路容易积水或受淹。

四、节地型农田水利工程规划设计技术

(一)节地型农田水利工程规划设计理念

农田水利工程是指在对洪、涝、旱、渍、盐、碱等进行综合治理和水资源合理利用的前提下,对水土资源、灌排渠系统及其建筑物等进行的改造。农田水利工程主要包括排灌工程、喷微灌工程、竖井工程、排灌电气工程等。在安排水利工程布局时,应符合以下要求:①项目区应按照蓄泄兼筹的原则,确定防洪标准,做好防洪工程设计,并将防洪工程纳入项目区的总体布置;②灌溉系统和排水系统的布置应协调一致,满足灌溉和排涝要求,有效地控制地下水位,防止土壤盐碱化或沼泽化;③自然条件存在较大差异的地区,应根据当地的自然和社会经济条件,确定灌排分区,并分区进行工程布置。

对于土壤盐碱化或可能产生土壤盐碱化的地区,应根据当地的水文气象、土壤、水文地质条件、地下水运动变化规律和盐分积累机理等,进行土壤改良分区,并提出相应的防治措施。提水灌区应根据地形、水源、电力和行政区划等条件,按照总功率最小和便于运行管理的原则进行分区、分级。灌溉方式应根据作物、地形、土壤、水源和社会经济等条

件，经分析论证确定。排水方式应根据涝、渍、碱的成因，结合地形、土壤、水文地质等条件，经分析论证确定。

山区、丘陵区应遵循高水高用、低水低用的原则，采用"长藤结瓜"式的灌溉系统，并宜利用天然河道与沟溪布置排水系统；平原区宜分开布置灌溉系统和排水系统，可能产生盐碱化的平原灌区，灌排渠沟经论证可结合使用，但必须严格控制渠沟蓄水位和蓄水时间；沿江、滨湖圩垸区应采取联圩并垸、整治河道、修筑堤防涵闸、分洪蓄涝等工程措施，在确保圩垸防洪安全的前提下，按照以排为主、排蓄结合、内外水分开、高低水分排、自排提排结合和灌排分开的原则，设置灌排系统和必要的截渗工程；滨海咸潮区应在布置灌排渠系的同时，经技术经济论证设置必要的挡潮、防洪海塘、涵闸及引蓄淡水工程，做到拒咸蓄淡、适时灌排；排水承泄区应充分利用江河湖淀，并与排水分区及排水系统的布置相协调。

节地型农田水利工程主要从农田水利工程的布局及节地断面设计方面实现节地目的。

（二）节地型农田水利工程规划体系与布局

农田水利工程规划体系包括田间灌溉渠系、井灌工程、喷灌和微灌工程的布置，本部分内容仅就灌溉渠系和井灌工程布局进行研究，关于灌溉管道工程、渠道防渗工程、喷灌和微灌工程等在节水型规划设计中再做研究。

田间灌溉渠道直接影响灌水制度的执行与灌水质量的好坏，对于充分发挥灌溉设施的增产效益关系很大，设计时应该注意以下两点：①应与道路、林带、田块等设计紧密配合进行，对田、沟、渠、林、路进行综合考虑；②应考虑田块地形，同时要满足机耕要求，必须制订出兼顾地形和机耕两方面要求的设计方案。

1. 农田水利工程规划标准

灌溉设计保证率可根据水文气象、水土资源、作物组成、灌渠规模、灌水方法及经济效益等因素确定，选定标准应符合水利行业有关规范。

排涝标准的设计暴雨重现期应根据排水区的自然条件、涝灾的严重程度及影响大小等因素，经技术经济论证确定，一般可采用5～10年。设计暴雨历时和排出时间应根据排涝面积、地面坡度、植被条件、暴雨特性和暴雨量、河网和河湖的调蓄情况，以及农作物耐淹水深和耐淹历时等条件，经论证确定。旱作区一般可采用1～3天，即从作物受淹起排至田面无积水；水稻区一般可采用3～5天，即从作物受淹起排至耐淹水深。

设计排涝模数应根据当地或邻近地区的实测资料分析确定，无实测资料时可根据排水区的自然经济条件和生产发展水平等，选用经过论证的公式计算；设计排渍深度、耐渍深度、耐渍时间和水稻田适宜日渗漏量，应根据当地或邻近地区农作物试验或种植经验调查资料分析确定；设计排渍模数应采用当地或邻近地区的实测资料确定，无实测资料时，可采用经过论证的公式计算。

2. 田间灌溉渠系布置

根据不同的地形条件，田间灌溉渠系布置分为平原和圩区的田间渠系布置，山区、丘陵区的田间渠系布置，田间地下输水管道布置三种。

（1）平原和圩区的田间渠系布置

在平原和圩区的田间渠系，根据沟渠的相对位置和不同作用，斗、农级渠系布置主要有灌排相邻、灌排相间、排灌合渠三种基本布置形式。灌排相邻布置即灌溉渠道和排水沟相邻平行布置。这种布置形式适用于地形有单一坡向、灌排方向一致的地区。灌排相间布置即渠道向两侧灌水，排水沟承泄两侧的排水。这种布置形式适用于地形平坦或有一定起伏但起伏不大的地形。灌溉渠布置在高处，排水沟布置在低处。排灌合渠布置形式只有在地势较高、地面有相当坡度的地区或地下水位较低的平原地区才适用。在这种条件下，不需要控制地下水位，灌排矛盾小；格田之间有一定高差，灌排两用渠沿着最大地面坡度方向布置（可根据地面坡度和渠道坡降，分段修筑跌水），控制左右两侧格田，起到又灌又排的作用，可减少占地面积并节省渠道工程量。

（2）山区、丘陵区的田间渠系布置

山区、丘陵区坡陡谷深，岗冲交错，地形起伏变化大，排水条件好，而干旱常常是影响农业生产的主要问题。但山丘之间的冲田，地势较低，多雨季节山洪汇集，容易造成洪涝灾害。另外，一般冲、谷处的地下水位较高，常常形成冷浸田和烂泥田。因此，田间渠系的布置必须全面解决旱、涝、渍的危害。

山区、丘陵区的农田，按其地形部位不同，可分为岗、塝、冲、畈四种类型。其中，岗地位置高；塝田位于山冲两侧的坡地上；冲田在两岗之间地势最低处；冲沟下游和河流两岸，地势逐渐平坦，常为宽广的平畈区。

山区、丘陵区的支、斗渠一般沿岗岭脊线布置。农渠垂直于等高线，沿塝田短边布置，由于塝田是层层梯田，两田之间有一定高差，农渠上应修筑跌水衔接，且多为双向控制。塝田地势较高，排水条件好，所以农渠多是灌排两用，每一个格田都设有单独的进出水口，以避免串排串灌。

（3）田间地下输水管道布置

将田间明渠改为地下暗渠，不仅可以减少渠道的挖、填面积，扩大耕地面积，而且具有输水快、渗漏少、便于机耕和交通等优点，但一般投资费用较大，属于固定性永久建筑。

地下渠道的灌溉范围要因地制宜，既要节省工程投资，又要便于灌溉和管理。在规划布置时，结合具体条件应考虑以下方面：①渠线要尽量直，避免弯曲，以利于土地利用规划并减少水头损失；②要使地下渠道在控制整个灌溉面积的前提下，渠线布置最短；③渠线要沿高地布置，从而有利于分水井和放水口的分水和出水；④路线选择应结合机耕道，做到路渠结合，即地面是道路、地下是暗渠。地下管道的平面布置，一般包括两边分水式和一边分水式两种形式。

两边分水式主要适用于没有明显坡度的平坦地区，主管道可以布置在灌区中间，在主管道上每隔一定距离建筑一个配水井，在配水井两边布置分支管道，在分支管道上再每隔一定距离建筑一个用水井和放水井。一边分水式主要适用于有一定坡度的地段，主干管道沿高地一边布置，并向一侧布置分支管道。

3. 井灌工程布局

为使地下水的开发能够有计划有控制地进行，在制订地下水开发利用规划时，应根据各含水层的可采资源，确定各层水井数目和开采水量，做到分层取水，浅、中、深合理布局。在浅层淡水比较充足的地区，以开采浅层水为主，将深层水作为后备水源，平时尽量减少深层水的开采量，以备大旱和连旱之年抗旱保收之用。在浅层淡水缺乏又无地面水可供利用的地区，为保证工农业生产、生活用水需要，在一定时期内可以有计划地开采深层水，但必须预见到地下水位下降、地面下沉、咸水界面下移等出现的可能性，以确保在出现这些现象之前，能够采取有效措施，确保用水需求。

水井的平面布置应根据水文地质条件、地下水资源状况，并与地形、提水机械、老井和作物布局等情况结合起来考虑，以保证在任何时间灌溉工作都能正常地进行，在多年运用中保证取水量不减少、取水条件不恶化。

在大面积水文地质条件差异不大、地下水补给比较充足、地下水资源比较丰富、地下水利用量与补给量基本平衡的情况下，水井的间距主要决定于井的出水量和所能灌溉的面积。在地下水补给量不能满足灌溉用水需要的地区，应根据各含水层容许的开采模数和每个水井的出水量确定单位面积上的井数和井距，根据平均收益的原则，大面积均匀布井。

井距确定后，在布井时还要考虑地形、地下水流向、作物种植、输电线路等问题。在成排布井时，要注意布井方向与地下水流向垂直，井位互相错开呈梅花形，或根据具体情况布置，避免局部地方布井过密或形成空白点。在条件许可的情况下，井位应尽可能布置在高地，以便于输水和控制最大的灌溉面积。输电线路布置要求经济合理，变压器布置在负荷的中心呈放射状最好，还要打破乡镇界线，进行全面规划。

五、节地型林带规划设计技术

（一）林带节地规划设计理念

农田防护林应与林业生产相结合，形成一个完整的防护林体系，主林带应与主风向垂直，副林带要与主林带垂直。林带不能与主风向垂直时，可以有一定的偏角，但偏角不能大于30°。主林带间距的大小，应按林带的有效防风范围来确定，一般为树高的15~20倍，副林带间距主要根据地形和田块布置情况进行，以能适应机械化耕作为原则。林带的宽度应根据当地的环境、林带结构及土地利用情况，本着因害设防的原则来确定。

节地型林带规划设计应充分利用田坎、沟渠路的边坡等，在实现林带功能的前提下，减少占地，达到节地目标。

（二）林带节地规划布局

1. 布局原则

布局原则如下：①应结合当地最主要的生态环境问题进行防护林设计。②建立以农田生态防护林为主、多林种相结合的综合防护体系。创造新的农业地理景观，建立结构合理、良性循环的农业生态系统。③实行山、水、田、林、路、村统一规划，综合治理。④生态效益、经济效益和社会效益相统一。

2. 林带结构与走向设计

根据地形、气候条件、风害程度及其特点，因地制宜，确定林带结构、种类、高度、宽度及横断面形状。林带走向一般应与主害风向垂直，偏角不得超过30°。在一般灌溉地区，林带应尽量与渠向一致。

3. 林带间距和网格面积确定

主副林带间距根据土壤条件、防护林类型、害风频率、害风最大风速和平均风速、林带结构和疏透度、林带高度和有效防护距离等因素确定，同时还应考虑灌溉条件、地物、地形、田块形状、原有渠系和道路分布等因素。

主林带沿田块长边配置，其间距为田块宽度。因此，为了保证护林带最大的防风效果，田块宽度不应超过树高的25倍。例如，设树高为16米，25倍树高距离为400米。如果田块面积较小，可每隔一块或两块田设置一条主林带。

在有一般风害的壤土或沙壤土耕地区，以及风害不大的灌溉区或水网区，主林带间距宜为200~250米，副林带间距宜为400~500米，网格面积宜为8~12.5公顷。风速大、风害严重的耕地，以及易遭台风袭击的水网区，主林带间距宜为150米左右，副林带间距宜为300~400米，网格面积宜为4.5~6.0公顷。

（三）林带节地规划设计

1. 树种选择

考虑项目区的实际情况，结合土壤与气候特征，布置防护林，以减少风害，改善区内生态环境。农田防护林的树种一般选用项目区当地的适生树种。

2. 林带生长基础数据的确定

林带生长基础数据因树种不同而有差异，应根据不同树种的生长参数确定防护林成熟树龄、林高与平均单株材积。

3. 林带宽度设计

基于已有的林带布设研究成果，最适林带宽度范围在5.5~28米，考虑节地目标与林带的结构要求，我国的疏透结构林带为 8~11 米，通风结构林为 11~15 米，而在全域土地综合整治项目区多采用疏透结构林。同时，林带规划设计应充分利用田坎、沟渠、路的边坡，以减少占地。

4. 带间距与株行距

带间距基于防风效能出发设定，一般是一个或两个田块的宽度。株行距的设计与项目区选定树种、防护林透风系数等相关，一般选定株行距为 3 米 × 3 米或 3 米 × 4 米。

第三节 节水型全域土地综合整治项目规划设计技术

一、节水灌溉基础

节水灌溉是节水型规划设计的目标，是实施节水灌溉的基础，因此，首先对节水灌溉进行初步分析。

根据《节水灌溉技术规范》，节水灌溉是指用尽可能少的水投入，取得尽可能多的农作物产出的一种灌溉模式，目的是提高水的利用率和水分生产率。节水灌溉的内涵包括水资源的合理开发利用、输配水系统节水、田间灌溉过程节水、农艺节水增产技术和节水灌溉管理等方面。因此，节水规划设计技术研究主要从节水灌溉工程规划设计、农艺节水规划设计与节水灌溉管理规划设计方面进行，形成相应的设计技术。

节水灌溉有以下特征：①节水灌溉是根据作物需水规律及当地供水条件，在充分利用降水和土壤水的前提下，为了高效利用灌溉水，获取农业生产的最佳经济效益、社会效益和生态效益而采取的多种措施的总称。②节水灌溉应从整个灌溉过程着手，凡是能减少灌溉水损失、提高灌水使用效率的措施、技术和方法均属于节水灌溉范畴。一般情况下，节水应是减少灌溉水的无益损耗，不减少作物正常蓄水量；只有在水源不足，水供需矛盾靠其他方法不能解决时，才进行非充分灌溉（水分胁迫），限制作物蒸腾量。③节水是相对的概念，不同的水资源条件，不同的气候、土壤、地形条件和社会经济发展水平，对节水有不同的要求。

二、节水型灌溉工程规划设计技术

地面灌溉是最古老的，也是世界上普遍采用的农田灌溉技术措施。据统计，全世界采用地面灌水方式灌溉的面积占总灌溉面积的 95% 左右，我国灌溉面积的 98% 采用地面灌溉。传统的地面灌溉方法能充分满足作物需水要求，对灌水技术要求不高，容易为人们掌握和利用，且使用管理简便，不需要特殊的专门设备，投资省，运行费用低。但地面灌溉在灌水技术方面存在管理粗放、沟畦规格不合理、易发生深层渗漏损失、易发生超量灌溉等问题，导致水资源浪费严重，且田间水的有效利用率也比喷灌和微灌低很多。鉴于我国水资源与能源短缺，广大农村地区的灌水技术、经济与农业管理水平较低，大面积推广喷灌和微灌等灌溉技术还受很大限制，因此，加大田间工程建设力度，研究和推广节水型地面灌溉规划设计，是全域土地综合整治事业的任务之一。

地面灌溉规划设计要比喷灌和微灌更注意改善和提高灌水技术，因此，针对传统的地面灌溉规划技术进行改进，从节水型畦灌规划设计、节水型沟灌规划设计、膜上灌灌水规划设计与波涌灌溉规划设计技术等方面，形成节水型地面灌溉规划设计技术。

（一）节水型畦灌规划设计

1. 小畦灌溉规划设计

小畦灌溉主要是指畦田"三改"灌水技术，也就是"长畦改短畦，宽畦改窄畦，大畦改小畦"。小畦灌溉易于实现小定额灌水，已有研究实验表明，灌水定额随畦长的增加而增大，畦长越长，水流的入渗时间越长，灌水量越大，缩短畦长可达到节水目的。另外，小畦灌溉可以使灌水均匀，提高灌水质量，减少深层渗漏，并减少土壤冲刷与板结。

小畦灌溉规划的畦田宽度，自流灌区一般为 2~3 米，机井提水灌区以 1~2 米为宜。地面坡度为 1/1 000~1/400 时，单宽流量为 2.0~4.5 升/（秒·米），灌水定额为 300~675 立方米/公顷。而畦田长度，自流灌区以 30~50 米为宜，最长不超过 70 米，机井和高扬程提水灌区以 30 米左右为宜。

2. 长畦分段短灌规划设计

长畦分段短灌技术是将一条长畦分成若干个没有横向畦埂的短畦，采用地面纵向输水沟和塑料软管，将水输入畦田，然后自下而上或自上而下依次逐段向短畦内灌水的灌溉技术。

长畦分段短灌，若用输水沟灌水，同一条输水沟第一次灌水时，应由长畦尾端短畦开始自下而上分段向各个短畦内灌水。第二次灌水时，应由长畦首端开始自上而下向各分段短畦内灌水，输水沟仍可种植作物，若采用塑料软管输水，每次灌水可将软管直接铺设在长畦田面上，软管尾端出口放置在长畦的最末短畦上端，自下而上逐段向短畦内灌水。

长畦分段短灌的畦宽一般可达 5~10 米，畦长可达 200 米以上，一般在 100~150 米，但其流量并不增大。主要是要正确确定入畦灌水流量、短畦长度与间距，以及分段改水时间等。

3. 宽浅式畦沟结合灌水规划设计

宽浅式畦沟结合灌水技术是一种适应间作套种或立体栽培作物的灌水畦与灌水沟相结

合的灌水技术，以北方小麦、玉米一年两熟区为例，其规划设计特点如下：①畦田与灌水沟相间交替，畦面宽40厘米，畦面和灌水沟均可种植作物；②畦面小麦可以采用常规畦灌或长畦分段灌水进行灌溉；③在小麦乳熟期，每隔两行小麦开挖浅沟，套种玉米，利用浅沟灌水；④小麦收割后，从畦田田面挖土覆在玉米根部，形成灌水沟沟坡，灌水沟的间距正好是玉米的行距。

（二）节水型沟灌规划设计

1. 细流沟灌规划设计

细流沟灌可以在水流动过程中将全部水量渗入土壤，放水停止后沟中不形成积水。其优点如下：①沟内水浅，流动缓慢，主要借毛细管作用浸润土壤，水流受重力作用湿润土壤范围小，能更好地使灌水分布均匀，节约水量，有利于保持土壤结构，不流失肥料；②地面蒸发量比灌水沟内存蓄水的封闭沟灌减少2/3～3/4；③灌水湿润土层均匀，而且深度大，保墒时间长。

细流沟灌一般是用短管或从输水沟上开一小口引水，流量较小，灌水沟内的水深为1/5～2/5沟深，入沟流量为0.2～0.4升/秒，大于0.5升/秒时将产生冲刷，湿润均匀程度变差。在中、轻壤土田块，地面坡度为1/100～1/50时，沟长一般控制在60～120米；灌水沟在灌水前开挖，沟断面宜小，一般沟底宽为12～13厘米，深度为8～10厘米，间距为60厘米。

2. 播种沟灌水规划设计

播种沟灌水主要适用于沟播作物播种缺墒时，具体方法如下：依据作物计划的行距要求，第一犁沟播下种子，第二犁沟作为灌水沟，并用第二犁翻起的土覆盖住第一犁沟内播下的种子，同时向灌水沟内灌水。一般播种沟的灌水方法分逐沟灌、隔沟灌、串沟灌和轮沟灌四种。

3. 封闭式直形沟沟灌技术

封闭式直形沟沟灌主要适用于土壤透水性较强、地面坡度较小的地块。一般封闭沟间距0.6～0.7米，沟深0.15～0.25米，沟长30～50米。当地面坡度为1/1 000～1/400时，单沟流量一般为0.5～1.0升/秒，灌水定额为300～600立方米/公顷，将3～5个灌水沟划为一组进行轮灌。

4. 方形沟沟灌技术

方形沟沟灌主要适用于地形较复杂、地面坡度较大（1/200～1/50）的地段，沟长一般为2～10米，坡陡时宜短，坡缓时宜长。1～10条灌水沟为一组，组间留一条沟作为输水沟,形成一个方形沟组。灌水时从输水沟下段第一方形沟开口,自下而上浇灌。一般沟中蓄水深 10 厘米左右。

5. 隔沟灌规划设计

隔沟灌技术是指不是所有灌水沟都放水,而是对灌水沟实施间隔放水的灌水技术,一般是间隔一条灌水沟进行灌水。为减少作物植株间的土壤蒸发和控制作物根系生长,对宽行作物采取控制隔沟灌灌水,在作物某个时期只对某些灌水沟实施灌水,而在另一时期,对其相邻灌水沟灌水。这样,由于作物根系的向水性,可以用其控制作物根系生长,同时达到节水目的。

(三)膜上灌灌水规划设计

膜上灌也称膜孔灌溉,是灌溉水流在膜上流动,通过作物放苗孔或专用灌水孔渗入作物根部土壤中的灌水技术。

1. 膜上灌的类型及设计要素

(1) 开沟扶埂膜上灌

在铺好地膜的农田上,用开沟器在膜床两侧开沟,以便在膜侧推出小土堆,避免水流到地膜以外。一般畦长 80~120 米,入膜流量 0.6~1.0 升/秒,沟深 35~45 厘米。

(2) 打埂膜上灌

打埂膜上灌是刮出 5~8 厘米厚的土层,在畦田两侧构筑 15~25 厘米的畦坡,其畦田宽 0.9~3.5 米,膜宽 0.7~1.8 米。打埂膜上灌的畦面低于原田面,灌溉时水不易外溢和穿透畦坡,入膜流量可加大到 5 升/秒以上。

(3) 膜孔灌溉

膜孔灌溉分为膜孔畦灌与膜孔沟灌两种。膜孔灌溉也称膜孔渗灌,是指灌溉水流在膜上流动,通过膜孔渗到作物根部土壤中的灌水方法。

膜孔畦灌无膜缝和膜侧旁渗,地膜须翘起 5 厘米高,并嵌入土埂中,膜畦宽度根据地膜和种植作物的要求确定。作物需水完全依靠放苗孔和增加的渗水孔供给,入膜流量为 1~3 升/秒。该方法提高了灌水均匀度,节水效果好。

膜孔沟灌是将地膜铺在沟底,作物禾苗种植在垄上,水流通过沟中地膜上的专门灌水孔渗入土壤中,再经过毛细管作用浸润作物根系附近的土壤。其灌水规格依作物而异,渗水孔根据作物灌水量与所处土壤质地确定,对轻壤土、壤土,一般以孔径 5 毫米、孔距 20 厘米为宜。

(4) 膜缝灌

膜缝灌分膜缝沟灌、膜缝畦灌和细流膜缝灌三种方式。

膜缝沟灌是对膜侧沟灌的改进。是将地膜铺在沟坡上,沟底两膜相会处留有 2~4 厘米的窄缝，通过苗孔与膜缝向作物供水的灌溉方式。一般膜缝沟灌的沟长为50米左右。

膜缝畦灌是在畦田田面上铺两幅地膜，畦田宽度稍大于两倍的地膜宽度，两幅地膜间留有2~4厘米的窄缝，灌溉水在膜上流动，通过膜缝和放苗孔向作物供水，入膜流量为3~5升/秒，畦长30~50米为宜，要求土地平整。

细流膜缝灌是在普通地膜种植下，利用机械将作物行间的地膜划破，形成膜缝，并压成U形小沟，通过U形小沟灌水，并渗入土壤中，浸润作物，达到灌溉目的的灌溉方式。

2. 膜上灌技术特点

（1）节水效果明显

据对膜孔灌溉的实验研究和对膜上灌技术的调查分析，与传统的地面灌溉相比较，膜上灌一般可节水30%~50%，节水效果明显。原因是膜上灌的灌溉水是通过膜孔或膜缝渗入作物根系区土壤的，其湿润范围仅在根系区域，其他部位仍处于原土壤水分状态，水的利用率高。此外，膜上灌水流是在膜上流动，降低了沟（畦）的糙率，使得膜上水流推进速度快，减少了深层渗漏，并且铺膜阻止了作物植株间的土壤蒸发损失，田间水利用率高。

（2）灌水质量较好

与传统的畦灌相比，膜上灌较高的灌水质量表现在两个方面：①灌水均匀度高。膜上灌不仅可提高沿沟畦长度方向的灌水均匀度和湿润土壤的均匀度，而且可提高沟畦横断面上的灌水均匀度和湿润土壤的均匀度。②不破坏土壤结构。由于膜上灌水流在地膜上流动或存蓄，不会冲刷膜下土壤表面，不会破坏土壤结构，而通过苗孔和灌水孔（或缝）向土壤内渗水，又可以保持土壤疏松，不致产生土壤板结。

（3）增产效益显著

膜上灌是通过膜孔或膜缝等适时适量进行灌水，为土壤提供了适宜的水分条件，并改善了作物的水、肥、气、热的供应条件和生态环境，从而使作物出苗率高，根系发育健壮，生长发育良好，最终达到增产增收的目的。

（四）波涌灌溉规划设计

波涌灌溉是对地面沟、畦灌水方法的重大发展，又称间歇灌溉或涌流灌溉。波涌灌溉是把灌溉水断续地按一定周期向灌水沟（畦）供水，逐段湿润土壤，直到水流推进到灌水沟（畦）末端为止的一种节水型地面灌溉新技术。与传统的地面灌溉不同，它向灌水沟（畦）供水不是连续的，其灌溉水流也不是一次就推进到灌水沟的末端，而是灌溉水在第一次供水输入灌水沟（畦）达一定距离后，暂停供水，过一定时间再继续供水，如此分几次间歇反复地向灌水沟（畦）供水的地面灌溉技术。

1. 波涌灌溉田间灌水系统规划

波涌灌溉需要向灌水沟（畦）间歇性地交替放水或停水，可以通过人工控制或自动控制来实现，但人工控制劳动强度大，且不容易按设计计划控制封口、改口和开口的时间及流量，所以一般波涌灌溉都配备自动化程度较高的专用控制装置。

波涌灌溉有"双管"波涌灌溉田间灌水系统和"单管"波涌灌溉田间灌水系统两种方式，大都通过输水管道供水。

"双管"波涌灌溉田间灌水系统一般通过埋于地下的暗管把水输送到田间，再通过竖管和阀门与地面上带阀门的管道相连。这种阀门可以自动控制两组管道间的水流开关，通过交替控制水流实现间歇供水。

"单管"波涌灌溉田间灌水系统是由一条单独带阀门的管道与供水处相连，管道上的各个出水口则通过低水压、低气压或电子阀控制，由控制器控制形成整个系统。

2. 波涌灌溉灌水设计与设备

（1）灌水设计

波涌灌溉灌水设计与土壤质地、田块规格、田面坡度、入畦流量、田间微地形等有直接关系，具体设计应分类型参阅相关资料。以壤土为例，一般畦长100~350米，畦面坡度1/20 000~1/200，入畦单宽流量2~4升/（秒·米），畦面平整精度指标小于3厘米。对于沟灌，技术要素组合为沟长100~350米，沟坡1/1 000~1/100，入沟流量1.5~3升/秒，沟面平整精度小于4厘米。

（2）灌溉设备

波涌灌溉系统一般由水源、波涌阀、控制器和输配水管道等组成，其中，波涌阀和控制器是整个系统的核心设备。用于波涌灌溉的水源在井灌区可来自低压输水管道给水栓（出水口），在渠灌区则取自农渠分水闸口。

波涌阀按动力供给形式分为水力驱动式和太阳能（蓄电池）驱动式两类，按结构形式分为单向阀和双向阀两类。整个阀体呈三通结构的T字形，采用铝合金材料铸造。水流从进水口引入后，由位于中间位置的阀门向左、右交替分水，阀门由控制器中的电动马达驱动。

输配水管道采用聚乙烯（PE）软管或聚氯乙烯（PVC）硬管将低压输水管道出水口或农渠分水口与波涌阀进水口相连，在波涌阀出水口处装有软管（硬管）伸向两侧，起到传统的控制闸孔完成出流灌溉的作用。

3. 波涌灌溉评价

波涌灌溉具有很多优点，具体如下：①灌水量一定时，以波涌流实行间歇性灌水，则水流能以更快的速度流到田块末端，这使得田块上游灌水的可能入渗时间相对缩短，其结果是田块上游深层渗漏减少，灌水均匀；②采用特定的波涌控制器能将两组灌水沟之间的水流分开，并缩短水流抵达田块末端后进行灌水的时间，有效地减少尾水；③波涌灌溉能以较高的效率进行较小定额的灌水，较小定额的灌溉可以留下土壤储水空间和减少灌溉需水量；④波涌灌溉提供给农户更多的节水管理和节能管理机会；⑤与更为传统的续灌相比，管理适当的波涌灌溉能够通过提高灌水效率而减少提水量和所需的能量；⑥波涌灌溉是自动化灌溉的一种方式，它可以不用人工调节闸门而进行减流沟灌。

当然，波涌灌溉在实际应用中也有一些不足：①波涌灌溉需要较高的管理水平，管理不当则达不到预期的效果；②波涌灌溉装置必须保养良好，阀门发生故障会造成作物损害，且水中的杂质会使某些阀门的控制失灵；③波涌控制阀设置不当可能造成尾水过多。

（五）渠道防渗工程规划设计

渠道防渗是减少渠道渗漏损失、提高渠系利用系数的工程技术措施，是节水型规划设计的主要方面。我国灌区各类输水渠道长度超过 300 万千米，其中 80% 以上为土渠，水的渗漏损失较大。采取防渗工程的渠道与未采取防渗措施的渠道相比，可节水 40%～50%。因此，在全域土地综合整治项目工、程规划设计中，遵照《渠道防渗工程技术规范》，实施渠道防渗工程规划设计，进行渠道防渗处理，可以减少输水过程损失，加快输水速度，提高灌溉效率。

1. 渠道防渗工程作用及要求

第一，渠道防渗工程是节约用水、保护水土资源、提高水的利用效率的重要措施，可节约投资及运行费用，防止渠道冲刷、淤积和崩塌，并可以防止土壤盐碱化及作物渍害。

第二，渠道防渗工程设计应结合当地的自然条件、灌区规模、水资源丰缺情况及社会、经济、生态环境等诸因素进行综合评价，经论证确定，优选符合当地具体条件的防渗工程。

第三，防渗材料的运用应坚持因地制宜、就地取材、量力而行和符合生态环境保护的原则。可选用土料、砌石、塑膜材料、沥青混凝土、混凝土等材料。各种材料的防渗性能应经过科学试验，材料配合比应经过试验确定。

2. 渠道防渗工程规划

第一，根据工程所在地的自然条件、经济社会状况、水资源状况、防渗渠道功能及渠基土的工程性质，分析论证渠道防渗的必要性。

第二，防渗工程总体布置应对水源工程、灌排渠系、建筑物、道路、林带、村镇、管理设施等进行合理布置，绘制防渗工程总体布置图。

第三，防渗工程规划应根据水源条件、工程状况、地质条件、渠道功能和经济发展水平等，初步确定防渗规模和防渗形式。当自然条件差异较大时，应划分不同的类型区，分区进行布置和设计。

第四，渠道防渗工程规划应根据防渗渠道的规模及级别，选定渠系水利用系数。

第五，灌区灌溉渠系水利用系数应根据灌区规模确定，其规划设计值标准为大型灌区 ≥ 0.55、中型灌区 ≥ 0.65、小型灌区 ≥ 0.75。

第六，渠道防渗应论证其对周边生态环境的影响，必要时应采取补救措施。

第七，根据渠道功能、节水标准，结合当地自然状况、防渗材料及工程运用等，确定渠道防渗结构形式、防渗渠段布局，拟订不同的防渗工程规划方案。

3. 渠道防渗工程措施

渠道防渗工程措施根据所选用的防渗材料不同，分为土料防渗、水泥土防渗、砌石防渗、混凝土防渗、膜料防渗和沥青混凝土防渗六种类型。在具体的工程施工中多采用砌石防渗、混凝土防渗、膜料防渗和沥青混凝土防渗，因此，本书就这四种类型进行分析。

第一，砌石防渗一般是指以料石、块石、卵石、石板等为防渗材料的防渗措施。砌石防渗能就地取材，具有抗冲流速大、耐磨能力强、抗冻防冻能力强、防渗效果较好、施工技术简单等优点。但其不容易采用机械化施工，需要的劳动力多，施工质量难以控制。砌石防渗宜采用外形方正、表面凸凹不大于10毫米的料石，或上下面平整、无尖角薄边、块重不小于20千克的块石，或长径不小于20厘米的卵石，或矩形、表面平整、厚度不小于30毫米的石板等。

第二，混凝土防渗具有防渗效果好、耐久性好、糙率小、沿程水头损失小、能够减少土方工程量、工程强度高、便于管理、适应性强等优点，是目前广泛采用的一种渠道防渗技术措施。混凝土防渗结构的混凝土保护层应采用级配良好、抗压强度大于混凝土强度1~5倍的石料。其中，选用的砂料应质地坚硬、清洁、级配良好，天然砂的细度模数宜在2.2~3.0，人工砂的细度模数宜在2.4~2.8，人工砂的饱和面干含水率不宜超过6%。混凝土可采用中砂或粗砂，砂浆可采用中砂或细砂。在缺乏中砂和粗砂的地区，渠道流速小于3米/秒时，可采用细砂或特细砂。砂料中有活性骨料时，应进行专门试验论证，砂的质量指标应符合相关的规定。石料的最大粒径不应超过素混凝土板厚度的1/3~1/2、钢筋混凝土板厚度的1/4和钢筋净间距的2/3。当选用含有活性成分的石料时，应进行专门试验论证。混凝土防渗的施工方式可分为现场浇筑施工和预置装配施工。

第三，膜料防渗是用不透水的土工织物来减小或防止渠道渗漏损失的技术措施，具有防渗性能好、适应变形能力强、质轻、用量小、施工简便、工期短、耐腐蚀性强、造价低等优点。但防渗膜材料在运用中不可避免地产生老化，因而耐久性成为其主要影响因素。防渗膜材料多采用埋铺式，其结构一般包括防渗层、过渡层和保护层。材料选用分为塑料类、合成橡胶类、沥青及环氧树脂类等，在实际应用中多采用聚乙烯和聚氯乙烯塑料薄膜，其次是沥青玻璃纤维布油毡（简称油毡）。

采用的油毡应厚度均匀，无漏涂、划痕、折裂、气泡及针孔，在0~40°下易于展开。采用的钠基膨润土防水毯应表面平整、厚度均匀，无破洞、破边，无残留断针，针刺均匀，使用的膨润土应为钠基膨润土，粒径在0.2~2毫米范围内的膨润土颗粒质量至少占膨润土总质量的80%。采用的复合土工膜、弹性体改性沥青防水卷材、塑性体改性沥青防水卷材等多种类型的改性沥青及高分子防水卷材，其性能应符合国家现行有关技术标准的规定。

第四,沥青混凝土防渗是以沥青为胶结剂,与矿物、矿物骨料(碎石、砾石和砂)经加热、拌和压实而成的防渗材料,具有防渗效果好、柔性和黏附性好、适应变形能力强、老化慢、造价低、容易修补等优点。沥青混凝土防渗结构宜采用碱性的碎石,碎石的最大粒径不应超过压实后沥青混凝土铺筑层厚度的1/3且不大于25毫米。当采用酸性石料时,应做改性处理。当用天然卵石加工碎石时,卵石的粒径宜为碎石最大粒径的3倍以上。当采用小卵石或砾石时,应通过试验充分论证。

4. 防渗渠道断面形式设计

渠道防渗设计应在防渗规划的基础上确定断面形式。防渗明渠断面形式可选用梯形、矩形、复合形、弧形底梯形、弧形坡脚梯形、U形;无压防渗暗渠的断面形式可选用城门洞形、箱形、正反拱形和圆形。

防渗渠道断面形式的选择应根据渠道级别或规模,结合防渗结构的选择一并进行。寒冷地区,大、中型防渗渠道宜采用弧形坡脚梯形或弧形底梯形断面,小型渠道宜采用U形断面。渠道采用混凝土防渗衬砌时,宜采用标准化设计、工厂化预制、现场装配技术。

5. 渠道防渗工程设计参数

在进行了工程规划、断面形式设计等工作后,要选定断面参数,进行水力计算和防渗结构、伸缩缝、砌筑缝及堤顶等设计。设计时应按照渠道工程级别或规模、不同设计阶段的要求,遵照国家有关规范,结合当地实际情况进行。渠道防渗设计应符合防渗和渠基稳定的要求,并综合考虑渗漏、冻胀、冲刷、淤积、盐胀、侵蚀等不利因素的影响。

具体的设计参数包括渠底比降、边坡系数、糙率、渠道断面宽深比、不冲不淤流速、超高、伸缩缝间距及堤顶宽度等。

(六)管道输水灌溉工程规划设计

管道输水灌溉工程规划设计是节水型规划设计所应用的主要措施之一,在井灌区管道系统水利用系数在0.95以上,比土渠节水30%左右,比土渠输水灌溉节能20%~30%,而渠灌区采用管道输水后比土渠节水40%左右。

(七)喷灌工程规划设计

喷灌是将灌溉水通过由喷灌设备组成的喷灌系统(或喷灌机具),形成具有一定压力的水,由喷头喷射到空中,形成水滴状态洒落在土壤表面,为作物生长提供必要的水分的一种灌溉方式。

1. 喷灌系统的组成及分类

(1)喷灌设备

喷灌设备又称喷灌机具,是进行喷灌的主要设备,按功能可分为喷洒设备、增压设备、传动设备、输水设备、行走设备、量测设备和控制设备。

一套完整的喷灌设备可以完全包括以上全部喷灌设备，也可以只有其中的一部分主要设备，小型喷灌机具与大型喷灌机具的具体要求不同，组成也不同。

（2）喷灌系统的组成

喷灌系统是把水源、喷灌设备和田间工程有机地结合起来，使它成为一个相对独立的整体，以达到将灌溉用水均匀地喷洒到农田，满足农作物生长对水分的要求的一种水利设施。喷灌系统通常由水源（包括水泵与动力设备）、输水系统（管道渠系和田间工程）和喷灌装置（喷头）三大部分组成。管道式喷灌系统一般由水源、水泵、动力设备、管道、喷灌机及田间工程组成。

（3）喷灌系统的分类及特点

①固定管道式喷灌系统

水泵与动力机构成固定的泵站，各级管道多埋入地下，喷头装在固定于支管的支架上，通常除喷头可拆卸外，其余部分在喷灌季节或常年固定不动。

②移动管道式喷灌系统

有可移动的水泵及动力机组，配有一定数量的可移动管道和喷头，即整个喷灌系统除水源及水源工程外，从水泵到动力机、各级管道、喷头等都可以拆卸移动，轮流使用于不同地块。

③半固定管道式喷灌系统

一般是泵站和干管固定不动，支管和喷头可移动。

④定喷机组式喷灌系统

在田间布设一定规格的输水明渠或暗管，每隔一定距离设置供抽水用的工作池，喷灌机沿管（渠）移动，做定点喷洒。

⑤行喷机组式喷灌系统

在田间按一定规格修建供水设施，喷灌机在连续移动过程中进行喷洒灌溉。其机械化、自动化程度高，运行操作方便，但一般能耗较多，投资保养成本高，适用于土地开阔连片、地形平坦、田间障碍物少，以及经济条件和技术力量较强的地区。

2. 喷灌工程规划

喷灌工程规划的任务是在综合分析设计基础资料，掌握灌区基本情况与特点的基础上，通过技术比较确定喷灌工程的规划方案。具体规划内容如下：①勘测收集基础资料；②喷灌可行性分析；③喷灌系统选型；④水源工程规划；⑤压力分区规划；⑥工程规划布置；⑦管道系统规划布置；⑧投资概算及效益分析。

（八）微灌工程规划设计

微灌是滴灌、小管出流、渗灌和微喷灌的统称，是一种通过配水管道安装的滴头或灌水器以间断或连续水滴、细流、渗流或微细喷洒等形式将水缓慢地灌到地表或地表以下的灌水方法。

1. 微灌系统的组成及分类

（1）微灌系统的组成

微灌系统通常由水源工程、首部枢纽、输配水管网和灌水器四部分组成。

水源工程包括河流、湖泊、沟渠、机井等，只要水质符合要求，均可作为微灌的水源。为了充分利用各种水源进行灌溉，往往需要修建引水、蓄水和提水工程，以及相应的输配电工程。首部枢纽通常由水泵、控制阀门、水质净化装置、施肥装置、测量和保护设备等组成。首部枢纽担负着整个系统的驱动、检测和调控任务，是微灌系统的控制调度中心。输配水管网有干、支、毛管担负着输水与配水的任务，一般埋设于地面以下一定深度。微灌的灌水器有滴头、微喷头、涌水器、滴灌带、渗灌管等多种形式，或置于地表或埋入地下。灌水器的结构不同，水流的出流方式也不相同，相应的灌水方法也称为滴灌、微喷灌、渗灌和涌泉灌等。

（2）微灌系统的分类

按灌水时水流出流方式的不同，可将微灌分为滴灌、微喷灌、渗灌和涌泉灌四种，其中，使用广泛的是滴灌和微喷灌。

2. 微灌工程规划

（1）微灌工程规划内容

①勘测和收集基本资料，包括地形、水文、地质、土壤、气象、作物、灌溉试验、动力和设备、当地经济发展现状与发展规划等；②论证工程建设的必要性和可行性；③根据当地的水资源状况和农业生产要求，进行水利计算，确定工程的规模和微灌系统的控制范围；④根据水源位置、地形、作物种植情况，合理布置引、蓄、提水源工程，以及微灌枢纽位置与骨干输配水管网；⑤提出工程概算并进行效益分析。

（2）微灌系统布置（以滴灌和微喷灌为例）

①毛管和灌水器的布置

毛管和灌水器的布置方式取决于作物种类、生长阶段和所选用的灌水器的类型。滴灌系统和微喷灌系统毛管和灌水器的布置形式各有其特殊性。

滴灌系统毛管和灌水器的布置有多种形式，主要有单行毛管直线布置、双行毛管平行布置、单行毛管环状布置、单行毛管带微管布置等。

微喷灌系统毛管和灌水器的布置常用于果园、园艺等方面，微喷灌系统的毛管布置与灌溉作物、微喷头的布置、微喷头的结构及水力性能等有关，主要的布置形式有地面系统布置形式、树上系统布置形式、悬挂系统布置形式和地下系统布置形式等。

②干支管布置

干支管的布置取决于地形、水源、作物分布和毛管的布置。其布置应达到管理方便、工程费用少的要求。在山地，干管多沿山脊线布置，或沿等高线布置。支管则垂直于等高线，向两边的毛管配水。在平地，干、支管应尽量双向控制，两侧布置下级管道，以节省管材。

系统布置具体实施时应结合水力设计优化管网进行，尽量缩短各级管道的长度，不走回头路和不必要的弯路。系统内的水源分配应均匀一致，不使管道之间出现流量过于集中和过于稀少的状况。布置管道时一般顺坡、平坡而行，在有坡的情况下尽量减少逆坡布置的管道数量，以有利于减少水力损失、改善流动性能和保障管道安全为目标。

③首部枢纽布置

当水源距灌溉地块较近时，首部枢纽一般布置在泵站附近，以便于运行管理；当水源距灌溉地较远时，首部枢纽布置在灌溉地附近。对于小型灌溉系统，如输水距离不长，一般只在泵站安装一级过滤首部，田间不再布置二级过滤；当灌溉田块较大时，可考虑在不同的区域安装二级过滤器。

3. 微灌工程设计参数确定

微灌工程设计参数的确定一般包括设计耗水强度、设计土壤湿润比、灌溉水利用系数确定、微灌系统日工作时间设计、微灌均匀系数计算及灌水器设计工作水头等内容。

4. 微灌系统设计

（1）灌溉设计保证率

微灌工程设计灌溉保证率应根据自然条件和经济条件确定，不应低于85%。

（2）灌水器的选择

应综合考虑作物种类和生长阶段、土壤性质、灌水畦流量对压力变化的反应、灌水器的制造精度、灌水器流量对水温变化的反应、灌水器的抗堵塞性及价格等因素进行确定。

（3）设计灌溉制度

根据灌区种植作物分别设计灌水定额、灌水周期、一次灌水延续时间、灌水次数和灌溉定额。

（4）系统工作制度的确定

微灌系统的工作制度通常分为续灌、轮灌和随机供水三种情况，应根据作物种类、水源条件和经济状况做出合理设计。

三、节水灌溉管理规划设计

研究节水管理机制，推行科学的水管理措施，是发展节水灌溉的重要内容。节水灌溉管理规划设计一般包括节水灌溉制度设计与农业节水工程管理模式两部分。

（一）节水灌溉制度设计

1. 充分灌溉条件下的节水灌溉制度

根据经济发展要求，调整作物种植结构，经过优化设计，在首先确定单项作物灌溉制度的基础上进行叠加，选取一个综合灌溉定额较小的综合灌溉制度，是节水灌溉制度设计中较可行的方法。对一种具体作物和灌溉水平来讲，理论上的节水灌溉制度在实践上往往难以实现。现实中的灌溉制度往往不一定最优，要改变传统的灌溉制度，应按照作物需水量和需水规律，并考虑生产实际与大量试验结果，综合确定经济合理的灌溉制度。

2. 非充分灌溉（限额灌溉）条件下的灌溉制度

在供水量小于作物需水量的前提下，不能说用水量越小越节水，如果灌溉水量的减少造成作物大幅度减产，就失去了节水的意义。非充分灌溉是在供水能力不能充分满足一定条件下的作物需水量时采取的一种常规做法。利用作物水分生产函数的研究成果，明确作物产量与各生育阶段耗水量之间的关系，可以确定有限水量的最佳利用时机与利用量。具体确定方法包括以下两种：①根据对比试验成果直接确定作物节水灌溉制度；②在已有作物水分生产函数的基础上，用边际分析法确定灌溉制度。

3. 作物调亏灌溉制度

调亏灌溉是舍弃作物产量总量（干物质重）而追求经济产量（籽粒和果实）最高的一种灌溉方法。其主要是依据作物的遗传和生态生理特性，在其生育期内的某些阶段人为主动施加一定程度的水分胁迫，调节作物光合生长，舍弃有机合成物质总量，提高经济产量，从而达到节水高效、高产优质和增加有效灌溉面积的目的。调亏灌溉制度也是针对不同作物而言，需要分析不同作物在不同生育期的需水规律与调亏对其产量的影响，从而形成某种作物的调亏灌溉制度。

（二）农业节水工程管理模式

各类节水工程的管理模式对工程利用效率、运行成本等有着直接影响，应根据全域土地综合整治项目区农业节水工程的产权、管理体制，制定符合实际、高效运转的农业节水工程管理模式。

根据各地情况不同，农业节水工程管理模式可以分为国有产权节水工程管理模式、集体产权节水工程管理模式、承包经营模式、租赁和拍卖经营管理模式、农户家庭经营模式、合伙经营管理模式与股份制管理模式等。

第四节　节地节水综合型全域土地综合整治项目规划设计

一、节地型与节水型规划设计技术整合

（一）节地型与节水型规划设计技术整合途径

1. 东部地区全域土地综合整治规划设计整合途径与方式

（1）节地节水效果最大化方式

将现有节地型与节水型全域土地综合整治规划设计技术进行合并，项目规划设计不考虑其他方面影响，以节地节水效果最大化为目标。具体做法是根据全域土地综合整治项目区的特点与区域社会经济特征，在全域土地综合整治规划设计中，采用节地型规划设计与节水型规划设计技术中关于田块、道路、林带、农田水利工程的具体规划设计技术，以节地最大化、节水效果最优为目标，进行全域土地综合整治规划设计。

（2）优质基本农田整治方式

优质基本农田整治以提高单位面积生产能力为目标，通过节地型全域土地综合整治规划设计与节水型规划设计技术的整合与选择应用，再结合土壤肥力提升技术，实现全域土地综合整治区节地、节水与高产的综合目标。

东部地区社会经济发展迅速，基本农田保护压力大，通过全域土地综合整治建设优质基本农田是东部地区全域土地综合整治的主要方向之一。因此，优质基本农田整治方式是东部地区节地与节水型全域土地综合整治规划设计整合的方式之一。

（3）土壤污染修复全域土地综合整治方式

针对区域土壤污染的特征，在现有全域土地综合整治规划设计技术的基础上，通过以土壤剖面重构、客土、深翻和表土回填工艺为主的土地平整工程技术和创新工艺的应用，降低基本农田污染程度；通过污染隔离、生物—化学联合污染防治及特殊作物种植与种植结构调整的生物修复技术，消除或降低农田污染状况，再配合节地型与节水型全域土地综合整治规划设计技术，通过不同工程规划设计的选择与匹配，形成东部土壤污染修复的全域土地综合整治规划设计模式。

2. 中部地区全域土地综合整治规划设计整合途径与方式

（1）机械化全域土地综合整治方式

中部地区是我国粮食主产区集中分布的区域，其耕地面积大，便于机械化全域土地综

合整治的实施。因此，应结合全域土地综合整治专用设备，将土地平整、土壤肥力监测与节地节水相综合，研究中部地区实施机械化、精确化、智能化全域土地综合整治的相应技术，形成机械化全域土地综合整治规划设计方式。

（2）增量型全域土地综合整治方式

增量型全域土地综合整治是指以增加粮食产量、保障粮食安全、提高经济效益为目标的一种全域土地综合整治模式。在这种全域土地综合整治模式中，"增量"的根本目的是增产、增收、增效，要达到这样的目标，必须通过实施全域土地综合整治各项措施，增加土地本身对农业生产正向的量（如耕地面积、土层厚度、土壤肥力、有益生物量、水土保有量等），减少对农业生产负向的量（如土地的障碍因素、有害生物量等），提高土地节约集约利用能力；"经济"，即提高经济效益，既包括正向增加（如粮食增产、土地增效、农民增收等），也包括负向减少（如节地、节水、节肥、节资、节能等）。中部地区已有耕地利用水平较高，对实现粮食的增产、稳产，进一步研究节地、节水综合的增量型全域土地综合整治规划设计方式具有重要意义。

（3）面向规模化农业生产的全域土地综合整治方式

中部地区是我国的主要粮食生产基地之一，规模化农业生产是农业生产的发展方向，而全域土地综合整治的实施为规模化农业生产奠定了基础。规模化农业生产在耕地田块、路网、农田水利设计配套方面有一定的要求，全域土地综合整治规划设计要以规模化农业生产为方向，形成相应的全域土地综合整治规划设计模式。

3. 西部地区全域土地综合整治规划设计整合途径与方式

（1）干旱区集雨节水全域土地综合整治方式

随着我国经济的快速发展和干旱化的加剧，合理高效地利用有限的降水资源进行农业生产是干旱区全域土地综合整治的发展方向。因此，应针对旱作区降水量少、季节分配不均及土壤蒸发强烈等自然条件，积极研究干旱区节水型全域土地综合整治规划设计技术，提高水资源利用效率和降水利用率，形成集雨节水全域土地综合整治规划设计方式。

（2）贫瘠土壤改良全域土地综合整治方式

西部地区贫瘠土壤分布较多，通过全域土地综合整治的实施，提高土壤肥力，实现粮食增产是该地区全域土地综合整治的目标之一。因此，在西部地区进行全域土地综合整治应结合有机培肥技术、休闲轮耕技术、秸秆覆盖种植技术及土壤改良剂，达到促进贫瘠土壤腐殖质形成、提高土壤有机质、改善土壤物理性状、促进土壤养分循环等目的，形成贫瘠土壤改良的全域土地综合整治方式。

（3）生态保育型全域土地综合整治方式

西部地区是我国生态环境脆弱地区，生态建设是西部地区开发建设必须首先研究和解决的一个重大问题，全域土地综合整治应结合生态工程建设同步实施，这就需要进行生态保育型全域土地综合整治规划设计。因此，应结合水土保持、植被恢复重建等技术，形成适合西部生态脆弱区的生态保育型全域土地综合整治规划设计方式。

（二）节地型与节水型规划设计组配技术

节地型与节水型规划设计组配技术是对节地型与节水型的各单项规划设计进行组合，形成的适合项目区的整体规划设计技术。因项目区处在不同的地域，自然环境与社会经济条件存在较大差异，因此，应按照全域土地综合整治规划设计的内容，形成节地型与节水型规划设计框架，根据具体项目的实际需求进行选择应用。

1. 田块综合规划设计

综合节地型与节水型的田块规划设计技术，形成节地型与节水型田块规划设计组配技术。

（1）田块方向

田块方向选择的正确与否，将长期影响田块的日照、灌排条件、机耕作业和防风效果，以及耕作距离远近等。

在丘陵山区，合理设计田块方向，对保持水土有着十分重要的意义。耕作田块方向的布置应保证耕作田块长边方向受光照时间最长，受光热量最大，宜选用南北向。在水蚀区，耕作田块宜平行等高线布置；在风蚀区，耕作田块应与当地主害风向垂直或以与主害风向垂直线交角小于 30～45°的方向布置。

田块方向的设计应遵从当地的主要要求（如丘陵山区应服从水土保持的要求、风害严重地区应服从防风的要求），并兼顾节水灌溉的设计需要，根据项目区所在区域的社会经济条件、地形条件等因地制宜地进行规划设计。

（2）田块长度

田块长度的设计应有助于提高机械作业效率，有利于合理地组织田间生产过程，便于组织灌水工作和土地平整。其中，符合田间机械作业的要求，显得更为重要。机械播种和收获过程的合理组织要求一定的工作行程长度，经验证明，机播作业小区最佳长度是 1 000～2 000 米，如小区长度超过 2 000 米将使机组的服务工作发生困难，反之，则机组空行率显著增加。为了合理组织收获作业的田间运输工作，一般要求收割机组作业小区长度不超过 2 000 米，卸粮干线亦不超过两条。

灌水组织工作和土地平整的要求：田块长，纵然对提高机械效率有好处，但会给灌水组织和土地平整工作造成一定的困难。首先，田块过长，田块面积相应地增大，于是就很难获得比较均匀一致的地形，土地平整工程量就会增加。其次，田块过长，沿长边配置的灌溉渠道（农渠），其流量和按其坡降计算的流速就随之增大，可能会引起冲刷。渠线过长，还会增大输水距离和输水损失，往往会造成上段水多，两侧作物受涝，下段水少，两侧作物受旱的情况。从排水角度来看，为控制地下水位于临界深度以下，要求沟内水位保持在设计高程以下，使来水尽快送到集水沟（斗沟）或输水沟（支沟）去，因此，农沟不宜过长。

综上所述，应根据耕作机械工作效率、田块平整度、灌溉均匀程度及排水通畅度等因素确定耕作田块的长度，其一般为500～800米。

在具体项目的规划设计中，可根据设计灌水方式的要求，进行田块再分割，将耕作田块长度细分为若干灌溉田块长度。

灌溉田块的分割仅为作物种植后灌畦的分割，不占用耕地，同时也对畦灌或沟灌区实施节水灌溉有很好的作用。

（3）耕作田块宽度

耕作田块宽度应考虑田块面积、机械作业要求、灌溉排水及防止风沙等要求，同时应考虑地形、地貌的限制。

有关试验资料证明，为了进行交叉横向作业，要求田块具有适当的宽度，一般不应小于500～600米。

为了保证灌水的需要，一般应沿田块长边规划农渠，农渠以下，应根据不同灌水技术的要求规划各种田间临时渠道（灌水畦田、灌水沟和格田等），因此，田块宽度（即农渠间距）取决于田间临时渠道最宜长度。根据计算，从灌溉要求来讲，田块宽度为200～400米是合适的。

（4）耕作田块形状

耕作田块形状规划设计要统筹考虑区域地形现状，减少不规则形状的田块数量，在不规则形状的区域配套田间辅助设施及生态景观用地，实现田块形状的科学规划设计。

不整齐的外形不仅会降低20%～30%的机组生产率，而且会降低机械作业质量。因此，进行田块设计时，应尽可能把田块设计成长方形、正方形或直角梯形，要使三角形田块数目减少到最低限度。在地形较复杂或具有曲折线边界的地段上设计田块时，在不过多缩短机组工作单程长度的情况下，应使田块短边配置在曲线边界上，以保证田块长边平行。

在梯形地段上设计田块时，应尽可能避免出现过小的锐角，保持两个边的平行条件。在三角形地段设计田块时，为了保证两个长边平行，便于沿长边进行耕作，可从三角形三条中线的交点做平行于各边的平行线，将三角形地段划成三个面积相等的梯形田块。与田块形状密切相关的是田块长宽比，后者的选定取决于田块面积、田内作物组成和横向作业比重。

因此，具体确定田块长宽比时，必须遵循上述关于田块设计的其他要求（田块方向、坡向等），根据具体条件，因地制宜地加以选定。田块设计要求外形规整，长边与短边交角以直角或接近直角为宜，形状选择依次为长方形、正方形、梯形、其他形状，长宽比以不小于4∶1为宜。

2. 农田水利综合规划设计

通过节地型与节水型农田水利规划设计的优化组配，明确农田水利综合规划设计技术框架。

（1）水源及引水工程规划

水源及引水工程应根据全域土地综合整治项目区的水资源条件和现有设施情况进行布设，以保障项目区耕地灌溉为目标、节地和节水为限制条件，分类型进行规划。

①引水工程设计

渠首引水工程设计应根据河（湖）水位、河（湖）岸地形、地质条件和灌溉对引水高程、引水流量的要求，经技术经济比较确定后选择是采用无坝引水还是有坝（闸）引水方式。当河（湖）岸地形较陡、岸坡稳定时，渠首工程宜采用岸边式布置形式；当河（湖）岸地形较缓、岸坡不稳定时，可采用引渠式布置形式。无坝引水的渠首的引水角度宜取30~60°。引水角前沿宽度不宜小于进水口宽度的两倍。

②灌溉泵站设计

灌溉泵站设计应对扬程、流量、泵的数量进行计算，泵址应根据地形、地质、水流、动力源等条件确定。泵站应进行泵房、泵房机电设备、进水管系、出水管系及配套设施的设计计算。一般应根据设备情况，尽可能减少占地，具体计算参见相关标准。

③机井设计

机井设计应根据水文地质条件和地下水资源可利用情况，并进行技术经济比较后确定。设计时应计算机井最大可能出水量、最大可能水位降落值、单井群井影响半径、机井数量及井距。

④灌溉输配水工程设计

输配水工程的作用是将适宜的水（量）逐级输送并分配到田间。这类工程包括渠道或管道系统及相应的建（构）筑物等。综合考虑节地和节水的需要，在节地型与节水型农田水利规划设计组配技术中，应采用灌溉管道系统进行输配水工程设计。

灌溉管道系统可根据地形、水源和用户用水情况，采用环状管网或树枝状管网。各用水单位应设置独立的配水口，配水口的位置、给水栓的形式和规格尺寸必须与相应的灌溉方法和移动管道连接方式一致。各级管道进口必须设置节制阀，分水口较多的输配水管道，每隔3~5个分水口应设置一个节制阀，管道最低处应设置排水沟阀。水泵出口逆止阀或压力池放水阀下游，以及可能产生水锤负压或水柱分离的地方应安装进气阀。管道的驼峰处或长度大于3 000但无明显驼峰的管道中段应安装排气阀。水泵出口处（逆止阀下游或闸阀上游）应安装水锤防护装置，并在适当位置设置压力、流量计量装置。

灌溉管道断面形状一般有三种形式，分别是圆形管（以预制混凝土管套接埋设或现场浇制）、马蹄形管（上圆下方，可以预制构件装配，也可现场浇制）、椭圆形管（宜现场浇筑）。

系统进口设计流量应根据全系统同时工作的各配水口所需要的设计流量之和确定，设计压力应经技术经济比较后确定。如局部地区水压不足，提高全系统工作压力又不经济时，可另行增压，部分地区水压过高时，应安装调减压装置。

（2）田间灌溉工程设计

节地节水型田间灌溉工程设计采用节水型农田水利工程设计技术，具体分为节水型地面灌溉、渠道防渗、喷灌与微灌工程，其具体设计技术与节水型规划设计技术相同。

（3）排水工程规划设计

排水系统由田间排水集水沟、各级输排水沟道、承泄区及附属的控制建筑物（水闸）、交叉建筑物（涵洞、渡槽、倒虹吸、桥梁等）、连接建筑物（跌水、陡坡）组成。具体设计采用节地型排水工程单体设计技术，有条件的区域可以采用暗管排水与排水沟综合配置形式，以减少占地。

第四章 生态化全域土地综合整治设计技术

第一节 全域土地综合整治生态环境保护

一、全域土地综合整治水土保护研究

水资源和土地资源是自然资源的重要组成部分，是人类赖以生存的重要资源，是我国国民经济发展的坚实基础。我国水资源日益紧缺，土地资源不可再生，而我国的水土流失问题却非常严重，水土保护工作因此受到广泛的关注。土地整治项目的实施会人为地改变项目区既有的地形地貌、水体状况及原有植被，使生态系统的生物和非生物因素都发生变化。不合理的土地资源开发利用会造成水土资源在水力、风力、重力等外力作用下的损失或破坏，引发或加剧水土流失，不仅造成跑水、跑土、跑肥，而且还可能加剧旱洪灾害、泥沙淤积情况，造成生态平衡失调、生态环境恶化、生态系统严重退化等，甚至还会引发泥石流、滑坡等地质灾害。

由于我国幅员辽阔，自然环境、社会经济条件、土地资源的利用方式差异显著，全域土地综合整治具有鲜明的地域性。由全域土地综合整治引发的水土流失问题空间分布不均，主要分布在风沙区和山地丘陵区。因此，风沙区和山地丘陵区尤其要注重全域土地综合整治过程中的水土保护工程措施、水土保持生物措施或其他措施的运用，防治或减少项目实施引起的水土流失，保护和改良各类水土资源，保持良好的局部生态环境和生态平衡，维持水土资源的可持续利用，保持和提高土地生产力，促进人与自然和谐发展。

（一）梯田设计

1. 梯田的作用和分类

梯田是山区、丘陵区常见的一种基本农田，它是地块顺坡按等高线排列呈阶梯状而得名的。梯田可以改变地形坡度，拦蓄雨水，增加土壤水分，防止水土流失，达到保水、保土、保肥的目的，同改进农业耕作技术结合，还能大幅度地提高产量。梯田还可以植树种草，为促进农、林、牧、副业全面发展创造立体条件。

梯田是基本的水土保持工程措施，对改变地形、减沙、改良土壤、提高产量、改善生

产条件和生态环境等都有很大作用。具体作用如下：①梯田能够很好地拦截天然降水，减少水土流失，梯田泥沙流失量仅相当于自然坡的5%。②修建梯田对培肥土壤，提高土地生产力，提高粮食、经济作物产量，具有明显的效果。

根据不同的分类形式，梯田的分类有以下几种方式。

按修筑的断面形式不同可分为水平梯田、坡式梯田、反坡梯田、隔坡梯田和波浪式梯田等几种类型。

水平梯田田面水平，适于种植水稻、旱作物和果树等。坡式梯田是顺坡每隔一定间距沿等高线修筑地埂，依靠逐年耕翻、径流冲淤并加高地埂，使田面坡度逐年变缓，终至成为水平梯田的一种过渡形式。反坡梯田适于栽植林、果木及旱作，田面微向内侧倾斜，反坡一般可达2°，能增加田面蓄水量，并使暴雨时过多的径流由梯田内侧安全排走。干旱地区的反坡梯田一般仅宽1~2米，反坡为1~15°。波浪式梯田又名软地或宽埂梯田，一般是在小于7°的缓坡地上每隔一定距离沿等高线方向修成软埝和截水沟，之间保持原来坡面。软埝有水平和倾斜两种，水平软埝能拦蓄全部径流，适于较干旱地区；倾斜软埝能将径流由截水沟安全排走，适于较湿润地区。软埝的边坡平缓，可种植作物。两埝之间的距离较宽，面积较大，便于农业机械耕作。这种梯田在美国较多，澳大利亚等也有一些。

按田坎建筑材料不同可分为土坎梯田、石坎梯田及植物田坎梯田。黄土高原地区，土层深厚，年降水量少，主要修筑土坎梯田；土石山区，石多土薄，降水量多，主要修筑石坎梯田；陕北黄土丘陵地区，地面广阔平缓，人口稀少，多采用以灌木、牧草为田坎的植物田坎梯田。

按利用方向不同分为农用梯田、果园梯田和林木梯田等。

按施工方法不同分为人工梯田和机修梯田。

2. 梯田的布置设计

（1）陡坡梯田的规划布置

陡坡梯田是指山区或丘陵区的坡耕地坡度一般为15~25°时所修的梯田。其布置原则如下：①选择土质较好、坡度相对较缓、距村较近、交通较便利、位置较低和邻近水源的地方修筑。有条件的地方还应考虑小型机械耕作和提水灌溉要求。②必须布设从坡脚到坡顶、从村庄到田间的道路，路面一般宽2~3米，比降不超过15%。在地面坡度超过15%的地方，道路采用S形盘旋而上，以降低路面最大比降。③田块布设须顺应山坡地形，大弯就势，小弯取直，田块长度尽可能取1~2米，以便于耕作。④梯田区不能全部拦蓄暴雨径流的地方，应布置相应的排、蓄水工程。在山丘上有径流进入梯田区处，应布置截水沟等小型蓄排水工程，以保证梯田区的安全。

（2）缓坡梯田的规划布置

缓坡梯田是指东北黑土漫岗区、西北黄土高原区的塬面，分布在各地河谷川台地上的缓坡耕地，坡度一般在3°以下。其布置原则如下：①以道路为骨架划分耕作区，在耕作区内布置宽面（20～30米）、低坎（1米）地坡的梯田，田面200～400米，以便于大型机械耕作和自流灌溉。②一般情况下，耕作区为矩形或正方形，四面或三面通路，路面宽3米左右，路与渠道、农田防护林网结合。③少数地形有波状起伏时，耕作区应顺应总的地势呈扇形，区内梯田埂线亦随之略有弧度，不要求一律呈直线。

（3）梯田的断面要素

一般根据土质和地面坡度先选定田坎高和侧坡（指田坎边坡），然后计算田面宽度，也可根据地面坡度、机耕和灌溉需要先确定田面宽，然后计算田埂高。

（4）梯田田面宽度的设计

梯田最优断面的关键是最优的田面宽度。所谓"最优"田面宽度，就是在保证适应机耕和灌溉的条件下，田面宽度最小。根据不同地形和坡度条件，在不同地区，应分别采用不同的田面宽度。

（5）埂坎外坡的设计

梯田埂坎外坡的基本要求是在一定的土质和坎高条件下，要保证埂坎的安全稳定，并尽可能地少占农地、少用工。在一定的土质和坎高条件下，坡坎外坡越缓，则安全稳定性越好，但是它的占地和每亩修筑用工量也就越大；反之，埂坎外坡较陡，则占地和每亩修筑用工量就较小，但是安全稳定性就较差。协调这个矛盾，做到既安全稳定，又少占地、少用工，就是最优断面设计对埂坎外坡的要求。要做到这一点，必须进行埂坎坡度稳定的土力学分析。

根据土力学原理，梯田埂坎能否稳定主要受五个方面因素的影响：①梯田埂坎坡度；②埂坎高度；③土壤的内聚力；④土壤的内摩擦角和土壤的湿容重；⑤田面的外部荷载。

上述几个因素中，如已知埂坎坡度，则其他因素对埂坎的稳定性影响的规律如下：埂坎高度和土壤湿容重越大，则稳定性越差；土壤内聚力和土壤内摩擦角越大，则稳定性越好；田面的外部荷载越大，作用力越集中，作用点越靠近埂坎外侧边沿，稳定性越差。

（二）坡面固定措施

坡面固定工程是指为防止坡面岩石土体运动，保证坡面稳定而采取的工程措施，包括挡墙、抗滑桩、削坡和反压填土、排水工程、护坡工程、滑动带加固工程及落石防护工程等。

挡墙又称挡土墙，可防止崩塌、小规模滑坡及大规模滑坡前缘的再次滑动，用于防止滑坡的又称抗滑挡墙。挡墙可设计成重力式、半重力式、倒T形或L形、扶壁式、支垛式、棚架扶壁式和框架式等。

根据建筑材料和形式不同，重力式挡墙又分为片石垛挡墙、浆砌石挡墙、混凝土或钢筋混凝土挡墙和空心挡墙（明洞）等。片石垛挡墙可就地取材，施工简单，透水性好，可建在滑动面在坡脚以下不深的中小型坡面上，不可建在地震区的坡面上。

(三) 蓄排水措施

农田水利工程往往对沟渠进行硬化处理,一般都是采取工程措施如水泥浆砌片石护坡。这种工程措施短期内见效快,但是没有与生物措施结合,导致在灌溉期间水流速度大,使水资源过快地流失,而在非灌溉期间渠道断水,渠道内滴水不存,沟渠易坍塌、损坏,作用时间较短。防止土壤侵蚀的主要方法之一是控制沟渠水流流量、水流方向及水流速度。在对项目区水资源平衡进行分析的基础上,通过对农田水利设施进行合理规划,对其重新布局及改造,建立完善的排灌系统,改善土壤水分状况,调节土壤水、肥、气、热,可以达到防止或减缓水土流失的目的。

根据项目区内的渠灌区灌溉制度,确定各种类型灌溉渠道的设计流量和灌溉保证率,一般采用斗渠、农渠两级渠系向各格田输水,输水渠道按灌溉控制面积和设计渠底坡降设置不同的规格,于道路交叉处修建桥涵。根据项目区各排水沟的控制排水面积和排涝设计标准,确定各排水沟的排水设计流量,一般设计土质的斗沟与农沟两级排水沟。在排水沟中设置木桩、石块等消耗水流能量的天然材料,或修建混凝土消能构筑物,或在坡度变化较大处设置挡水石,沟内可任其生长植物,以使急速流动的水流得以减速,防止或减弱水流冲刷,减少水流对排水沟及田块土壤产生的潜在侵蚀力。此外,可以利用地形或者原有的坑塘、洼地修建蓄水池,拦蓄雨水和地表径流,做到蓄排有机结合。还可以根据需要采用暗沟、暗管和暗洞排水等综合改良措施。

(四) 林草措施

水土保护生物措施主要是指林草植被建设,保证一定的植被覆盖率,因为土壤水力侵蚀量随着植被覆盖率的增大而减少。植被可以缓和雨滴的冲击力度,阻挡或减少地表径流,减缓径流速度,还是众多生物种群生存、栖息、繁衍的场所,与项目区水土保护和生物多样性保护密切相关。但目前的全域土地综合整治工程中的机械化平整破坏了地表植被,使地表失去了原有植被的防冲固土保护,形成裸露地面,使得地表径流加大,增强了雨水对土壤的直接淋洗,也使得土壤养分失衡,不利于土壤结构的保持,造成面蚀、沟蚀等严重的土壤侵蚀,引发水土流失。

水土保护生物措施包括防护林建设和坡面植草,使乔、灌、草优化配置。防护林具有防风固沙、涵养水源、保持水土、改良土壤的重要作用,通常采用乔灌木混交林。合理规划田块周围的防护林网,可有效防止风蚀,调节农田环境,从而改善土壤水热状况;在排水沟两侧或道路两侧种植防护林,可起到护坡作用。坡面植草包括种草和铺草皮,可以提高坡面抗蚀能力;利用田头地边和林间隙地等种植适合当地生长的牧草或绿肥,可以护土、养土。合理有效的林草措施不仅可以有效保护水土资源,还能减少或控制环境污染,提高环境美学价值。此外,天然林的水土保持能力比防护林体系强,项目区全域土地综合整治工程实施过程中要尽量保持原有的天然林,而且不能片面强调植被覆盖率而忽视生态系统的稳定性,因为全域土地综合整治后农作物的单一化连片种植和林草物种的单一会使项目区容易受到外来物种入侵的威胁。

二、全域土地综合整治生物多样性保护研究

（一）全域土地综合整治对生物多样性的影响

全域土地综合整治是指按照土地利用总体规划的要求，运用工程建设措施和手段，对田、水、路、林、村等进行综合整治开发，对配置不当、利用不合理，以及分散、闲置的耕地实施结构调整和深度开发利用的行为。其内容主要包括调整农地结构，归并零散地块，平整土地，改良土壤，规划道路、沟渠建设，归并农村居民点，复垦废弃土地，调整权属，改善生态环境，维持生态平衡等。

全域土地综合整治主要针对生态环境脆弱，大多数耕地利用方式粗放，田坎、田间土路等占地面积较大，农业基础设施不完善，人地矛盾突出等问题，以实现增加耕地面积、提高耕地生产力为主要目标，对生态环境建设考虑较少；全域土地综合整治规划设计注重于水土流失防治，坡改梯工程设计，土壤改良，水利、道路基础设施建设等方面，总体上偏重于全域土地综合整治工程性改造升级，对生态环境建设、生物多样性保护等方面的关注不多。全域土地综合整治项目规划设计中生态建设技术和方法还处于摸索之中。

全域土地综合整治作为促进国土资源合理利用、实现耕地总量动态平衡的重要手段，在实现土地资源的合理利用、提高土地利用率、改善生态环境和景观格局方面发挥了很大的作用。但是，全域土地综合整治通过工程措施改变了土地利用方式、土地利用结构及土地覆被状况，尤其对土壤的物理性质、层次结构产生了较大的扰动，对农田生态系统造成强烈干扰，导致自然生态系统组成结构、物质循环和能量流动特征发生较大变化，极大地影响了区域内原有的生物多样性及生态平衡。

全域土地综合整治在影响农村社会经济环境的同时，对农业生态环境造成了很大的影响。第一，全域土地综合整治工程一定程度上改变了当地的地貌形态。挖高填低、道路沟渠改向等工程措施在较短时间内剧烈地改变当地的地形地貌。第二，改变了整理区局部的小气候环境。地貌形态、天然植被的改变，人工植被的营造等均会对小气候环境产生影响。小气候环境的改变必将不同程度地影响局部生态环境。第三，极大地影响了生态系统的适宜性和可持续性，以及自然生物原有的特征，如目前较多的旱地改水田，完全改变了局部土壤的特性，对土壤中微生物的影响较为明显。第四，影响了生物物种的多样性，表现为人工灌溉系统影响水生生物、空地整理影响陆地生物的栖息环境。第五，过多的沙砾、石渣、水泥的使用，极大地影响了土壤中微生物的生存特性。

（二）全域土地综合整治中生物多样性保护思路

1. 提供适宜动物的生存环境，建立动物通道

在农田周边适当距离内种植灌木，给鸟类及其他动物提供栖身之所和迁徙走廊。另外，动物找到食物和配偶（由此导致基因交流）的运动能力是生物多样性保护需要考虑的一个重要方面。为了维持生物多样性或保育基因的独特性可能需要连接多块植被甚至全部

景观的生态廊道。全域土地综合整治活动中，过度硬化的水泥道路和沟渠都不利于动物的移动，成为它们寻找食物或配偶的障碍。为促进田间生物的繁衍和生存，可以建立生态廊道，如在田间设立生态田埂，为生物提供生态廊道。

2. 减少农药化肥的使用

保护资源昆虫，如天敌昆虫、传粉昆虫等。杀虫剂的过度使用污染了生态系统，致使土壤和水系的生物减少，但即便如此也不能使害虫灭绝。昆虫收集和杀虫剂的应用可能在当地能抑制昆虫种群甚至使当地种群碎片化，但不是引起灭绝的主要原因，而是生境的丧失和退化及外来入侵类群的影响。我们应设法使环境条件的改变朝着提高害虫死亡率与降低害虫出生率的方向进行，这样可减少作物生产中杀虫剂的用量。例如，可在农田中引入害虫天敌，并为其提供生存和繁衍的保育畦，通过增加天敌数目来减少杀虫剂的用量。另外，也可以通过农田轮作、种植基因工程作物、活篱笆等方式扰乱害虫生境，增加害虫天敌或寄生物数量。

3. 避免连片种植单一的品种，选育抗虫品种

避免连片种植花椒、桃树等，套种其他作物。例如，花椒地里试验套种地膜洋芋或者车前草、白魔芋等，一方面可以给农民带来经济收益，另一方面也可以给动物或昆虫提供一定的寄主食料。除此之外，选育抗性品种也能够降低害虫的危害。

（三）全域土地综合整治中生物多样性保护措施

1. 田间路以土石材料铺面

田间农路如大量混凝土化，不但阻塞土壤自然呼吸，影响大自然气温的变化，而且会造成草木不生，小型动物和微生物无法栖息。田间农路设计以土石材料铺面，则路肩花草容易生存，可以为野生动植物提供栖息之所。

2. 渠道可保留原有风貌

不一定非要裁弯取直，周围可规划植栽。渠道弯曲则底部变化多，容易储存水，为野生动植物提供合适的栖息场所，贸然加以裁弯取直，不但水量储存不易，而且动植物会因栖息环境遭受重大变迁而无法适应，对其造成相当大的冲击。在设计时除情况特殊外，渠道应保留原有风貌，这样才不至于破坏原有生物的栖息环境。渠道周围应规划植栽，这样不仅可提供阴影，缓和水温的变化，避免造成日光直接照射，使日夜温度差增大，而且对生态的发展也有良好影响。除此之外，还可以营造野生动植物栖息的有利环境。

3. 渠道边坡设计为缓坡且凹凸多变

边坡陡峭，水位变化大，其推移带附近的物种无法稳定发展。缓坡可减少水位高低变化，缓解因沟渠推移所带来的生态冲击。在条件允许的情况下采用复式断面，即在沟渠内

铺设一条弯的小渠道，不仅可以容纳低水位时的流量，还可作为低水位时动植物的栖息场所。另外，多变渠道可充分扰动水流，造成水流多样的变化，可以稳定水温，提供多样化的渠底栖息环境，使底槽的生物永续生存。

4. 沟渠采用天然工料设计

农村使用农药的情况非常普遍，沟渠水道常遭受农药的污染，而混凝土内面对水中生物栖息与繁殖有不良影响，较难发挥水中生物对水体自净的功能。天然工料较适合生物的栖息，在景观上亦可与乡镇的景色融为一体，创造环境的自然美。

5. 保留一定的沟塘和低洼地区

沟塘和低洼地的生产力虽然不高，但却是野生动植物良好的栖息生长之所，它可以净化环境、减少旱涝，还可种植牧草或水生植物，使生态永续发展。

6. 在项目区营造生态防护林并抚育未成林，以保护和改善生态环境

其主要采取两项措施：一是紧抓宜林荒山绿化，推行大窝定植，主栽树种为马尾松、柏树、杨树（小面积纯林，大面积混交林），营造生态防护林；二是对未成林地、疏林地、灌木林地实行封山育林。

7. 进行田间动植物的调查，做好生物多样性的宣传与保护

环境选择物种，物种选择环境。我们在充分了解各种生物习性后，可以采用各种设计方式，创造生物最有利的栖息环境。在全域土地综合整治工程结束后，可对项目区村民宣传生物多样性保护知识，提高村民的环境保护意识。

三、全域土地综合整治污染防治研究

土壤污染防治研究主要分为土壤污染预防与土壤污染治理，本书主要介绍污染土壤的治理研究。目前，土壤污染治理主要分为两种情况，一种是运用工程措施、物理化学措施去除或者减少土壤中的污染物；另一种是运用生物技术降解土壤污染物或者降低其活性，减少其危害。

（一）工程措施治理

工程措施治理污染土壤通常工程量比较大，常见的方法如下。

1. 客土法、换土法和深翻法

客土法就是向污染土壤中加入大量的非污染土壤，覆盖在污染土壤表层或与其混匀，使污染物浓度降低或减少污染物与植物根系的接触，从而达到减轻危害的目的。若选择客入土壤与原污染壤混匀的方法，则应使污染物浓度低于临界危害浓度，才能真正起到治理的作用。对于浅根作物，如水稻等，和对移动性较差的污染物，如铅，采用覆盖法较好。

客入的土壤应尽量选择比较黏重或有机质含量高的土壤，以增加土壤环境容量，减少客土量。

换土法就是部分或者全部把污染土壤取走，换入新的干净的土壤。该方法适用于面积小、污染严重，并且污染物又易扩散、难分解的土壤。换入的土壤必须是非污染土壤且ph值等与原土壤相近。另外，对换出的土壤应妥善处理，以防二次污染。

深翻法就是将污染土埂深翻至耕作层以下，使聚集在表层的污染物深翻到底层，防止作物受害。

2. 水洗法

水洗法就是用清水或者含有某种化学物质的水灌溉受污染土壤，从而稀释和洗去污染物。对于洗后的水应加以集中和处理，防止二次污染。此方法也仅适用于小面积严重污染土壤的治理。

3. 热处理法

热处理法就是把污染土壤加热，使污染物挥发或者分解的方法。该方法适用于能够热分解或者具有挥发性的重金属等污染物，如石油污染、汞污染等。

4. 电化法

电化法即在污染的土壤中插入一些电极，把低强度直流电导入土壤。通电后，阴极附近产生的 H^+ 向土壤毛细孔移动，并把污染物释放到毛细孔的水溶液中。水溶液以电渗透的方式移到阳极附近，并被吸到土壤表层，然后被清除。此方法不适用于渗透性较高、传导性较差的土壤。

（二）生物措施治理

土壤中的一些动物、植物和微生物本身就具有吸收、降解和转化土壤污染物的功能。国内外一些学者分别从动物、植物和微生物三方面研究污染土壤的修复。例如，蚯蚓能够吸收土壤中的重金属，降低土壤中农药的浓度；羊齿类铁角蕨属对土壤镉具有很强的吸收能力；香蒲植物可以用于净化被铅锌矿废水污染的土壤；美国分离出能降解三氯丙酸或三氯丁酸的小球状反硝化细菌；意大利从土壤中分离出某些菌种，其酶系能降解除草剂；日本发现土壤中的红酵母和蛇皮藓菌能有效地降解剧毒性聚氯联苯。

生物治理不会破坏原有土壤的理化性质，甚至治理后的土壤性质会更加优良，并且成本较低、应用广泛、易于操作，不会形成二次污染。

（三）其他措施治理

通过增施有机肥，提高土壤有机质含量。有机质可以提高土壤胶体对重金属和农药的吸附能力，如有机质可以促进土壤中的镉形成硫化镉沉淀，使高价镉变成毒性较低的低价镉。另外，增施有机肥还可以促进微生物和酶系的活性，加速有机污染物的降解。

改变耕作制度或改为非农业用地。污染较严重的农田，可改变耕作制度，改种非食用植物，如花卉、苗木、棉花、兰麻等，或者改种耐污染作物和食用部位污染物累积少的作物。例如，在中、轻度重金属污染的土壤上，不种植叶菜、块根类蔬菜而改种瓜果类蔬菜或果树等，能有效地降低农产品的重金属浓度。另外，根据我国苏北棉田的试验，对被DDT和六六六污染的棉田实施旱改水或水旱轮用措施，可以加快农药的降解速度，从而降低和消除农药污染。

对于污染严重的某些农田，若污染物不会直接对人体产生危害，在需要的时候可优先考虑改为建筑用地等非农业用地。

四、全域土地综合整治景观保护研究

（一）全域土地综合整治景观保护的迫切性

全域土地综合整治工作在全国各地尤其是沿海经济发达地区开展迅速，在保证我国耕地数量动态平衡和提高耕地质量等方面取得了很大成效。土地是生态系统的载体，也是生态系统的组成部分，我国进行的全域土地综合整治主要以增加有效耕地面积为目标，对土地的景观功能、景观生态保护和建设问题尚未给予足够的重视，忽视土地利用系统与周围生态环境是一个统一的有机整体，忽视全域土地综合整治对既有生态系统格局和功能的改变，导致全域土地综合整治工作开展过程中土壤质量下降、生物多样性丧失、水土流失、农田小气候被破坏等问题，与可持续发展目标背道而驰。可见，全域土地综合整治工作应立足土地可持续发展，重视景观生态保护和建设问题，注重生态系统的整体协调。景观是反映过去土地利用实践的人类历史和遗迹的证据，景观结构与土地利用结构、景观功能与土地功能、景观动态与土地利用变化之间具有极大的相似性，景观更强调美学价值和生态价值，而且土地可持续利用涉及景观生态学的理论核心。因此，可以将景观生态学的原理与方法应用到全域土地综合整治工作中，提高项目区生态系统的稳定性和生物多样性，谋求生态、社会、经济三者全面协调发展，建立社会—经济—自然复合生态系统，追求多重价值的实现。

（二）全域土地综合整治中景观保护措施研究

景观生态规划设计是景观生态规划与景观生态设计的融合，景观生态规划即通过景观空间结构的安排来保证其生态整体性的实现；景观生态设计即应用生态学原理创建丰富、多样、多产的，并服务于人与自然的景观；景观生态规划设计的实质就是在空间上合理安排景观格局以实现整体景观的持续利用。景观格局和过程是相互作用的，"过程产生格局，格局作用于过程"，项目区的景观格局会影响区域能量流、物质流和物种流的变化，与项目区生态系统整体的稳定性和多样性有着密切的联系。全域土地综合整治的过程就是景观格局改变的过程，因此，应将景观生态规划设计引入全域土地综合整治，调整项目区既有的景观格局，谋求项目区景观功能的整体优化，在提高生态系统的稳定性和生产力的同时

形成富有美学价值的景观。

1. 土地平整措施

土地平整工程以田块为基本单元，对田内农地进行挖高、垫低，使其平整，以便耕作、防止水土流失、提高作物产量，具体包括田块形状、规模和方向的设计。田块是项目区景观中的斑块，自然形成的斑块边缘较为复杂，人为干扰通常使斑块边缘趋于规则和简单。因此，土地平整后的田块形状多为规则的正方形或矩形，较少有三角形或不规则的任意多边形，这便于机械操作，减少重耕和漏耕的概率，提高耕作效率，也有利于田间管理。田块规模根据项目区所处地区的地形、耕作制度、社会经济水平等情况来确定，一般来说，土地平整后斑块数量下降、面积增大，斑块破碎度明显下降。田块方向一般是播种和耕作的方向，也是末级固定渠道、田间道路和主林带的布置方向，应为作物生长发育创造良好的光照条件，一般布置成南北方向。此外，土地平整工程要注意表土层的保护，在实施挖高、垫低机械化操作前应将表土层剥离并保存，在工程实施后回填，以降低土地平整工程对土壤理化性质的影响，避免土壤板结和土壤肥力下降，在此基础上还可种植绿肥改善土壤养分状况。

2. 农田水利措施

部分地区开展全域土地综合整治时，田间的沟渠往往采用水泥铺设。为提高水流速度和输水、排水功能，对既有的沟渠裁弯取直，追求高标准化、混凝土化，这样不仅侵占了动植物的栖息之所，使生物栖息和藏匿困难，还降低了水资源自净能力，危害生态环境平衡，不利于生态保护和可持续利用。为了保护农田生态系统中生物的生存和栖息，应尽可能保留既有的可利用的沟渠，减少对野生动植物栖息场所的破坏，修复斗渠、支渠、农渠、斗沟及农沟，并采用天然工料设计，减少混凝土的使用，即便使用混凝土铺设沟渠，也要每隔一定距离设置涵洞或者生态型沟渠以便青蛙等动物的迁移，减少孤立的嵌块体栖息地。与此同时，边坡应设计为缓坡，以减少水位高低变化，缓解沟渠推移所带来的生态冲击。另外，应在沟渠周边种植植物，增大生态交错带的面积，增加边缘生境的数目，为不同种类的动植物提供适宜的栖息、觅食、繁衍场所，以增加物种多样性，维持生态系统稳定性。

3. 田间道路措施

土地平整工程使景观破碎化程度下降，在一定程度上影响了生物多样性，而田间道路包含重要生境，彼此连接，维持着不同斑块之间和项目区内外生态系统的物质流、能量流和信息流的畅通。因此，为了使农田物种的扩散保持通畅，尤其是农田物种的扩散保持通畅，提高系统的适应能力，道路路面应以土石材料铺面，使草木得以正常生长。不同等级的道路建设应与田块、沟渠的布局相适应，设置与邻近沟渠相连通的涵管，避免阻断生物活动或迁移的途径，并在道路周边种植植物，形成道路网络。这样的田间道路既能扩大生态交错带的面积，为野生动植物提供栖息场所，又能增加项目区的镶嵌结构，提高异质性，提高景观的连通性，保证生物多样性。

4.田间林网措施

沟渠、田间道路周边种植的植被以及农田周边种植的植被共同构成了农田林网，是农田景观重要的生态屏障，可以抑制病虫害等的扩散，具有降低风速、阻止风沙、涵养水源、防止水土流失、改善农田小气候的重要作用。引入景观生态规划设计的田间林网工程将改变原有树种单一、结构整齐划一的状况，依据当地气候、土壤等自然条件选择适宜的树种，如选择杨树、松树、柏树等乔木构成防护林带，选择柳树、杉树、槐树等乔木构成沟渠、道路周边的绿色廊道，并穿插月季、大叶黄杨等灌木。依据当地风害情况选择适当的结构和树木间距，形成由不同斑块、廊道、基质组成的异质性较高的镶嵌体，为不同的能量、物种的流动提供扩散途径及生存活动场所，加强各组成部分之间的相互联系，有助于保护生物多样性和生态环境。

第二节　全域土地综合整治生态化设计

一、全域土地综合整治生态化设计思路

生态环境恶化、生态系统脆弱是人类长期干扰和非持续利用自然资源造成的恶果，因此，改善生态环境、防止生态系统退化、保护和恢复生物多样性成为恢复和重建生态系统的首要途径，而生态系统的恢复和重建是改善种群结构、提升生态系统功能、促进和维持整个生态系统的良性循环、保护区域内的生物多样性的前提条件。

全域土地综合整治是以提高耕地数量和质量为基础的人工工程，其重点和核心是对耕地的工程性改造，对耕地以外的其他用地进行改造属于附属工程。由于当前全域土地综合整治工程设计中大量采用大型机械设备作为工程施工设备，项目区工程性措施对生态环境的影响显而易见。

因此，工程性措施应尽量采用对项目区扰动较小的小型设备或人工措施，交通及水利设施的设计应尽量采用本地材料，尽量采用生物措施，减少水泥等建材的使用。

全域土地综合整治生态化综合设技思路是将生态环境恢复与全域土地综合整治工程性措施相结合，在实现耕地数量增加、质量提高的同时，实现工程性措施对项目区土地扰动最小、项目区农业用地环境明显改善、项目区人居环境有较大提高的目标。

二、全域土地综合整治生态化设计原则

（一）创新原则

传统的全域土地综合整治将增加耕地面积作为主要目标，忽略生态环境建设，从而引发一系列生态问题。全域土地综合整治过程是对现有土地利用格局进行改变，必然影响生态系统的稳定性，因此，基于生态化的全域土地综合整治规划设计是在传统全域土地综合整治内涵的基础上进行创新，以保证土地可持续发展、保护生物多样性及生态系统平衡为目标，拓展了全域土地综合整治的内涵。

（二）因地制宜的原则

全域土地综合整治规划设计须遵循地域分异规律，依据立地条件有针对性地提出规划设计模式，以达到治理石漠化、提升土地利用水平、恢复和重建生态系统及保护生物多样性的多重目的。

（三）恢复和重建生态系统的原则

生物多样性恢复的基础是生态系统的合理运行，然而，项目区生态环境恶劣，生物多样性受损严重，所以，改善项目区生态环境条件的首要途径是恢复和重建项目区内各生态系统的总体生产力，如土地生产潜力，提高能量与物质投入的效率，实现生物群落的恢复，提高生态系统的生产力和自我维持能力。

（四）工程设计与生态化设计相结合的原则

全域土地综合整治规划设计中，对灌排和道路等设施采用标准构件可以提高设计的效率，降低施工难度，但对生物多样性保护考虑不够，尤其是大量使用混凝土、沙石等硬化材料，减小了林草的覆盖面积，严重影响生物的栖息环境，不利于生物多样性的保护。因此，在工程设计中应尽可能多地考虑生态型的工程，增强生态系统的自我调节能力。

（五）生态可持续性原则

全域土地综合整治作为实现土地资源可持续利用的具体措施和手段，必须遵循可持续发展的基本原理，即规划设计以恢复和重建项目区的生态系统为前提。项目工程实施后，项目区内的生态系统应得到恢复和良好的运行，生物多样性得到修复，各项工程继续促进和保障生态环境的可持续发展，保证土地利用在恢复之后的生态阈限之内，以实现土地资源的可持续利用。

（六）社会效益、经济效益和生态效益相统一的原则

在项目实施过程中及后期运营保护中，需要及时跟踪测算项目实施带来的社会效益、经济效益和生态效益。全域土地综合整治除了追求耕地面积增加、改善农业生产条件、增

加农民收入、恢复和重建生态系统的目标之外，还必须考虑整个项目的投入产出情况、绩效评估情况、生物多样性修复情况、当地群众对保护生物多样性意识变化情况、项目实施对项目区生产生活及更大范围内的影响情况。在全域土地综合整治项目的立项、可行性研究、规划设计、审批、施工、验收，包括以后的项目后评价、项目运营等各个环节中，均应综合考虑全域土地综合整治的经济、社会和生态效益。

三、全域土地综合整治生态化设计工程总体布局

基于生物多样性的全域土地综合整治工程通过对项目区的田、水、路、林、村进行综合规划，改善了项目区农业生产条件，增加了有效耕地面积，提高了耕地质量，使项目区形成了"田成方，路成网，渠相连，林成行"的标准化农田。项目整理后土地利用类型主要为耕地及其他农用地。

项目工程规划布局主要是结合项目区实际，以恢复和重建项目生态系统、修复受损的生物多样性状况为目的，各项工程规划结合生物多样性保护的要求和工程实施效果进行规划布局。项目总平面布置主要结合周边村寨、主干道及现有水利基础设施等条件，根据当地农村经济发展需要和社会需求，按照生物多样性保护的要求进行土地平整工程、农田水利工程、田间道路工程和其他工程四个部分的规划布局，同时兼顾全域土地综合整治工程效果和生物多样性保护目的的协调统一。

依据可研报告及项目区存在的主要问题，规划设计布局主要解决耕地整理、土地平整、田（土）坎归并、生态廊道建设、植被建设、生物栖息环境等问题；在此基础上，配套农田水利工程设施、田间生产道路工程设施及生态林。

四、生态化全域土地综合整治平整工程设计

（一）生态化土地平整的原则和要求

第一，土地平整工程要与田、沟、渠、林、路、井等工程密切结合、相互衔接、整体统一。

第二，保护表土。对于剥离的表土要做好防护，表土回填前要做好土地平整工作，确保表层土是熟土。

第三，平整后的土地要方便机械化作业，在平整过程中充分发挥机械平整效率，平整后的土地要稳实，防止坑陷。

第四，土地平整时，要结合农田灌溉和排水工程设计使平整后的土地利于灌溉、方便排水，防止出现倒坡情况。

第五，尽量减少平整土方量。在平整时，要挖高填低，使得挖填土方量基本持平，减少外运或者内输土方量。

第六，在土地平整过程中，要尽量合并细小田块，扩大田块规模，降低田坎率，提高土地利用率。

（二）农田平整高程设计

农田平整高程设计是土地平整工程设计的重要组成部分，关乎土地平整工程量的大小和工程进度的实施。农田平整高程设计与农田水利设计密不可分，在设计时应该与农田水利设计相结合，因地制宜，确保农田旱涝保收。

农田平整高程设计原则如下：①地势平坦、地下水位较低、土层厚的旱涝保收农田田面设计高程根据土方挖填量确定。②以防涝为主的农田的田面设计高程应高于常年涝水位0.2米以上。③地形起伏大、土层薄的坡地的田面高程设计应因地制宜，综合考虑外运客土的工程量确定。④地下水位较高的农田的田面设计高程应高于常年地下水位0.8米以上。

（三）平整方案设计

1. 根据整理区平整工程量分类

（1）局部平整

结合地形地势进行平整，允许田块有一定坡度；以耕作田块为平整田块，在每个平整田块内部，保持土地的挖填方平衡，即不需要从区外大量取土或将土大量运往区外，最终的地面高程是在挖填方平衡高程的基础上，根据所布置的沟渠水流方向确定的；各田块之间允许有一定的高差。优点是填挖方工程量和工程投资大大减少，有利于保护表土层。缺点是土方量计算较复杂；耕地新增量有所降低；沟渠布置难度增大。

（2）完全平整

在地形平坦地区，将整个项目区作为一个平整田块，设立一个平整高程，以平整高程为基准面对整治区进行全面平整。优点是能够最大限度地挖掘土地利用潜力，增加耕地面积；便于布置各项工程项目，方便农业生产；田面水平，易于开展机械化作业，进行渠道、道路、防护林的规划设计。缺点是填挖方工程量大，投资量大；对表土造成的破坏极大。

2. 根据地形纵向变化情况分类

可将平整方案划分为平面法、斜面法和修改局部地形面法。

平面法是将设计地段平整成一近似水平面，一般多用于水稻田的平整，土方量大。

斜面法是将设计地段平整成具有一定纵坡的斜面，坡度方向与灌水方向一致，并达到灌水技术要求。用斜面法平整的地段，其纵向坡度一致，对沟、畦灌有利，土方量也较大。

修改局部地形面法是对设计地段进行局部的适当修改，而不是全部改变其原有地形面貌，只是将过于弯曲、凸凹的地段修直平顺，将阻碍灌水的高地削除，低地填平，倒坡取削，但不强调纵坡完全一致，能实现畦平地不平，对灌水无阻碍即可。这种方法适用于面积较大，地形变化较多，如果大平大填则工作量太大的地区，其优点是土方量大大减少。

3. 根据平整的精度分类

分为大平、粗平、细平三种。大平,也就是常说的大平大整,这是平整土地当中用工最多、动土方量最大的一项工程,往往需要几年的时间才能完成。例如,削平土岗、填沟补洼、大型落地等都属于大平大整的范围。粗平,是平整土地最广、范围较大的一项工程,可分为取高垫低、合并地块、改地轮(即田坡)等多项内容。细平,就是在粗平的基础上对土地进行精细的平整,它是建设高标准田园化农田的基础工程。

4. 按平整方式分

结合耕作平整。对高低相差不大的条田,主要结合深耕、深翻和用土等进行平整。在翻地时,有计划地移高填低,使其逐步平整。根据不同的情况可采取不同的方法。

(1)大平大整

不同的地形有不同的方式,其主要原理类似于完全平整和平面法。

(2)放淤平整

该方法适用于引黄灌区。因引黄灌区有许多湖坑、洼地,采用放淤改土治碱,可以在淤高地面的同时平整土地。

(3)机械平整

在平整土地过程中应当注意以下两个问题:一是必须保留一定厚度的表土。平整土地的施工中,能否保留一定的表土层,是保证当年能否增产的重要一环。旱作地区一般挖方部位,保留表土厚度以 20~30 厘米为宜,填方部位在填厚超过 50 厘米时,也要保留 20~30 厘米熟土层。在南方水稻区,如田中有绿肥,则应将绿肥连同熟土切成 20 厘米的立方体,先搬迁他处,待田面平整后,再将绿肥块还原铺平。二是要留有一定的虚高。进行平整的田块,其填土部分由于所填虚土会有一定的沉陷,因此,在填土处一般应留有相当于填土厚度 20% 左右的虚高,保证虚土沉实后达到田面的标准要求。

(4)土地平整与改良

全域土地综合整治平整工程不可避免地会对地表土壤产生扰动,为了降低对土壤中微生物的影响,土地平整与改良工程主要包括坡改梯表土剥离及保护、耕作层土壤回填、田块表土培育、土壤改良等步骤。坡改梯表土剥离是先将 25 厘米厚的原田面表土耕作层进行剥离、堆放和保护;耕作层土壤回填是先对格田进行平整处理,再将表土耕作层回覆;田块表土培育主要是对表土进行翻松处理,翻松深度不少于 30 厘米,翻松后土团最大粒径控制在 6 厘米以内;土壤改良是增施有机肥和种植绿肥,每亩田地年均增施农家肥 2 吨以上,并定期进行深翻,以改善土壤质量,达到提高土地利用率和农作物产出率的目的。地块的平整必须结合灌水沟渠、生产路的建设协调进行。

农田整治中应留出保育畦,保育畦为许多田边物种提供了寄生植物和花蜜资源,并可作为小型动物昆虫的栖息环境和迁移走廊,同时,还可扩大农作物害虫天敌的生存环境,增加害虫天敌数量，减少杀虫剂的使用，维护生态平衡。

五、生态化全域土地综合整治田块设计

（一）田块生态边界设计

生态边界可定义为农田（作物田块）间过渡带。不同类型生态边界包含的景观要素不同，有树篱、防护林、草皮（带）、墙、篱笆、沟渠、道路、作物边界带等。半自然生境的生态边界是重要的动植物栖息地和扩散廊道及评价环境长期污染程度的基准。全域土地综合整治后非生产性用地（半自然生境）面积逐渐减少，在一定程度上使生物多样性下降并影响农田物种扩散。此外，生态边界的生物多样性和物种的扩散又受边界结构属性、农作系统及农作措施、区域景观结构及动态的影响。

1. 生态边界的作用

第一，树篱和防护林对周围农田具有保护作用。生态边界可作为防护风障，特别是树篱和防护林对农田小气候包括风速、风向、土壤湿度、气温、土温和相对湿度及农田能量转化等具有一定程度的影响。

第二，生态边界对生物多样性保护具有重要意义。一般来说，树篱与森林边缘的植被大体相似，而树篱内小生境的异质性使树篱中的动物物种多样性比开阔地高很多。生态边界作为农田生物扩散的运动廊道，能连接嵌块体栖息地，有利于个体扩散和稳定群体，保护农田中数量下降的种群。例如，生态边界能很好地保护蝴蝶种群；树篱与农田作物间过渡带对保护蝴蝶具有很重要的作用；在生态边界旁引种植物带有利于蝴蝶的迁移和保护；蝴蝶可以在不喷农药和除草剂的生态边界进行飞、停、歇、食等活动，另外，生态边界还提供了一些鸟类栖息地。

第三，生态边界作为害虫天敌的栖息地，对保护天敌有重要作用。单一种植的作物比混作或轮作受害虫危害的概率更大，部分原因是单一种植使害虫更容易找到寄主。生态边界能够阻止许多害虫寻找寄主，从而起到增加天敌数量、降低作物发病率的作用。

第四，生态边界是构成乡镇风光的主要景观要素。城市人口越来越多地涌向乡镇开展各种娱乐活动，对全域土地综合整治景观设计有越来越高的要求。

2. 生态边界的设计

生态边界的设计要充分考虑防止水土流失、巩固田坎稳定性的要求和提供小型动物栖息地的作用。例如，在田坎边缘种植草灌植被进行保护。对平整区域田坎进行归并，对项目区其他田坎进行整治修缮。沿田坎上部内侧和下部种植一些适宜的藤本植物，一方面，巩固田坎，防止水土流失；另一方面，作为动物昆虫栖息繁衍和迁移的通道。

生态边界的设计要因地制宜，山埂上天然或者植栽的植物要与所种的农田作物相宜，

不可出现强势植物与农田作物争水争肥。生态边界的设计宽度以 0.5 ~ 0.8 米为宜。

（二）田块生态错车带设计

按照不同的间隔设置生态错车带，减少道路占地，使田块的设计满足道路行车和农机具及机动车放置的要求，既可以避免车轮压伤作物，还可以增加生态保留地。

六、生态型农田水利设计

农田水利工程主要包括田间沟渠的规划、原有沟渠整治、蓄水池规划布局等内容。本着因地制宜、因害设防的原则，合理布设坡面排、行、蓄水工程，做到排水有沟、行水有渠、蓄水有池、沉沙有涵，达到水不乱流、土不跑的目的。整治过程中，为了防止季节性干旱的危害，应规划设计和布设一定数量的蓄水池；为了消除洪涝灾害，排除积水危害，应根据地形地势合理规划排水系统；设计标准按十年一遇一小时最大暴雨量设计；为了拦截径流，防止水土流失，减少淤积，应根据需要因地制宜地布设截流沟、排水沟和沉沙池配套蓄水池供水。

（一）排水沟

对主要排洪冲沟进行生态化整治：①在坡降较大的沟段，进行浆砌石硬化处理，并修建消力池，防止雨季洪水对冲沟土壤及坡坎冲刷造成水土流失。②水流平缓的沟段，对沟道两侧实施土石夯实处理，沟道两岸保留 0.3 ~ 0.5 厘米宽的缓冲绿化带，引种本地适宜的灌草，构建生物栖息廊道。③结合沟道地形，运用拦蓄措施，修建生态水塘，提高蓄水保水能力，解决旱季作物用水的需求，同时，沿排水沟两岸种植灌草植被，以提供动物栖息和迁移的生态廊道。④对沟道底部进行清理，将沟底设计成有一定起伏变化的底面，以稳定水流，提供多样化的沟底栖息环境，控制雨季洪水的过流速度，减小雨水对沟道土壤的冲刷力度。

（二）截流沟

降水量大、地面径流大、地表土壤冲刷严重的地区，应结合山形山势，修建截流沟拦截雨季的雨水，避免雨水对坡面表土冲刷造成的水土流失，还可将地表雨水导入引流沟和排水沟顺畅排出或汇入蓄水池。

（三）引流沟

在雨季时将排水沟和截流沟中的雨水引入沉沙池和蓄水池中，以利于蓄水池蓄水。

（四）蓄水池

降水季节不均匀的地区，应规划布局蓄水池解决项目区用水需求。修建蓄水池以方便存取、少占地为原则,沿排水沟和引流沟布设,同时应考虑方便农作物生产灌溉用水的要求。蓄水池采用封闭式加盖处理,以减少蒸发和保持蓄水池的清洁。池盖上覆土厚度50厘米,引种当地适宜生长的经济作物,提供生物栖息环境。

沉沙池。当蓄水池修建在排水沟、截流沟或引流沟旁边时,应在蓄水池与水沟之间修建一个沉沙池用于沉淀水沟中带来的泥沙,避免水土流失。

涵洞。当水沟与公路、田间道或生产路相交时,应修建涵洞,修建材料采用混凝土。

在用天然土堤做灌排水渠时,一定要做好防渗防漏设计,可在渠的两侧铺设防水聚酯塑料。

为改善生态环境和保护生物多样性,在修建各种水沟时,应在水沟两旁种植当地适宜生长的灌草丛,在蓄水池周围种植草灌植被,在沉沙池周围种植草灌丛,为生物提供一定的栖息场所。

渠底加深槽设计保证了水流的通畅,当渠中水不足时,深槽可以保留一部分水分,供水生生物生存;渠底凹凸设计与渠底加深槽的设计原理相同,但是凹凸不平的设计在一定程度上比规则的深槽能节省成本;在渠中水流急促的情况下,渠边坡加深槽设计可以为水生生物提供一定的栖息地;渠边坡阶梯形加渠底凹凸设计可以为水生动物跳出沟渠提供帮助,避免因渠底水干枯而导致死亡;渠堤植树设计可以在一定程度上遮挡阳光,避免渠底水在短时间内干枯,还可以为水生生物遮阴,掉落的树叶可为水生生物提供腐殖质;在渠堤做道路设计是一种节地和环保的设计,把道路设计在渠堤上可以减小道路占用农田面积,节省土地,另外,这种设计也减少了沙石和混凝土的使用量,更加环保。

七、生态化道路规划设计

道路布设主要是为了满足群众的生产生活,改善出行条件,对路面低洼不平、影响农业生产的田间土路,需要修建田间道以方便农业生产,道路规划应按照方便生活、服务于农业,小型农机具能进入农田,对动植物生存环境扰动小,工程量小,成本低,服务范围大的要求和原则,尽可能利用原有的道路,并对其进行改造提升。

应根据项目区外围交通设施、区内地形、沟渠布置和植被景观格局等情况,合理布局乡镇干道和周边村寨道路。道路可沿林地边缘修建,不占用林地面积,尽可能地保护好生态林地。生产路布置应根据地形和农业生产的需要,作为田间道支路连接乡镇干道和项目区周边村寨道路,使项目区内路路相连,形成一个道路网络。

结合生物多样性保护的要求,沿田间道两侧规划 0.3~0.5 米宽的绿色植被带,引种当地适宜生长的灌草植被。植被带起着连接项目区内林地斑块的廊道作用,提供生活在不同田块内的动物栖息的廊道和通行通道,可以保护动物的生存环境,构建项目区整体生态廊道。

在田间道、生产路和田块之间设计导坡,方便农田机械进入农田,而不对田块表土造成破坏。田间路和生产路的设计在满足机动拖拉机行驶的同时，应尽可能保留田间草地，增加田间生物的栖息地。

八、其他生态化规划设计

（一）植被设计

人为活动频繁、干扰强烈、动植物分布不丰富的地区，植被覆盖主要集中在项目区现有林地，其他植被主要选择当地种植的经果林，植被覆盖表现为间断不连续的缀块。

全域土地综合整治中的生物多样性保护布局设计在遵循修复受损的生态系统的条件下，应把项目区残存的林地（生态岛）与经果林植被连接起来，建设生态走廊，把分散的植被景观缀块通过种植经济作物、灌木丛等连接为一个整体。生物多样性布局的规划设计从以下几个方面考虑：①沿项目区乡镇干道和田间土路种植本地适宜生长的植物，构成生态廊道；②在项目区宜林地段，营造生态林，引种当地适宜生长的植物，进行乔灌草立体种植；③保持项目区内原有果树林，在此基础上补植补种，把项目区植被连成一片，构建生态廊道；④工程护坎与生物护坎相结合，为小型动物提供栖息环境和迁移廊道；⑤在林地周边种植灌木，以保护林地，为鸟类及其他动物提供栖身之所。

植物种类增加，项目区植被覆盖度增大，动物生存的空间亦变大，促使动物寻找食物和配偶的运动能力增强，从而延续遗传多样性和物种多样性，达到保护生物多样性的目的。

昆虫同植物之间的相互作用（特别是同被子植物间的相互作用）是维持生物圈平衡极为重要的一环，是衡量生物多样性保育工作各方面的重要准绳。因此，应该重视昆虫在空中和陆地表面的活动特性，特别是微小体形昆虫的活动环境，为昆虫活动提供必不可少的迁移走廊（生态走廊），且迁移走廊须将块状景观斑块联结起来。在生物多样性保护工程规划设计中，我们通过在可调整耕地地块上营造条状林带（主要是引种乔灌草结合的经果林带），将项目区现有的林地与周边林地联结起来，作为动物栖息活动的生态廊道。建设生态走廊，一方面能够扩大植被覆盖面积，提供动物捕食、栖息的环境和迁移通道；另一方面，种植经果林能增加农民的经济收入。在种植的经果林带中，应避免连片种植单一经果林，可以套种其他作物，如花椒地里可以试验套种地膜洋芋或者车前草、白魔芋、花生、绿肥、牧草等林草灌丛，构建立体种植结构。

（二）生态林工程设计

生态林工程主要是在陡坡荒草区域种植不同树种的生态林，结合"退耕还林"的成果，营造人工生态林，其主要目的是改善项目区周围的生态环境，扩大项目区植被覆盖面积，增强植被调节项目区小气候环境的能力，防止水土流失对项目区环境的影响，提供动物栖息活动的场所。

生态林的树种宜选择当地适宜生长的树种，实行乔灌草相结合的措施，构建立体种植结构。

（三）景观保护工程设计

景观保护工程主要是结合项目区植被规划工程建设，将项目区规划为"居民点—田块—廊道"的景观斑块格局，其中包括对项目区内残存的林地斑块加以重点保护（因为林地除了具有为动物提供栖息活动环境的作用外，在当地还具有居住"风水林"的作用）、对项目区生态植被廊道建设（项目区景观单元之间和项目区内外景观联系）加以保护。

在生态廊道和林地周围配置宣传保护牌，加强当地农民保护意识。

（四）其他工程设计

其他工程包括挂置人工鸟巢、沃土工程和项目宣传工程。

在项目区林地（包括原有林地、生态林、生态廊道林地）中挂置人工鸟巢主要是用来招引鸟类栖息，恢复生态平衡。

沃土工程主要是针对土地平整区耕地肥力较差的情况，选择具有固氮能力的紫花苜子进行种植。全域土地综合整治过程中，要注意原有耕作层或腐殖质层的保护，种植绿肥，增施有机肥，加强土壤培肥力度，促进微生物的活动，提高土壤微生物多样性，增强土壤的生命力。

项目宣传工程主要包括项目区农民培训、项目区项目标志牌、项目示范区及辐射区宣传与培训。

九、全域土地综合整治生态化综合设计研究

全域土地综合整治涉及田、沟、林、路、渠单项工程的相互组配，应根据实际情况，综合考虑和有机结合，因地制宜选取最优组合。

在旱作区，道路两侧一般植树，开排水沟，形成一路两林四沟的布置形式，沟起排水、护林的作用。为了减少主要田间路和辅助田间路上林带对作物的遮阳面积，道路东西走向时，林带栽在道南，南北走向时，林带栽在道西，但在坡地上，道路应该布置在林带上方，以保持路面干燥。

在灌溉区，道路与林带一般设在灌水渠与排水沟之间，这样渠、沟位于所服务田块的一侧，可以减少渠、沟和道路之间的交叉工程，同时林带对路、沟、渠均起到很好的保护作用。常见的组合形式有"田—沟—林—渠—路""田—路—沟—林—渠"和"田—沟—林—路—渠"三种。

（一）"田—沟—林—渠—路"组合模式

道路布置在田的上端，位于灌溉渠道一侧。采用这种布置方式，道路位置较高，不易

受水淹。道路另一侧紧靠农田，人、畜、机下地方便，且有拓宽余地，可兼做管理道路。但道路跨越下级渠道（农渠），必须修建较多的桥梁和涵管，路面起伏较大。

（二）"田—路—沟—林—渠"组合模式

道路布置在田块的下端，位于排水沟的一侧。这种形式的优点是便于灌溉和人、畜、机下地生产。但由于道路位置较低，雨季容易积水，且渠、沟靠近，排水沟边坡易因渠道渗水而滑坡，林带应位于沟渠之间，对边坡予以加固。同时，道路穿过农沟，必须修建较多的桥涵，还要在路旁修截水沟，以防道路被淹。

（三）"田—沟—林—路—渠"组合模式

道路处于灌水渠道和排水沟之间，其优点是道路与下级灌排渠系均不相交，灌溉排水方便。但由于道路进入田间必须跨越渠道，要修较多的桥涵。另外，道路拓宽也有困难。

不同的组合形式具有不同的优缺点，须因地制宜，结合实际情况选用。在整体布置之前，要分析主要矛盾和问题。例如，在地势低洼的平原和南方地区，排涝是首要问题，应先布置排水系统，然后布置灌溉渠系和田间道路；在丘陵山区，灌溉是主要问题，配置路、沟、渠、林时，必须先从灌溉渠道着手。另外，要节省工程量，减小占地面积。为了节约土地，可在生产发展水平较高的地区，逐步发展暗沟、暗管排灌；在人多地少的地区，林带应小一些，或在不占用耕地的原则下只搞沟边、渠岸植树，以达到保护堤岸的目的。

第三节　全域土地综合整治生态化设计成本—收益评价

一、全域土地综合整治成本—收益评价概述

全域土地综合整治是指根据社会经济发展的需要，采取一定的手段，对土地利用方式、土地利用结构和土地利用关系进行重新规划与调整，以提高土地利用率，实现土地集约利用目标的一种措施。全域土地综合整治除了关注经济效益和社会效益外，也不可忽视生态效益，因此，在全域土地综合整治过程中要注重生态化设计。生态保护型整理模式多种多样，有从农地整理结构设计、道路设计和河沟渠设计三个方面构建的保育型模式；有从生态模式、仿自然模式和等级模式三个方面构建的生态型农地整理模式；有从国内外全域土地综合整治研究和实践的新成果中，提出我国景观生态保护型全域土地综合整治设计模式的构想等。进行建设的全域土地综合整治项目都需要投入大量的资金和生产资料，全域土地综合整治生态化设计的成本与收益，是全域土地综合整治项目成功与否的重要标

准,也是对全域土地综合整治生态化设计收益的反馈。

全域土地综合整治生态化设计会带来多方面的影响,有直接的经济效益,也有间接的生态效益,进行全域土地综合整治生态化设计收益分析是提高人们重视生态环境保护的重要手段。进行收益分析就要针对不同的方案计算出各自的成本和收益,普遍的方式是建立成本—收益评价指标体系,通过指标体系计算不同设计方案的成本和收益,然后进行分析比较,从而选择最优的全域土地综合整治设计方案。

成本—收益分析是指分析人员通过将政策的货币成本和总的货币收益量化来进行比较和提出政策建议。成本—收益分析最初是国外作为评价公共事业部门投资的一种方法发展起来的,后来被应用于评价各种项目方案及政策的社会效益。成本—收益分析结果可以判断某一项目或政策的总效益是否超过其成本,这其中也包括环境方面的效益和成本。成本—收益分析也是建立在经济学中处理如何将社会福利最大化问题的基础上的。社会福利即社会成员感到的总体经济满意度,这个领域称为福利经济学。福利经济学特别关注公共投资有助于实现净收入最大化的方法,净收入是社会总体满意度(福利)的一个衡量标准。

进行成本—收益分析的目的是以一种通用的标准来衡量项目的成本和收益。收益是指项目对于提高人民福利的作用,成本则是指项目的机会成本,即因未能将资源用于最合理的方面而损失的效益。

成本—收益分析可以采用三种主要决策准则,即经济净现值、经济内部收益率和经济效益成本比。需要注意的是,计算总成本时,要包括所发生的所有直接和间接成本,同时减去可能的节约成本;计算收益时,要包括所发生的所有直接和间接收益。

二、成本—收益评价指标体系建立

考查生态设计方案时,传统的经济分析方法是对拟建工程的收益赋予货币价值,然后直接与预期的成本进行比较。但全域土地综合整治生态设计存在很多隐形成本和隐形收益(收益在未来才能体现),因此应在进行经济分析时建立指标体系,收益成本比最高的方案就是选择的解决方案。

(一)静态经济评价指标

静态经济评价指标分析是指不考虑资金因时间差异而产生的价值变化,而以各年投入、产出的当年实际资金额计算有关经济指标来进行收益评价的方法。

1. 静态投资收益率

静态投资收益率是反映项目投入产出比大小的一个静态指标。在条件相同的情况下,静态投资收益率越高,表明项目获得的产出越高,经济效益也越大。项目静态投资收益率的判别依据,可采用同行业或相关行业发布或者投资者设定的基础投资收益率作为标准,当静态投资收益率大于或等于基础投资收益率时,即认为项目的盈利能力能够满足要求。

进行方案比选时，条件相同的情况下，应选投资收益率高的方案。

2. 静态投资回收期

静态投资回收期是反映以项目年净收益偿还项目全部投资所需时间长短的一个静态指标。通常静态投资回收期越短，表明项目的盈利能力和抗风险能力越高。进行方案比选时，条件相同的情况下，以回收期短的方案为优。

（二）动态经济评价指标

动态经济评价指标包括财务内部收益率、财务净现值和动态投资回收期等。

1. 财务内部收益率

财务内部收益率可根据财务现金流量表中净现金流量，用试差法计算，也可以采用专用软件的财务函数计算。按分析范围和对象不同，财务内部收益率分为项目财务内部收益率、资本金收益率（即资本金财务内部收益率）和投资各方收益率（即投资各方财务内部收益率）。

项目财务内部收益率是指考查项目融资方案（未计算借款利息）且在所得税前整个项目的盈利能力，项目决策者进行项目规划方案比选和银行金融机构进行信贷决策时参考。由于项目各融资方案的利率不尽相同，所得税税率与享受到的优惠政策也可能不同，在计算项目财务内部收益率时，不考虑利息支出和所得税，是为了保持项目方案的可比性。资本金收益率是以项目资本金为计算基础，考查税后资本金可能获得的收益水平。投资各方收益率是以投资各方出资额为计算基础，考查投资各方可能获得的收益水平。

2. 财务净现值

财务净现值同时又是评价项目盈利能力的绝对指标，反映项目在满足设定折现率要求的盈利之外，获得的超额盈利的现值。财务净现值等于或者大于零，表明项目的盈利能力达到或者超过按设定的折现率计算的盈利水平，一般只计算所得税前财务净现值。

3. 动态投资回收期

动态投资回收期可根据现金流量表计算，现金流量表中累计现金流量（所得税前）由负值变为零时的时点，即为项目的动态投资回收期。动态投资回收期的判别标准是基准投资回收期，其取值可根据行业水平或者投资者的要求设定。

（三）单位投资水平指标

项目单位投资水平包括项目单位面积投资、新增耕地单位面积投资和每万元投资新增耕地数量等。

这些指标是反映项目投资效果的单位指标，进行方案比较时，在确保完成项目预期目标的前提下，项目单位面积投资或新增耕地单位面积投资越少、每万元投资新增耕地数量越多，其方案越好。

（四）项目运营效果

1. 基础设施运营成本

该项指标是指项目为农业生产服务而新建或提供的农田基础设施的年正常运营成本，它包括基础设施自身的运行成本及正常维护管理成本，如负责项目区土地灌排的泵站、机井等新建农田水利基础设施的电费、维修费、管理费等费用成本。

2. 运营成本率

项目基础设施运营成本率越高，项目实施后农户对基础设施的利用率就越低，最终将影响项目的经济效益。因此，在进行方案比选时，基础设施运营成本率低的方案为优。

第五章 全域土地综合整治规划实践

第一节 市级全域土地综合整治规划实践

市级全域土地利用规划是落实省级土地利用规划和指导县级及以下土地利用规划编制，具有承上启下作用的规划。本章以日照市为例，对土地利用现状进行分析评价，进行土地供需平衡分析，从城乡一体化的视角，阐述土地利用战略与目标、城乡土地利用空间优化与管制、城乡土地生态环境保护、中心城区土地控制和城乡全域土地综合整治等方面的内容。

一、区域概况

（一）地理区位

日照因"日出初光先照"而得名，地处中国沿海中段，山东半岛南端，北依青岛，南邻连云港，西接临沂，东临黄海，与韩国、日本隔海相望。

从全国范围来看，日照位于国家重点开发建设的沿海经济带与沿桥经济带交会处，沟通东西、连接南北，战略地位重要；从山东全省来看，日照是蓝色经济区和鲁南临港产业带的重要组成部分，鲁南地区唯一的海港城市，是山东省重要的对外开放窗口和区域经济潜在的"发展极"。

（二）自然条件

日照市属鲁东丘陵，总的地势背山面海，中部高四周低，略向东南倾斜，间有山地、丘陵和分割的小块平原。平原面积为 1 176.22km²，占 21.99%，分布在东南部和西部；丘陵面积 3 052.25km²，占 57.07%；山地面积 1 119.53km²，占 20.94%，山地、丘陵以西北部和中部居多。

境内气候东部和西部略有差异。东部属暖温带湿润季风区大陆性气候，四季分明，雨热同季；受海洋性气候的影响，与同纬度内陆比，夏无酷暑，冬无严寒。西部属半湿润季风区大陆性气候，春温风多雨少，夏热雨量集中，秋■雨少干旱，冬冷雨雪稀少。全市年平均气温 13.0℃，年平均日照时数 2 502.1h，年均降水量 870.3mm，无霜期 200 天。

全市多年水资源总量16.97亿 m³，人均占有量约为596m³，是全省人均占有量的1.7倍，为全国的人均占有水平的26.8%。域内河流分属淮河流域和黄海流域片，主要有沭河水系、潍河水系和东南沿海水系。有大、中、小型水库515座，总库容12.91亿 m³。

境内矿产资源比较丰富，已发现及探明的矿产有铁、金、红柱石、萤石、磷、蛇纹石、橄榄岩、石棉、膨润土、石英砂等。其中尤以建材资源为主，且种类多、储量大、质量优，主要有花岗岩、石灰岩、蛇纹石、红柱石、石棉、黄沙等。

日照依山傍海，风景秀丽，气候宜人，名胜古迹众多，是理想的旅游、度假、休养胜地。在境内99.6km海岸线上，有绵延64km的优质沙滩，"蓝天、碧海、金沙滩"的优美风光令人陶醉。

（三）社会经济条件

日照市现辖两区两县。包括7个街道、39个镇、8个乡、90个居委会、2 909个村。日照市已建立起以冶金、浆纸、能源、粮油加工、液体化工、木制品加工为主体的临港工业基地；机械制造、食品加工、纺织服装、建材等优势产业不断壮大。对外交流和贸易不断扩大，开通对韩海上航线，与129个国家和地区建立了贸易关系。根据树立和落实科学发展观的新要求，面对宏观经济政策调整的新变化，紧紧围绕"四大战略"，强力推进"五项重点工作"，国民经济运行质量明显提高，经济结构明显优化，发展后劲明显增强，一些主要经济指标创历史最好水平。

日照交通发达，运输便利，集港口、铁路、公路运输于一身，是重要的海陆交通枢纽，拥有日照、岚山两个国家一类对外开放港口。境内高速公路、铁路呈"两横两纵"格局，与全国交通干线相连。日(照)东(明)高速公路横穿鲁南，跨越京沪、京福高速公路，直达中原腹地。菏日铁路东与日照港、岚山港相接，西与陇海、兰新铁路相会；胶（州）新（沂）铁路纵贯全境，是中国东部沿海铁路大动脉。

二、土地供需平衡分析

（一）建设用地供需分析

1. 建设用地需求量

在建设用地中，不同类型的建设用地的主导影响因素各不相同。从影响建设用地规模变化的驱动力角度，可分为市场性建设用地、政策性建设用地和弱市场弱政策性建设用地。

一般情况下，城乡居民点（城市、建制镇和农村居民点）、工矿用地、公路用地与市场经济发展联系密切，其面积的变化可以反映当地的市场经济变化，具有连续渐进性变化的特点，为市场性建设用地；特殊用地、铁路用地、水工建筑用地和港口码头用地的面积变化主要取决于政策规划因素，具有阶梯性突变的特点，为政策性建设用地；水库水面用地受市场和政策影响较小，具有偶发性特点。

建设用地需求量预测分为建设用地需求总量预测和建设用地需求分类预测。

建设用地需求总量的变化是多种因素综合作用的结果，具有连续渐进性变化的特点，采用经济相关分析方法进行预测。经济发展程度与自然资源利用之间具有很强的相关性，是辩证统一的关系。一方面，经济发展对土地需求的总量水平和结构水平均产生重要影响；另一方面，经济发展又会对土地持续利用提供必要的技术和资金支持。一般来说，经济发展对土地利用的影响主要表现在需求总量水平的上升和影响土地利用结构形成等方面。这里，采用每增长一单位建设用地所需要投资或促进 GDP 的增加值，来推测建设用地规模。该方法预测的时间不宜过长，因为上述比率关系本身是不断变化的。

建设用地需求分类预测针对不同用地类型采用不同预测方法。城乡居民点用地需要采用定额指标法进行预测。城市用地规模预测中，依据《城市用地分类与规划用地标准》确定人均城市建设用地指标；村镇用地规模预测中，依据《村镇规划标准》确定人均村镇建设用地指标。交通水利用地预测采用部门预测法。

2. 建设用地需求平衡

根据统计数据，2020 年度日照市住房用地计划指标为 224.99 公顷，比上一年减少 19.6%。其中商品房用地 156.66 公顷，占住宅用地供应量的 69.63%，其他住宅用地 68.33 公顷，占住宅用地供应量的 30.37%。商品房用地中，中小套型商品房用地 130.85 公顷，占住宅用地总量的 58.16%。因此，节约和集约用地将是保障发展的必由之路。

（二）耕地供需分析

1. 耕地需求量

影响耕地需求的因素很多，如人口、农业生产水平、居民消费水平、经济发展水平等。因此，进行耕地需求分析，首先要对人口、粮食需求量、粮食贡献率、粮食单产、复种指数和粮食播种面积占农作物总播种面积的比重等重要参数进行测算。

（1）参数的确定

①粮食需求量

根据相关研究，结合粮食安全下的营养需求，将粮食需求量划分为营养型、宽裕型、小康型和富裕型，人均粮食年需求量分别为 300kg、400kg、440kg 和 470kg。

②粮食自给率

确定粮食自给率，首先要确定粮食消耗量。粮食消耗量一般包括口粮、饲料粮、种子用粮、酿造及其他工业用粮等。其中，口粮为基本消耗，其他为间接消耗。在间接消耗中，工业用粮变数较大。日照市的工业用粮主要集中在油料加工，且原料(大豆)多来自进口，因此，间接用量主要考虑饲料等转化用量。

③粮食单产

粮食单产预测是对未来粮食单产水平进行的预计和推算。随着经济社会的发展和农业科技的不断进步，农业生产集约经营水平将会不断提高，粮食单产将会逐渐提高。但依据报酬递减规律，土地投资报酬存在极限，不可能无限提高，单产也不会无限提高。

④复种指数

农作物复种指数是某一地区农作物播种面积和耕地面积之比，是衡量耕地利用程度的重要指标。影响复种指数高低的因素是多方面的，主要包括自然条件（比如活跃生长期积温、无霜期）、技术条件（比如作物的品种和成熟期、熟制）、劳动力条件等。

⑤粮食作物播种面积比重

耕地除满足人口增长对粮食的需求之外，还要有一定面积种植棉花、瓜菜、油料等经济作物及其他作物，以满足人口增长对吃油、吃菜等物质生活的需求。

（2）耕地需求量的确定

耕地需求量公式为

$$S = \frac{D \times V}{Y \times F \times K}$$

式中：S 为耕地需求量；D 为粮食需求量；Y 为粮食作物单产；F 为农作物复种指数；K 为粮食作物播种面积比重；V 为粮食自给率。

2. 耕地可供给量

耕地的可供给量，是以现有耕地面积为基础，通过分析测算研究期间耕地减少量和增加量来确定。

（1）耕地减少量分析

耕地减少的主要因素包括非农建设占用耕地、生态退耕、农业结构调整和灾害损毁减少耕地。

（2）耕地补充量分析

耕地增加一般通过土地整理复垦开发实现。土地整理复垦开发是人们对土地不断建设、整治和提高利用水平的过程，是补充耕地、实现耕地占补平衡、改善生产条件和生态环境、优化利用结构、提高土地生产能力的主要途径，包括耕地整理、土地复垦和土地开发。

三、土地利用战略与目标

土地利用战略是在区域土地利用现状分析的基础上，针对土地利用中存在的问题，按照国民经济和社会发展目标要求，合理确定土地利用的战略和目标。

（一）土地利用战略 SWOT 分析

SWOT 战略分析即内外部环境分析，是由旧金山大学的管理学教授于 20 世纪 80 年代初提出来的，SWOT 四个英文字母分别代表：优势（Strength）、劣势（Weakness）、机遇

（Opportunity）、挑战（Threat）。所谓 SWOT 分析，即态势分析，就是将与研究对象密切相关的各种主要内外部优势、劣势、机遇和挑战等，通过调查列举出来，然后用系统分析的思想，把各种因素相互匹配起来加以分析，从中得出一系列相应的结论，结论通常带有一定的决策性。运用这种方法，可以对研究对象所处的情景进行全面、系统、准确的研究，从而根据研究结果制定相应的发展战略、计划以及对策等。

土地利用的 SWOT 战略分析，是在区域土地开发、利用、规划研究过程中，对区域自身内外部的优势和劣势、环境的机遇和挑战、土地资源利用现状等进行系统分析，实现土地资源高效利用，促进区域土地资源优化利用，提升自身发展的核心竞争能力，进而制定土地利用战略目标和重点。

1. 优势

在宏观层次上，日照作为新亚欧大陆桥的东方桥头堡处于环太平洋经济圈和新亚欧大陆桥经济带的交会处，是中亚地区与我国中东部区域和广大亚太地区交流的门户，具有重要的战略区位优势。在中观层次上，日照作为我国重点的沿海开放城市，处于国家重点发展的沿海轴线与环渤海经济圈、长三角发达地区的接合部，便于同时接受三大经济圈带的辐射，更有利于面向三大经济圈带发展区域经济。在微观层次上，日照作为胶东半岛高端海洋产业集聚区和鲁南临港产业集聚区的重点城市，从经济的空间组织上，既属于青岛城市经济区，又属于日照—临沂城市经济区，处于威海—烟台—青岛—日照—临沂轴线和日照—临沂—济宁—菏泽轴线的交会处，是鲁南经济发展轴线乃至陆桥经济带的出海口和潜在的发展地，同时又是半岛城市群和鲁东南地区与长三角互动的主要"连接点"之一。

（2）生态环境良好

优良的生态环境已经成为经济社会发展的重要竞争条件。日照市是全国可持续发展试验区、全国生态示范区建设试点市、全国环保重点城市、全国园林绿化先进城市，环境基础好，拥有良好的生态环境条件，光照充足，气候宜人。城市环境空气质量、生活饮用水质量、近岸海域水质均保持国家一类（级）标准，位居山东省第一。森林覆盖率、城市建成区绿化覆盖率分别接近 30% 和 40%，人均公共绿地面积达到 $12.4m^2$，均高于全国和全省平均水平。

（3）自然资源丰厚

日照以水资源、农业资源、旅游资源为主的自然资源丰厚。水资源方面，在山东全省"下大气力解决水资源'瓶颈'制约"的宏观背景下，与半岛城市群的其他城市相比，日照市的水资源丰富，为我国北方少有的富水区之一，淡水资源充沛。人均水资源占有量 $616m^3$，为全省平均水平的 1.8 倍；年均降雨量 870.3mm，比威海市多出 200mm。农业资源方面，日照海洋水产资源、特色种植业（如茶叶）、养殖业（如桑蚕）等都有一定的基础和区域优势。旅游资源方面，日照拥有优质沙滩岸线，具有很大的优势。

（4）非公经济活跃

市场经济条件下，非公有制经济是衡量城市经济活力的一个重要指标。日照市经济体系中非公经济的比重为45.5%，在半岛城市群8个城市中排在第三位。活跃的非公经济反映了日照市经济发展活力大、未来发展潜力足。

2. 受限方面

（1）优质耕地少，后备资源不足

全市山地丘陵居多，耕地以旱地为主（占67.10%），优质耕地较少。全市土地利用率已达到94.21%，耕地后备资源潜力14 500hm^{2}左右，人均后备资源0.0 051hm^2，仅为全省平均水平的1/2，多分布零散、偏远，且开发利用的制约因素较多。

（2）城乡居民点用地增长过快，利用方式相对粗放

城中村较多，不仅影响城市景观，同时也严重影响城市土地集约利用水平。农村居民点面积不减反增，一些地方"空心村"现象突出，一户多宅的现象仍然存在。

（3）局部地区土地退化，生态环境脆弱

全市山地、丘陵较多，土壤瘠薄且水土流失较为严重，而且治理难度较大。林木资源虽较为丰富，但树种组成较为单一且空间分布不均匀，抗干扰的能力以及受到干扰后的恢复能力不强。由于存在不合理的工业、农业、交通、旅游等开发建设活动，致使海岸带景观受到一定程度的破坏。

3. 机遇

（1）国际经济一体化和发展海洋经济为日照带来良好的机遇

随着中日韩经贸合作的不断加强，为日照更好地承接国际国内产业转移带来良好的机遇。近年来，我国沿海发达地区也出现了发展空间不足，一些劳动密集型和资源消耗型产业加速转移的势头，这有利于日照凭借丰富的劳动力和成本较低的优势，承接先进技术、资本和产业转移。开发海洋资源和发展海洋经济已成为当今世界推进经济和社会发展的重大战略，各国发展海洋经济的步伐正在全球范围内迅速加快，日照具有临海和临港优势，发展海洋经济的优势显著。

（2）从全国看

为加快完善沿海经济布局，国家先后制订出台了广西北部湾、福建海峡西岸、江苏沿海地区、辽宁沿海等一系列重点区域的发展规划和相关实施意见，十大重点产业规划也强调了沿海地区在产业调整振兴中的重要作用，新一轮沿海开发的序幕已经拉开，这为加快鲁南临港产业带发展创造了良好的外部环境。

（3）从全省看

省委、省政府将积极推进半岛蓝色经济区建设，把山东半岛蓝色经济区建设成为我国海洋科技教育中心、海洋优势产业聚集区、海滨国际旅游目的地、宜居城市群和海洋生态文明示范区，形成连接长三角和环渤海地区、沟通黄河流域广大腹地、面向东北亚全方位参与国际竞争的重要增长极。山东半岛蓝色经济区重点建设的鲁南产业带，为日照加快海

洋特色新兴城市建设特别是发展蓝色经济带来了难得机遇。另外，省委、省政府将鲁南临港产业带列入省级综合配套改革试点，为日照通过体制机制创新、解放和促进生产力发展创造良好的机制环境，提供了新的重大契机。

（4）从区域看

沿海等周边地区的加速建设，为日照发挥比较优势，积极融入区域发展格局，在竞争与融合中快速崛起，搭建了宽广的平台。

（5）从全市看

日照市正处于工业化加速发展阶段，环境承载能力较强，开发潜力和发展后劲巨大。日照精品钢基地、山西中南煤炭外运铁路大通道、青日连、连盐沿海铁路、日照机场、新一轮港口规划建设、疏港高速公路、青岛海湾大桥及隧道开通形成青日一小时经济圈等一批重大基础设施和重大产业项目规划建设，对于加快经济发展、改善产业结构和提升城市核心竞争力具有重要的推动作用。

4. 挑战

（1）农用地特别是耕地保护形势日趋严峻

随着人口总量的增加和食物消费结构的变化，保障地方和国家粮食安全的耕地需求在数量与质量上亟待增加。为保障生态安全，需要加强对具有生态功能的农用地特别是耕地的保护。同时，随着城镇化、工业化的不断推进，部分耕地将被占用。但耕地后备资源数量较少，补充耕地的能力有限，且生态环境约束大，人地矛盾将更趋尖锐。

（2）建设用地供需矛盾更加突出

城镇化、工业化快速发展，特别是鲁南临港产业区建设，必然引起城镇工矿及基础设施用地的增加。但随着耕地保护和生态建设力度的加大，建设用地的供给面临更大的压力，未来经济发展面临土地资源"瓶颈"制约更加突出。

（3）转变建设用地利用和管理方式更加迫切

部分地方城镇用地规模扩张过快，农村居民点用地较为粗放。因此，必须转变土地利用方式，控制总量，盘活存量，用好增量，努力提高建设用地集约利用水平，不断增强对经济社会发展的保障能力，实现经济又好又快发展。

（4）保护和改善土地生态环境任务依然繁重

日照市地形较为复杂多样，低山、丘陵较多，土质瘠薄且水土流失较为严重，而且治理难度较大，保护和改善土地生态环境任务依然繁重。

（二）土地利用战略方向和重点

1. 土地利用战略方向

根据日照市国民经济和社会发展规划、日照市蓝色经济区规划，结合土地利用中存的问题，确定土地利用战略方向。

（1）严格耕地和基本农田保护，提高农业综合生产能力

完善耕地保护责任制度，切实保护有限的耕地资源；强化基本农田保护，积极推进高标准基本农田建设；加大农业投入，提高耕地质量，改善耕地生态环境，不断提高农用地综合生产能力和利用效益。

（2）强化城镇用地空间整合，完善城市用地功能

按照"轴线集聚、极化带动"的城市总体空间发展框架，完善城市建设空间格局，强化中心城市的核心地位，建设海洋特色新兴城市。提升莒县、五莲城区的区域中心带动作用，形成各展所长、优势互补、相互促进的格局。

（3）发挥临港优势，优化产业用地布局

以山东半岛蓝色经济区建设为发展背景，大力实施"港口立市、工业强市"战略，大力推进新型工业化进程，不断提高工业用地效益；充分利用国际国内制造业转移、山东半岛蓝色经济区和鲁南临港经济带开发建设的机遇，形成"一带三轴八区支撑"的空间架构，全力构筑以钢铁、石化、造船、浆纸为重点的临港工业基地，以粮油、食品、木材加工等为重点的临海传统优势产业，以海洋生物、海洋化工为重点的海洋新兴产业，以电子信息产业、新材料产业为重点的高新技术产业，以现代物流、旅游业和特色产业为重点的现代服务业的蓝色经济产业体系。

（4）推进土地节约集约利用，提高建设用地保障能力

严格控制新增建设用地，通过内涵挖潜、盘活存量、提高容量；集约配置各类新增建设用地，促进建设用地结构和布局优化；结合新农村建设和城乡建设用地增减挂钩，加快农村建设用地整合，提高土地节约集约利用水平。

（5）加大土地综合整治，搞好土地生态环境建设

坚持"生态建市"发展战略，搞好生态环境保护与建设。搞好主要河流及沿海湿地的生态保护和建设；加强日照水库等重要水源地保护，强化中部低山丘陵区水土流失治理；创建生态友好型的土地利用模式，显著提高全市的土地生态价值和城市生态魅力。

2. 土地利用战略重点

根据当前主要土地利用问题和经济社会发展战略目标与未来土地利用面临的形势，突出区域土地利用的重中之重，实施区域土地利用的五大战略，促进整个区域战略目标的实现。

（1）粮食安全型耕地保护战略

粮食安全是国家安全的基础，必须坚决保护耕地以保障国家粮食安全。实现经济社会可持续发展的核心是协调人口、资源和环境的关系，土地资源的可持续利用是社会经济可持续发展的前提，而土地资源可持续利用的关键是要保有一定数量和质量的耕地，特别是基本农田。粮食安全型耕地保护战略是整个土地利用战略中最基本的内容。

（2）节约集约型土地利用战略

随着经济快速发展，城市化、工业化快速推进，对土地的需求也将继续迅速增加，耕

地保护面临着发展经济和保护资源的双重压力。推进节约集约用地是中央和省政府的要求，也是日照市的必然选择。在新形势下，大力推进节约集约用地，有着特殊的重要性和紧迫性。节约集约型土地利用战略是整个土地利用战略的核心内容。

（3）城乡统筹型土地优化利用战略

日照市是山东省东部新兴的重要沿海开放城市。在经济快速发展、城镇化进程不断加快、对土地资源需求不断增加、人地矛盾日益突出的形势下，城镇如何发展，城乡用地结构和布局如何优化利用，走可持续发展的道路，是需要研究的重大课题。因此，城乡统筹型土地优化利用战略是整个土地利用战略的关键内容。

（4）区域统筹型土地利用战略

统筹区域土地利用，是认真贯彻落实科学发展观，加快建设资源节约型社会的一个重要方面，是科学管地用地、提高土地资源配置效率的必然途径。日照市沿海地区和内陆地区经济发展不均衡，土地利用方式差异较大，如何统筹区域土地利用，制定有效的区域差异型土地利用调控措施，对推进土地合理利用，促进经济、社会、资源协调发展意义深远。因此，区域差异型土地利用战略是整个土地利用战略中重点内容。

（5）生态友好型土地利用战略

土地作为人类一切活动的载体，在整个生态系统中占据重要地位。任何生态环境问题都与土地利用活动紧密相关，不同的土地利用程度决定了不同的生态环境压力，如何协调人口、资源、环境、发展的关系，保证资源可持续利用和经济社会可持续发展，通过土地利用结构调整促进生态环境建设，是需要解决的重要问题之一。因此，探讨土地利用与生态环境建设问题，实施生态友好型土地利用战略，对日照经济、社会和环境的可持续发展具有重要意义，也是整个土地利用战略中的重要内容。

（三）城乡基础设施用地空间布局

1. 城乡一体化交通用地布局

提高日照市交通通达度，建立城乡一体化综合交通系统。充分发挥区位优势，以港口为枢纽，以铁路、高速公路、干线铁路为骨架，积极发展航空，形成综合海运、公路、铁路、航空等多种运输方式全方位协调的现代化、立体化、高速化的综合交通体系。

进一步提升港口优势，积极发展海上航运。积极发展大运量轨道运输，提升铁路运输能力，拓展港口腹地。构建市域主干路网，加强城镇间的交通联系。道路建设着眼接轨青岛、融入半岛城市群的需要，不断完善市域道路系统，实现各区县之间有区域主干道相连、区县到乡镇及乡镇之间有区域次干道相连，进一步提高"村村通"道路通达度。建设日照机场，通过一级公路与城区及高速公路相联系。

2. 城乡一体化水利设施用地布局

以保障水源供给、改善生态环境为重点，搞好水利基础设施建设，努力实现水资源的永续利用，保障经济社会可持续发展。积极推进地表水开发利用工程，加强中型水库除险加固，对病险小型水库、塘坝加固维修，推进水源工程和拦河蓄水工程建设。加强水资源联合调度，形成"多库串联、河库并用"的工程供水网络。完善城区供水网络及设施建设，对水源地进行有效保护。完善农村生活供水系统，对农田水利灌溉系统进行全面改造。

（四）城乡生态用地空间布局

1. 构建城乡一体化生态空间网络

构建"一脊两翼三廊多中心"生态空间网络。以中部低山丘陵水源涵养、生态农业及自然生态保育区为中脊，以东部海滨城市、滨海防护林及沿海湿地生态区为东翼，以西部沭河流域生态农业区为西翼，以同三高速公路及海岸带、沭河及206国道、日东高速公路及335省道为廊道，构建"一脊两翼三廊多中心"的生态空间网络，逐步形成区域生态安全的基本框架。

2. 加强重要生态功能区保护

加强以自然保护区、水源地保护区和海岸线自然保护带为主的生态功能区保护，构建健康、可持续的生态系统，提高生态服务功能和景观价值。加强海岸带山林地保育，形成绿色景观廊道；加强沿海湿地保护，禁止一切破坏湿地生态系统的土地利用活动。加强对水库为主的重要水源地、生态自然保护区为主的重要生态功能区的保护与建设，促进区域生态功能的提升。

3. 强化景观生态廊道建设

以建设生态城市为目标，加强生态修复与重建，以河流、公路为廊道，以山体为核心区，通过道路、河流绿色通道，将城乡绿地、水库水塘、农田林网等进行连接，强化各生态系统的有机联系。开展河道生态修复，强化河流廊道的生态、游憩和审美功能，恢复和构建河流生态网络；进行道路缓冲带建设，营造生态环保型景观道路网；强化风景旅游区、生态保护区间景观生态廊道建设，构建景观生态旅游廊道。

4. 构建中心城区绿色生态空间

按照建设现代化的生态宜居城市的要求，构建中心城区"一环三带"绿色生态空间格局。以市区周围为节点，用绿带连接，形成环绕城市的绿色生态走廊；以日东高速公路入口—万平口大桥为轴线，建设东西向200m宽的生态景观带；以丝山—沙墩河—奎山为轴线，建设以自然生态、田园风光为主题的南北向生态廊道；以大沙洼林场—海岸线—付疃河入海口为轴线，建设融生态效益和景观效益于一体的沿海防护林带。同时，在临港产业园区周边建设绿色隔离带，形成网络化的区域生态廊道。

5. 推进生态型城市住区建设

结合城市建设，依托现有布局，根据生态学原理，应用现代科学与技术等手段，创建可持续发展的居住模式，建设生态型城市住区，实现城市住区的自然环境与人文环境的生态化。加强城郊结合的管理，加强市容市貌整治，推进城市净化、绿化、亮化、美化。

6. 强化生态型小城镇建设

立足于城乡统筹发展，结合生态区县、生态乡镇建设，按照"因地制宜、突出特色"的原则，加快小城镇建设，建设生态型城镇。重点推动国家级重点镇和省级中心镇建设和环境整治，建设生态型小城镇。

四、土地利用空间管制

（一）土地利用综合分区

按照区域发展战略和土地资源优势相近性、土地利用问题和管理措施的相似性和差异性、保持行政区划相对完整性的原则，进行土地利用综合分区。根据全市自然、经济、社会状况及区域经济社会发展差异，将全市划分为东部城市与临港产业发展区和西部城乡复合发展区。

1. 东部城市与临港产业发展区

位于市域东部沿海。土地利用方向：严格控制各类建设特别是城镇建设用地规模，注重建设用地的内涵挖潜，充分利用闲置土地和存量土地；严格划定城乡建设用地扩展边界，控制城乡建设规模和时序。利用临近港口的区位优势，大力发展外向型经济和临港工业，重点发展钢铁及配套产业、能源、石油化工和精细化工、粮油加工、造船、物流仓储加工产业等。在保护生态环境的前提下，合理开发沿海旅游资源，全力提高滨海旅游休闲度假的层次。

2. 西部城乡复合发展区

位于市域西部。该区具有较丰富的农业、矿产资源、旅游以及劳动力资源，是全市经济发展的重要腹地，兼有城市和乡镇发展地区的特点。土地利用方向：大力发展高效、优质粮食作物和经济作物；进一步加强农田基本建设，加快中低产田的改造，不断改善农业生产条件。强化农业基础地位，搞好山区小流域治理，大力发展节水农业；充分利用荒山、荒坡植树造林，减少水土流失，提高林木覆盖率。适当扩大城镇面积，逐步缩小农村居民点面积。在保护和改善生态环境的前提下，稳步推进耕地后备资源开发利用，提高土地利用率。

（二）土地利用功能分区

在分析行政区域内不同地区的功能定位、发展方向、发展现状和发展潜力、资源环境承载能力的基础上，根据区域发展和土地用途管制的要求，划定土地利用功能分区，提出调控措施，有针对性地制定管理政策，实行差别化管理。遵循保护耕地、保护生态环境、区域内相似性与区域间差异性等原则，采用空间叠置分析法进行分区。

1. 基本农田集中区

基本农田分布集中度较高、优质基本农田占比例较大，需要重点保护和进行基本农田建设的区域。

2. 一般农业发展区

是指基本农田集中区以外，以发展种植农业为主的区域，主要分布在西部平原区和中部低山丘陵区。

3. 林业发展区

以发展林业为主的区域，主要分布在中部低山丘陵区。

4. 城镇发展区

为城镇发展划定的区域，主要为中心城区、县城和建制镇。

5. 独立工矿区

大中型矿山和集中发展以能源重化工产业为主的区域，主要分布在东部沿海地区。

6. 自然与历史文化遗产保护区

依法认定的各种自然保护区的核心区、森林公园、地质公园，以及其他具有重要自然与历史文化价值且规模较大的区域，主要分布在东部沿海地区和中部低山丘陵地区。

7. 生态环境安全控制区

主要水库及其泄洪滞洪区、湿地保护区、重要水源地保护区等基于生态环境安全目的需要进行土地利用特殊控制的区域，主要分布在东部沿海地区和中部低山丘陵地区。

（三）建设用地空间管制

为加强对城乡建设用地的空间管制，划定允许建设区、有条件建设区、限制建设区和禁止建设区，引导城乡建设用地合理。

允许建设用地区为城乡建设用地规模边界所包含的范围，是现状和规划期内新增城镇、工矿、村庄建设用地规划选址的区域，是城乡居民的生产生活空间。

有条件建设区为城乡建设用地规模边界之外、扩展边界以内的范围。限制建设区为辖区范围内除允许建设区、有条件建设区、禁止建设区外的其他区域。

禁止建设区为禁止建设用地边界所包含的空间范围，是具有重要资源、生态、环境价值，必须禁止各类建设开发的区域，包括功能分区中的自然与历史文化遗产保护区和生态环境安全控制区。

五、城乡土地生态环境保护

（一）土地生态功能分区与空间管制

基于土地生态系统优化格局的构建，遵循可持续发展、人与自然和谐共处的原则，有效保护自然生态系统，引导城乡发展合理有序进行，将全市划分为东部海岸带保护区、中部低山丘陵水源涵养区和西部沭、潍河流域生态农业区三个生态区。

1. 东部海岸带保护区

该区是全市经济发展最快、城镇化水平最高的地区，区内人口相对较为密集，土地开发利用程度高。该区以发展生态循环型工业、物资集散型生态产业、海洋资源型生态产业，可再生能源型、生态旅游型和知识型生态产业为主。主要管制措施：严格保护岸线资源，按照集中集约用海的原则，做到生活岸线、生产岸线和生态岸线合理布局，保护为主、有序开发。严格执行污染物总量指标控制、海洋与海岸带开发项目环境影响评价制度和环保设施"三同时"制度，严格限制高耗能、高排放产业发展。加强对沿海民俗旅游地区环保基础设施规划建设，建设集中式污水处理设施，严格限制污染物排海量。走集约化工厂养殖的道路，减轻对海岸带的破坏。

2. 中部低山丘陵水源涵养区

该区域多为低山丘陵，地形起伏大，土壤多为酸性岩类和非石灰质砂页岩棕壤性土，砂砾多，土壤疏松，通透性好。属基性岩贫水区，土层较薄，肥力偏低，易旱易涝，水土流失严重，农业生产条件差。主要管制措施：加强封山育林，25°以上陡坡禁止开垦种植农作物；合理调整农业生产的内部结构，扩大林地面积，提高林木质量。发展生态旅游业，促进地区经济的发展和生态保护意识的提高。加强河流、水库、滩涂等水域湿地保护。因地制宜发展生态旅游产业，配合水源涵养和水土保持发展生态林业和经济林业。

3. 西部流域生态农业区

该区地势较为平坦，主要是以沭河为中心的冲积平原，间有小部分丘陵，土层深厚，土壤肥沃，有机质含量较高，水资源相对充足，具有十分优越的发展农业的条件，是重要的粮食生产基地。主要管制措施：严格保护耕地和基本农田，通过农林复合、农牧结合及作物多重种植，充分发挥土地利用的最佳效益。实施农田生态工程，逐步完善以农田林网为主的农田防护林体系建设；改良土壤，提高地力，防止土地沙化、盐渍化、水土流失。推广测土配方施肥技术，大力提倡生态肥的使用，有效控制化肥的使用量，减轻面源污染。

（二）生态友好型土地利用模式

按照生态市建设的要求，围绕加强土地生态保护与建设，加大土地生态环境整治力度，因地制宜改善土地生态环境，促进环境友好型社会建设。

1. 绿色生态型农业用地利用模式

依靠科技进步，加大科技转换力度，发展循环农业，缓解资源约束矛盾，走优质、高效、低耗的农业发展之路。推广资源循环利用和节地、节水、节能、节肥、节药、节种等节约型农业新技术，促进农业增长方式转变，减少传统农业带来的环境污染。建设集生态农业、生态旅游为一体的生态家园模式，"四位一体"的林果业发展模式和农田林网生态模式。

2. 循环经济型工业用地利用模式

以循环经济理念为指导，建设生态工业园区。在工业企业中推行清洁生产审计和环境管理体系认证，减少企业本身原辅材料、资源、能源需求和废物排放，提高工业用水重复利用率，创建废水零排放企业；引进关键技术，加强废水、固废、废热等在企业和产业间的交换，形成工业生态链网，建立循环经济型企业，为日照生态工业发展提供资源、能源保障和环境容量。

3. 节约集约型居民点用地模式

按照居民点用地标准，统筹规划，合理布局，注重内涵挖潜，严格控制外延扩张。改善内部环境质量，改善能源结构，提高集中供热率；加快城镇污水处理建设，采取有效措施促进节约用水和废水利用；加强城镇垃圾和工业固体废物的管理，加快城镇垃圾处理设施建设，积极进行减量化、无害化和资源化处理；建设生态家园富民示范小区，推动生态富民家园工程的进展。

4. 生态型旅游土地利用模式

日照市旅游资源丰富，要借助优越的旅游资源发展生态旅游。要把基础设施的建设对生态环境的影响降到最低，交通以步行为主，使用太阳能驱动或电能驱动的小车和自行车，禁止为修建索道炸山毁林，禁止使用有害环境和干扰生物栖息的其他交通工具。

第二节　县级全域土地综合整治规划实践

县级土地利用规划是落实上级土地利用规划和指导乡（镇）级土地利用规划的规划。本章以即墨市为例，对土地利用现状进行分析评价，从城乡一体化的视角，阐述土地利用战略与目标、城乡土地利用空间优化与管制、城乡土地生态环境保护和城乡全域土地综合整治等方面的内容。

一、区域概况

（一）地理区位

即墨市位于山东半岛东南部，东濒黄海，南依崂山，西与胶州、平度接壤，北与莱西、莱阳两市相邻，东北部隔丁字湾与海阳市相望。全市东西长76.25km，南北宽36.25km，面积193 244.14hm^2。

作为山东省经济发展的"龙头"，青岛将加快推进"环湾保护、拥湾发展"战略，构建以环胶州湾区域为核心圈层，以即墨、胶州、胶南为内圈层，以平度、莱西为外圈层，充满生机活力的国际化、生态化、现代化的国际大城市。即墨市作为胶州湾两翼综合发展区的重要节点，未来的发展空间十分广阔。

（二）自然条件

即墨属暖温带季风大陆型气候区，四季变化和季风进退都比较明显。春季风大，空气干燥，雨量较小，易发生春旱；夏季雨量集中，灾害性天气较多；秋季常受旱涝威胁；冬季雨雪稀少。年平均降水量708.9mm，多年平均气温12.1℃，年积温4 410℃，年均无霜期自西向东196～234天不等，年均日照2 726h，适宜多种作物生长。

市域多为低山丘陵，地面高程多在海拔20～100m之间，平均海拔54.47m。地势大致呈东南高、西北低。东南部为低山丘陵区，约占总面积的54.5%，以位于温泉镇与鳌山卫镇交界处的四舍山海拔最高，主峰海拔326.80m；西北部为平原洼地，约占总面积的45.5%。

境内水主要来源于大气降水和过境河道引入水。东部多为花岗岩、玄武岩，地下水水量很少。西部大沽河沿岸地下水较丰富。全市多年平均水资源总量为4.63亿m^3，其中地表水3.01亿m^3，地下水1.62亿m^3。全市共有中型水库4座、小型水库44座、塘坝439座、拦河闸（坝）37处。全市主要河流有大沽河、五沽河、流浩河、桃源河等14条。

全市主要土壤类型有棕壤土类、砂姜黑土类和潮土类。棕壤分布在东南部低山丘陵区；潮土分布在西部平原区，砂姜黑土分布在平原区中的局部洼地。棕壤土类约占 2/3，其次为砂姜黑土，潮土类最少。另外，沿海地区分布有滨海盐土。

即墨旅游资源丰富，山川秀美，有马山地质公园、鹤山、天柱山、龙山、灵山、东京山等风景名胜，其中，马山以石林、硅化木等地质遗迹著名，极具科研价值，又被地质界称为"袖珍式地质博物馆"。东部海岸线蜿蜒曲折，有鳌山海水浴场、温泉黄埠海水浴场、田横岛度假区月滩等多处天然优良的海水浴场。即墨海岛众多，风情各异，以田横岛、大小管岛等最为著名。

（三）社会经济条件

即墨市现辖 18 个镇、5 个街道、1 033 个行政村。据统计，2020 年全区常住人口为 133.61 万人，与 2010 年相比，常住人口增加 15.89 万人，增长 13.5%，年平均增长率为 1.27%。常住人口总量位居青岛市第二，人口比重占全市 13.27%。全市经济保持稳定较快增长，在全国最发达百强县（市）中列第 43 位，产业结构逐步优化，多种所有制经济共同发展，经济结构有了新变化。

（四）市域发展态势

从全国看，即墨地处环渤海和长江三角洲两大经济区之间，有着较强的市场和工业基础，是连接两大经济区的纽带，能够承接两大经济区的行业扩展和产业转移。同时，即墨邻近日韩，依靠产业基础以及优越的临海、临空、铁路和公路条件，有条件成为面向东北亚的区域集散中心。

从全省的发展态势看，发展海洋经济，建设山东半岛蓝色经济区。大力发展海洋经济，科学开发海洋资源，培育海洋优势产业，以烟台、青岛、威海三个沿海城市为骨干，充分发挥地理区位优越、港口体系完备、经济外向度高、产业基础好、发展潜力大等优质资源富集的综合优势，以推进高端产业聚集区建设为契机，以建设现代海洋产业体系为目标，积极承接国际产业转移，大力实施高端高质高效产业发展战略，全力打造高技术含量、高附加值、高成长性的沿海高端产业带，将给即墨市经济社会发展带来更多的机遇。

从青岛的发展态势看，将加快推进"环湾保护、拥湾发展"战略。作为支撑山东经济发展的龙头，青岛市对半岛城市群的带动作用将更加突出，其全国重点中心城市、世界知名特色城市建设将取得新的进展；将加快推进"环湾保护、拥湾发展"战略，构建以环胶州湾区域为核心圈层，充满生机活力的国际化、生态化、现代化的国际大城市，把即墨纳入城市功能核心区，青岛区域经济的"次中心"，未来发展前景十分广阔。

从内在因素看，即墨具有较雄厚经济基础，发展潜力巨大。通过多年的建设和发展，全市经济社会实力逐步增强，在全国最发达百强县（市）中列第 43 位，工业化、城镇化水平不断提高，正处于加快发展的战略机遇期、经济高速增长期和经济增长方式的战略转型期。总之，工业化、城镇化发展，为全市区域经济发展、基础设施建设、生态建设提供了重大机遇；城乡一体化战略的实施，对统筹城乡土地利用提出了明确要求；产业布局调整和结构升级，经济增长方式的转变，为促进土地利用结构和布局调整、土地利用和管理方式的转变,提供了前所未有的机遇。

二、土地利用战略

(一)总体战略

根据国民经济与社会发展战略、生态环境保护要求以及土地利用存在的主要问题,提出土地利用战略:严格保护耕地特别是基本农田;实施"轴带引导、强化中心、培育结点,构建城乡和谐空间"的城镇空间发展策略,优化城镇建设用地结构;强化土地生态保育,注重基础设施建设,提高用地保障水平,为把即墨建设成为"大青岛现代新区,山东半岛城市群产业特色突出、人居环境优美、社会和谐发展的现代化中等城市",提供土地资源保障。

(二)战略重点

根据土地利用总体战略,突出以下重点:①严格耕地和基本农田保护。完善耕地保护责任制度,积极推进高标准基本农田建设,加大农业投入,改善耕地生态环境,不断提高农用地综合生产能力和利用效益。②推进城镇用地空间整合,完善城市用地功能。强化中心城区的核心地位,进一步提升区域带动作用;加强鳌山湾区域土地利用控制,建设山东半岛和大青岛都市区海洋产业发达、独具特色与魅力的滨海新区。③发挥区域优势,优化产业用地布局。按照"环湾保护、拥湾发展"战略部署,优化用地布局,推动区域经济协调发展,构建"一区两极"的经济发展格局。④推进土地节约集约利用,提高建设用地保障能力。严格控制新增建设用地,积极盘活存量;集约配置各类新增用地,促进建设用地结构和布局优化,推进农村建设用地整治挖潜。⑤加强土地综合整治,搞好土地生态环境建设。坚持"生态建市"发展战略,搞好主要河流及沿海湿地的生态保护和建设;加强水库等重要水源地保护,强化东部低山丘陵区水土流失治理;创建环境友好型的土地利用模式,不断提高土地生态价值。

三、城乡"三生"空间布局

(一)城乡产业用地空间布局

根据产业发展现状,发挥比较优势,高起点承接国内外产业转移,不断优化产业布局,构建功能明确、分工协调的"一心两带四区"产业发展格局。

1. "一心"

即中心城区。重点布局商贸流通、金融、科技和信息服务等现代服务业,构建区域性商务节点，为工业、旅游发展提供支持和源动力。

2."两带"

即先进制造产业带和旅游休闲产业带。先进制造产业带以汽车及零部件工业功能区和省级高新区为核心，沿烟青一级路展开；完善园区基础设施，建设青岛先进制造业集聚带。旅游休闲产业带完善基础设施建设，促进人口集聚，建设国内高端会议会展和滨海旅游度假中心，建设高端生活性服务业承接板块。

3."四区"

即知识密集产业区、临港产业区、物流商贸产业区和现代农业产业区。知识密集产业区推动科研机构与高校建设，建设国家级海洋科研基地和青岛高端人才孵化基地。临港产业区完善基础设施建设，推动船舶及配套、重型装备制造、港口物流等产业发展，建设青岛具有战略地位的临港产业集聚区。物流商贸产业区重点发展综合陆路物流和商贸流通，促进商贸和物流的良性互动，建设物流商贸集聚区。现代农业产业区主要分布在西北部地区，加快现代农业基础设施建设，大力推进农业产业化和标准化生产，建设重要的外向型农业基地。

（二）城乡居民点用地空间布局

1."一主一副多组团"的市域城镇布局

（1）一主

中心城区作为城市发展的主中心，主要承担行政、商贸、公共服务功能。按照"强化核心、轴向辐射、分区发展"的原则，升级改造中心城区，形成"一核两轴三片"的空间布局结构。"一核"指青威路以南、城阳界以北、华山三路以东、烟青一级路以西区域，承载行政办公、文化教育中心、商业金融中心功能，形成居住功能齐备、配套设施完善、现代服务业发达的城市中心。"两轴"指由城市核心沿公共交通走廊向外延伸的烟青一级路和蓝鳌路两条集聚发展轴。烟青一级路发展轴是以汽车及零部件制造、高新技术产业为主的产业发展轴；蓝鳌路功能轴是以行政、文体服务为主的公共服务功能轴。"三片"指形成龙泉、龙山和通济三个功能片区。龙泉功能片区为威乌高速以南、青威路以北、龙泉镇以西、宋化泉水库以东区域，是以先进制造业为主导的产业聚集区；龙山功能片区为蓝鳌路以南、城阳界以北、烟青一级路以东区域，是以环保产业为基础、居住和公共服务设施完善的综合性片区；通济功能片区为青威路以南、城阳界以北、华山一路以西区域，是以先进制造业和商贸物流业为主导的综合性片区。

（2）一副

温泉新城作为城市发展的副中心，建设具有国际水平的旅游科研新城。加快基础设施及配套服务设施建设，全面提升综合服务功能，促进人口集聚。依托青岛海洋科学与技术国家实验室、山东大学青岛校区建设，加快引进科研院所，建设国家海洋科研创新基地。

依托港中旅青岛海泉湾、温泉国际会展度假城等，提升旅游度假、会议接待等主体功能，集聚形成温泉新城。

（3）多组团

对一些产业发展潜力较大、环境承载力较好、人口集聚条件优越的区域进行组团式开发，逐步承担起城市建设、人口管理、公共服务等职能，实现富余劳动力的城镇化和本土化。发挥交通区位优势，不断完善城镇基础设施建设，壮大高端产业规模，建设以高新技术产业为主的综合性城镇。促进城镇化发展，建以临港和旅游为主导产业的东部新型城镇。依托产业基础和区位优势，大力发展建材物流，建设成半岛地区的重要物流节点。依托现有农业基础和农业高新区的辐射带动作用，建设成为供应青岛、面向全国的高新农业、农产品批发和深加工基地。

（4）农村社区

按照"规划先行、合理布局，规模开发、集约用地，政府主导、农民主体，因地制宜、循序渐进"的原则，将全市1 033个村庄划分为212个新型农村社区，其中城中村改造型社区38个、功能区整合型54个、小城镇集聚型19个、中心村融合型98个、特色村3个，有序推进村庄集聚改造和融合提升，促进农村人口向社区集中、产业向园区集中、土地向规模经营集中，逐步实现新型农村社区组织融合、服务融合、居住融合、经济融合，实现城乡一体化发展。

2. 中心城区用地控制

加强中心城区建设用地空间管制。在与城市规划协调的基础上，根据新增建设用地规模指标划定中心城区用地规模边界，规模边界范围内为允许建设区。为适应发展方向的不确定性，在中心城区用地规模边界之外划定扩展边界，形成有条件建设区。

四、城乡土地利用空间管制

（一）土地利用综合分区

根据区位条件、资源禀赋、经济社会发展状况，划分为土地利用综合区，包括如下：

1. 东部蓝色经济发展区

位于市域东部沿海，主要土地利用方向：严格控制建设用地规模，优化建设用地布局。利用邻近港口的区位优势，大力发展海洋产业与临港产业、涉海产业。在保护生态环境的前提下，合理开发沿海旅游资源，全力提高滨海旅游休闲度假的层次。

2. 中部城镇发展区

位于市域中部，主要土地利用方向：严格控制城镇建设用地规模，注重城镇用地的内涵挖潜，充分利用闲置土地和存量土地；严格划定城乡建设用地扩展边界，控制城乡建设规模和时序。

3. 西部与北部综合发展区

位于市域西部和北部,主要土地利用方向:大力发展高效、优质粮食作物和经济作物;进一步加强农田基本建设,不断改善农业生产条件;强化农业基础地位,大力发展节水农业;适当扩大城镇面积,逐步缩小农村居民点面积。在保护和改善生态环境的前提下,稳步推进耕地后备资源开发利用,提高土地利用率。

(二)土地用途分区

1. 基本农田保护区

为对基本农田进行特殊保护和管理划定的区域。包括:经市级以上地方人民政府批准确定的粮、棉、油、蔬菜生产基地内的耕地;有良好的水利与水土保持设施的耕地,正在改造或已列入改造规划的中、低产田,农业科研、教学试验田;为基本农田生产和建设服务的农村道路、农田水利、农田防护林和其他农业设施,以及农田之间的零星土地。

2. 一般农地区

在基本农田保护区外为农业生产发展需要划定的区域。包括:现有成片的园地;畜禽和水产养殖用地;城镇绿化隔离带用地;规划期间通过全域土地综合整治增加的耕地和园地;为农业生产和生态建设服务的农田防护林、农村道路、农田水利等其他农业设施,以及农田之间的零星土地。已划入基本农田保护区、建设用地区等土地用途区以外的耕地。

3. 林业用地区

为林业发展需要划定的土地用途区。包括:现有成片的林地(已划入其他土地用途区的林地除外);已列入生态保护和建设实施项目的造林地;规划期间通过全域土地综合整治增加的林地;为林业生产和生态建设服务的运输、营林看护、水源保护、水土保持等设施用地,及其他零星土地。

4. 城镇村建设用地区

为城镇和农村居民点建设需要划定的土地用途区。包括:现有的城市、建制镇、农村居民点;规划预留城市、建制镇、农村居民点;独立建设用地等现状及规划预留的建设用地。

5. 独立工矿区

为独立于城镇村之外的建设发展需要划定的土地用途区。包括:独立于城镇村建设用地区之外、规划期间不改变用途和规划期间已列入规划的能源、环保等建设用地;不宜在居民点内配置的其他用地。

6. 自然与文化遗产保护区

依法认定的各种自然保护区的核心区、地质公园，以及其他具有重要自然与文化价值的区域。将马山国家级自然保护区的核心区划入自然与文化遗产保护区。

7. 生态环境安全控制区

基于生态环境安全目的需要进行土地利用特殊控制的区域。将挪城水库、宋化泉水库、王圈水库、石棚水库、翟家水库、普东水库、团彪水库等划入生态环境安全控制区。

（三）建设用地空间管制

为加强城乡建设用地空间管制，划定允许建设区、有条件建设区、限制建设区和禁止建设区，引导城乡建设用地合理布局。

1. 允许建设区

城乡建设用地规模边界所包含的范围，是现状和规划期内新增城镇、工矿、村庄建设用地规划选址的区域。

2. 有条件建设区

在城乡建设用地规模边界之外、划定规划期内可选择布局的范围边界，用于适应城乡建设布局的不确定性引起规划建设用地区的布局调整。

3. 限制建设区

允许建设区、有条件建设区和禁止建设区以外的其他区域。

4. 禁止建设区

以生态与环境保护空间为主导用途，禁止与主导功能不相符的开发建设的区域。

五、城乡土地生态环境保护

（一）生态功能分区

为加强土地生态建设与环境保护，根据生态市建设要求，进行生态功能分区。

1. 西北部农业生态功能区

该区位于市域西部和北部，以农业为主，部分镇经济基础较好。由于化肥和农药的大量使用，对生态环境的影响较大，造成土壤养分损失，物理性状降低，导致水体富营养化。主要保护方向：改善产业结构和提高生物资源利用率，提高畜牧业比重，发展生态农业，提高农业生态经济效益；合理利用秸秆资源，减少农药、化肥使用量，保护耕地资源；改善农村生产生活环境，实现人与资源共生。

2. 中部城市生态功能区

该区位于市域中部，经济发达，人口稠密。随着经济的不断发展和城市化水平的不断提高，城市规模不断扩大，对环境的压力越来越大。主要保护方向：控制人口快速增长；强化极核中心职能，带动全市经济发展；控制工业企业对环境的污染，科学规划用地布局，调整城市景观结构，改善城市居住环境。

3. 东部沿海景观生态功能区

该区位于市域东部，以低山丘陵为主，沿海各镇依山傍水，岛屿众多，风景秀丽，旅游资源丰富。主要保护方向：坚持保护为主、合理利用的方针，加大水土流失治理力度，创造优良的农业生态环境；坚持有保护地开发、生态优先的原则，合理安排岸线利用；禁止耗水量大、污染严重的项目建设。

（二）自然资源保护

重点对山体资源、植被资源、滨海岸线以及湿地等自然资源进行保护，在所保护的范围内严格控制开发建设活动。

1. 山体资源保护

对于进行旅游开发的山体，应严格控制游览路线以外区域的开发建设活动；禁止毁林种果、开山取石，保持山体轮廓，加强山体绿化；严格控制道路建设对山体的破坏，减少开挖；山区道路建设必须首先进行山体、植被景观、环保等各方面影响的综合评估。

2. 海岛资源保护

对进行旅游开发的岛屿应严格控制环境容量，控制旅游人数，建筑宜低密度、低层开发，避免高强度开发建设；严格保护候鸟过境栖息地和留鸟栖息地；未开发的岛屿在规划期内以林木抚育为重点。

3. 天然景观地貌保护

将天然景观地貌作为特殊自然景观保护区，严禁任何开发建设。

4. 河流和湿地资源的保护

加强对河流与湿地的保护，保全其防洪排涝、维护生态平衡、调节气候、改善景观的功能；严格控制河道两侧及天然湿地周边布置的生产防护绿地和公共绿地，禁止建设行为的侵占。

（三）生态友好型土地利用模式

1. 生态农业型土地利用模式

建设青岛市重要的绿色食品供应基地，加快推进高产优质高效粮食生产示范区建设；以良种化、产业化、标准化、品牌化为目标，加快推进无公害畜产品生产示范基地建设；改变重用轻养的土地利用方式，采用合理的培肥改良土壤措施，做好农田污染防治，提升农产品品质和产量，提高土地利用效益；加强林业建设，提高水源涵养能力。

2. 循环经济型工业土地利用模式

通过信息化带动工业化，走科技含量高、经济效益好、土地利用集约、资源消耗低、环境污染少、人力资源优势得到充分发挥的新型工业化道路，实现工业与生态和谐发展。

3. 生态旅游土地利用模式

发挥山、海、岛、泉、滩等自然资源优势和丰厚的文化底蕴，建设独具特色的海滨温泉度假城市。发展生态旅游，以旅游促进生态保护，以生态保护促进旅游，有序地、有限度地合理利用自然景观资源。

六、城乡全域土地综合整治

（一）基本原则和重点

1. 基本原则

城乡全域土地综合整治应坚持以下基本原则：

（1）保护耕地，提高质量

按照有利于生产、改善环境的要求，以高标准基本农田建设为重点，增加有效耕地面积，提高耕地质量，改善农业生态环境，促进农业标准化、产业化发展，提高农业综合生产能力和农产品竞争力，促进农村经济持续快速发展。

（2）城乡统筹，优化布局

按照统筹城乡发展的要求，稳步推进城镇建设用地整理，积极推进工矿废弃地复垦调整利用，规范推进农村建设用地整理，优化城乡建设用地结构和布局，提高建设用地集约利用水平，促进城乡一体化发展。

（3）因地制宜，注重保护

对低山丘陵区和平原区提出不同的整治方向，采取不同的全域土地综合整治模式。保护和改善土地生态环境，防止和减少水土流失；保留传统农耕文化和民俗文化中的积极元素，提升乡镇景观风貌。

（4）尊重民愿，维护权益

以促进农民增收、农业增效和农村发展为出发点和落脚点，把维护农民合法权益放在首位，坚持群众自愿、因地制宜、量力而行、依法推进，切实保障农民的知情权、参与权和收益权。

2. 全域土地综合整治重点

按照国家有关全域土地综合整治的要求，结合区域经济社会发展需要和土地利用存在的主要问题，确定全域土地综合整治的重点。

（1）加强高标准基本农田建设，提高高产稳产农田比重

建设集中连片、设施配套、高产稳产、生态良好、抗灾能力强，与现代农业生产和经营方式相适应的高标准基本农田。

（2）有效补充耕地数量，不断提高耕地质量

大力开展农用地整理，积极推进工矿废弃地复垦，适度开发宜耕后备土地资源，有效补充耕地数量，不断提高耕地质量。

（3）有序开展城镇建设用地整理，优化城镇发展环境

有序开展"城中村"、老旧小区等城市低效用地改造，提高土地利用效率，提升土地价值，改善人居环境。加快镇驻地全域土地综合整治，稳妥推进镇驻地村庄改造，提升载体功能。

（4）推进新型农村社区建设，促进城乡一体化发展

以构建特色、幸福、宜居的社区为目标，建设功能完善、生态环保、和谐文明的新型农村社区，逐步实现农民居住聚集化、基础设施现代化、农民就地城镇化。

（5）积极开展工矿废弃地复垦调整利用，优化建设用地空间布局

积极推进工矿废弃地复垦，促进废弃地调整利用，充分节约利用土地资源和提高土地综合利用效率。

（6）加强生态环境保护和建设，促进生态环境优化和景观提升

结合造林绿化工程建设，构建城乡空间网络系统。加强退化生境修复，强化历史文化遗存保护，注重乡镇景观特征提升与重建。

（二）农用地整理

加强高标准基本农田建设，提高高产稳产农田比重。通过农用地整理，建设集中连片、设施配套、高产稳产、生态良好、抗灾能力强，与现代农业生产和经营方式相适应的高标准基本农田。

因地制宜开展基本农田建设，促进农业产业化发展。在西部平原区，结合优质粮油示范区建设，完善农田基础设施，提高耕地质量，促进高效农业发展。在东部沿海丘陵区，加快培植特色产业，提升耕地生态功能，建成集水土保持、生态涵养、特色农产品生产于一体的生态型基本农田，促进生态旅游和观光农业发展。

完善农田基础设施，提高耕地质量。在西部平原区，大力发展高效节水工程，推广喷

灌、滴灌、微灌、管灌技术；加强农田水利设施建设，增强农田防洪排涝能力；完善农田路网布局，提高道路的荷载标准和通达度。在东部沿海丘陵区，加大中、低质量等级耕地改造力度，规整田块，合理确定田坎规模，提高机械作业水平；加强小型农田水利设施建设，增加塘坝、大口井数量，提高农田灌溉比重。

加强耕地生态建设，保障生态环境安全。在平原区，积极推进农田林网，建设农田生态防护林体系，增强农田抵抗自然灾害的能力。在丘陵区，加强小流域综合治理，构建有效的水土流失综合防治体系，保障农田生态环境安全。

（三）城乡建设用地整理

加快推进城镇建设用地整理，稳妥推进农村社区建设，积极开展工矿建设用地整理，促进城乡一体化发展。

1. 城镇土地整理

加强中心城区土地整理，提升城市整体形象。突出中心城区的辐射带动作用，坚持"总体规划、分步实施、片区拆迁、组团开发"的原则，以和谐拆迁、稳定开发为目标，在切实维护群众利益的前提下，稳步推进"城中村"和老旧小区改造，改善城区环境，提高居民生活质量，提升城市形象。

加快建制镇土地整理，提高城镇载体功能。加快镇驻地土地整理，稳妥推进镇驻地村庄改造，加快驻地楼宇化进程，高标准配套道路、供气、供水、排水、供电等公共基础设施，提升教育、卫生、文化等公共服务设施水平，提高城镇载体功能。

2. 农村居民点整理

优化农村居民点布局，促进农村社区建设。结合农村经济发展，稳妥推进农村社区建设。对城镇规划范围内的村庄，结合城镇规划，进行城乡土地一体化配置；对农业生产区的村庄，按照地域相近、规模适度、有利于生产的原则，推动新型农村社区建设；对丘陵区的村庄，逐步将规模较小的村庄向新型农村社区或附近规模较大的村迁并。

统筹乡土文化保护，注重乡镇景观风貌提升。充分利用原有村庄用地进行旧村改造，处理好近期建设与远期发展、旧村改造与新村建设的关系。保护具有一定历史价值和文化价值的建筑物等，注重文化的传承；对不同区域的农村社区建设，要采取不同的空间布局和景观设计，体现乡镇特色和区域化差异。

3. 工矿建设用地整理

加大工业园区改造力度，引导工业集聚发展。按照产业集群化、集群园区化、园区专业化发展的要求，统筹工业项目布局，走"集约化、环保化、效益化"的道路，促进工业项目按产业门类向各类产业园区集聚，提升园区的承载能力。

积极推进损毁土地复垦，促进土地合理利用。重点乡镇开展土地复垦，促进耕地保护和生态环境改善。加强工矿废弃地复垦调整利用，盘活存量建设用地，优化建设用地布局，促进土地资源节约、合理和高效利用。

（四）人文与乡土景观保护

1. 协调全域土地综合整治与历史文化遗存保护

加强历史文化名村保护。按照历史文化的原真性要求，加强历史文化名村的保护，避免因城镇土地整理或村庄改造对历史建筑的破坏。

古文化遗址的保护。全域土地综合整治要与历史文化遗迹保护相结合，加强对文物古迹的保护，禁止在保护范围内开展不利于历史文化遗迹保护的全域土地综合整治活动。

2. 提升乡镇生态景观

维系和改善乡镇生态景观的美学和文化价值，提升农村综合发展能力。农用地整理要加强土地生态修复，积极推进沟、路、林、渠生态景观技术应用，建设高标准、高自然价值农田，提高土地综合生产能力。重视村庄整治中的历史和文化传承，保护、修复和强化乡镇景观风貌和特征，对平原区、丘陵区、城乡结合的村庄整合与改造，要采取不同的空间布局和景观设计，体现乡镇特色和区域化差异。

（五）全域土地综合整治模式

高标准基本农田建设—社区聚集—高效农业模式。西部平原区，地势平坦，生产条件相对较好。全域土地综合整治以建设高标准基本农田为主，建设农业示范区，发展高效农业，逐步实施农村居民点向中心村或城镇驻地聚集。

低质量耕地整治—农村居民点迁并—生态农业模式。中东部丘陵区，地势起伏相对较大，低质量耕地较多，生产生活条件相对较差。全域土地综合整治以低质量耕地整治为主，发展生态农业，建设生态型小城镇，改造部分规模较大的村庄，逐步将规模较小的村庄向中心村或镇驻地迁并。对城镇周围的村庄，结合城镇建设，统筹规划，进行城乡土地一体化配置，整域、整村推进，对村庄的耕地等进行集中连片整治。

第三节　镇级全域土地综合整治规划实践

一、全域土地综合整治与乡镇建设发展机理研究

(一)全域土地综合整治的内涵

全域土地综合整治是土地综合整治的进一步演进。两者相比，区别在于"全"，前者是站在"全域"的视角，对更全区域、更全地类、更全类型、更全要素进行整治。从整治范围来说，不同于传统的局部区块，而是以一个村、几个村甚至整个乡镇为单元，统筹规划各类整治活动，实现空间全覆盖；从整治对象方面，由原来集中整治耕地、建设用地等单个要素，转变为强调"田、水、路、林、村"等全要素综合整治；整治目标从单纯的增加耕地面积、改善耕地质量、提升粮食产能转变为以生态服务治理为核心，优化农村生态、生产、生活"三生空间"，实现生产集约、生活提质、生态改善，构建"山水林田湖草"生命共同体；整治模式由以项目为载体、分散整治转换为因地制宜地进行全域规划、全域设计、全域统筹实施。

(二)全域土地综合整治与乡镇建设发展的关系

乡镇全域土地综合整治的实质是乡镇有机更新，主要为实现空间形态、产业发展、生态景观、人居环境、基础设施、乡风文明、乡镇治理的系统性重塑和综合集成创新，是村庄建设发展的基础与推手，也是实施乡镇振兴的重要平台与切入点。

1. 全域土地综合整治是乡村建设发展的基础

土地是农村最大的资源和最重要的生产要素。土地的合理利用是乡镇建设发展过程中最基本的载体和最基础的条件。我国农村缺少统一的建设发展规划，农村居民点建设散乱，产业无序发展，土地浪费现象严重。这些现象也导致基础设施建设投资大而利用率低，很难实现统一的污水和垃圾处理。

全域土地综合整治着眼于全域，其规划设计内容不再囿于土地平整、田间道路与农田水利等，更加注重从全局出发，整体上进行土地布局优化，全要素综合整治，是解决土地利用不合理的最佳手段；注重保护自然环境和修复受损生态，注意环境综合治理与人居环境改善，注意保留当地乡镇文化，是提升乡镇面貌、改善生态环境的重要抓手。而且，从另一方面来说，传统的全域土地综合整治以"地"为主体，而全域土地综合整治以"村"为主体，一定程度上打破了以前全域土地综合整治与乡镇建设基于不同本体所产生的工程

建设重点与技术模式要求不同的藩篱，更有利于促进乡镇的建设。所以说，全域土地综合整治是乡镇建设发展的基础与推手。

2. 全域土地综合整治是乡镇发展振兴的重要平台

新时代背景下，乡镇建设发展的目标是最终实现乡镇振兴，即使乡镇达到产业兴旺、生态宜居、乡风文明、治理有效、生活富裕的目标，实现农业农村现代化。全域土地综合整治肩负着盘活乡镇土地资源、优化国土空间布局、改善农业生产条件、提升村庄人居环境、维护自然生态平衡的责任，其具体目标是形成具有农田连片与村庄集聚形态的土地保护利用格局、符合生态宜居与集约高效导向的农村用地空间结构、适应现代农村与农业需要的土地利用供给体系、满足城乡融合与区域统筹要求的土地要素流动机制、凝聚法治管理与民主自治力量的农村土地管理模式、遵循绿色发展与乡镇振兴战略的农村土地管理制度，两者目标意义一致。

而且社会经济发展的不同阶段对土地利用形态格局有不同的要求，新时代乡镇振兴的背景下，乡镇建设发展要求土地利用主体通过土地综合整治等手段优化土地利用形态，土地利用形态的变化反作用于乡镇的建设发展与振兴。我国土地综合整治的功效与现阶段社会经济发展的需求具有高度的一致性与内在耦合性。全域土地综合整治与乡镇振兴的出发点都在于调整关键发展要素的演进方向，形成各要素间耦合协调发展格局，再加上土地综合整治有政策、有经费、有平台、有技术、有国家战略的支撑和对乡镇发展的独特功能。因此，全域土地综合整治是乡镇发展振兴的重要平台与切入点。

（三）全域土地综合整治在乡镇发展振兴中的作用

1. 全域土地综合整治引领规划调整

推进全域土地综合整治要求基于村土地利用规划，以整乡整村为对象，加强多规融合和规划引导，做到因地制宜。落实到单个村庄，要求以农业现代化为目标，按照农村土地全域综合整治思路，依据土地利用现状和潜力，合理划定功能分区和整治分区，并对高标准农田建设、农田水利设施建设、土地开发整理复垦、工矿废弃地利用等内容做出安排，充分盘活农村存量建设用地，推进农村建设用地整治，对农业生产、村庄建设、产业升级、基础设施、环境保育、文化传承等进行统筹规划引领，不断改善和优化村庄用地空间布局，推进山水林田湖草整体保护、系统修复、综合治理，绘就村庄未来发展的规划蓝图。

2. 全域土地综合整治引领产业转型升级

乡镇长期可持续发展离不开产业支撑。土地以其生产支持功能和空间承载功能支撑着乡镇一二三产业的发展。但现在大多数乡镇土地利用粗放，其中产业用地散乱低效，产业发展无序且滞后，多依赖传统农业、种植业，没有先进设备及技术支持，依旧存在"靠天吃饭"现象，经济效益差。部分乡镇虽然有一些传统制造业，但在如今大力推进供给侧结构性改革以及强调生态文明建设的背景下,或由于产能低、污染重被关停、破产,或因经营方式粗放、技术含量低、用地散乱、生产不成规模而难以适应消费升级,沦为淘汰产业。所以乡镇发展亟须完善产业链结构,进行转型升级。

实施全域土地综合整治,不仅能调整土地利用结构,拓展发展空间,还能撬动产业转型、优化生产力布局,促进一二三产业融合发展。如通过建设用地整理,解决耕地分割细碎、农业配套基础设施缺少、产业用地分散的问题,使农田连片、产业集聚,实现美丽乡镇和产业融合发展用地集约精准配置,引领产业转型升级。

3. 全域土地综合整治引领生活品质改善

土地除前面所述功能外,还以其生态调节功能和文化传承功能影响着农村生活品质的提升,更以其自然增值和资本增值决定着农民家庭财产的增长。村庄整治是全域土地综合整治的重要内容,包含农村居民点整理、基础设施及公共服务设施建设、人居环境治理等方面。

通过农村居民点整理,实现农房集聚,促进村民生活方式的转变;通过基础设施及公共服务设施建设,改变村民生活的硬件条件,提升其生活质量与品质;通过人居环境综合治理,改变垃圾围村等现象,使"脏乱差"变成"大花园",构建整洁、优美的乡镇环境,改变村民的生活方式,使其主动积极参与良好村容村貌的维护保持活动。在综合整治基础上全面推进美丽乡镇建设,居住环境显著改善,生活品质大幅提升,村民幸福感明显增强。

4. 全域土地综合整治引领生态环境发展提升

在农村开展全域土地综合整治,一方面是"山水林田湖草"系统治理从理念到行动的工程载体,是生态文明建设的有力抓手;另一方面是推动乡镇振兴的有效途径,使乡镇振兴与生态文明建设在战略目标和路径上取得了高度统一。

全域土地综合整治秉持生态第一的理念,在实施过程中坚持保护优先、自然恢复为主,综合运用工程、生物等措施修复、提升土地生态功能,营造绿色生态空间,促进村域生态环境质量的整体提升,构建稳定的生态系统,将生态优势最终转化为发展优势。

二、全域土地综合整治规划

按照"更全区域、更全地类、更全类型、更全要素",对"产业兴旺、生态宜居、乡风文明、治理有效、生活富裕"的乡镇振兴总要求,坚持节约集约、因地制宜、以人为本、永续发展的原则,牢守底线,对研究区内土地进行综合整治,实现"田成方,树成行,路相通,渠相连,旱能灌,涝能排"的目标;坚持生态优先、保护为主、推动村域内人居环境治理与生态整治修复,营造良好的村域生态环境。

同时,确定研究区的主导产业,引导一二三产业融合,保证村庄内生动力可持续发展;针对村域内基础设施和公共服务受益的区域及对象,以节约集约、共联共享为目标,整合相关资源,统一规划,优化功能,集中投入,完善基础设施和公共服务设施配置,全面覆盖，确保新农村建设和推进城镇化进一步发展。

（一）农用地整治规划

1. 高标准农田建设工程

因地制宜推进研究区高标准农田建设，主要通过平整土地，建设改善田间道路、水利等生产设施，提升生产条件；通过施用绿肥、商品有机肥、测土配方施肥、水稻秸秆还田等方式提升土壤有机质、改良农田耕作层、平衡土壤养分，提高耕地质量，更好地提升高标准农田综合生产功能。

规划将研究区内划定的永久基本农田优先作为高标准农田建设区，重点对低产田质量进行提升。通过高标准农田建设工程，提高研究区内耕地生产效率，提升农业综合生产能力，促进粮食产业规模化经营，实现农业可持续发展。

2. 耕地质量建设提升工程

由于研究区地处杭嘉湖平原，土壤和耕作条件较好，规划期内全力推进建设占用耕地表土剥离再利用，将拟规划新增建设区域范围内的耕地作为耕作层土壤剥离的对象，根据待剥离耕作层土壤资源和耕作层土壤需求量，科学安排使用计划，合理设置临时堆场，认真组织做好耕作层运输管理，尽量做到"剥—运—覆"同步实施。另外，结合农用地整理工程，提升村域内中低产田耕地质量，同时开展保护性耕作，增强土壤肥力和蓄水保墒能力。

3. 宜耕后备资源开发工程规划

以生态优先、注重保护为前提，对区域内宜农园地等进行适度开发，以增加有效耕地的面积，提高土地利用率，并确保经济、社会、生态的协调发展。

4. 耕地与永久基本农田保护规划

（1）耕地保护

①耕地总量保护

对耕地资源要严格保护，坚持耕地数量—质量—生态并重。全面落实上级规划下达的耕地保护任务，保障优质耕地数量。按照"分级保护、突出重点""谁保护、谁受益"要求，全面实施耕地保护补偿措施。

②耕地占补平衡

严格控制非农建设占用耕地严格控制，尽量不占或者少占耕地，特别是优质耕地，新社区项目无法避让确需占用耕地的，严格执行耕地占补平衡制度，做到"以补定占，先补后占，占优补优，占水田补水田"。积极拓宽补充耕地渠道，现以建设用地复垦为主。

（2）永久基本农田保护

坚持"大稳定、小调整"原则，严格落实上级规划下达的永久基本农田保护任务，依据镇级永久基本农田布局，结合基数转换后的村土地利用规划现状数据，在1∶2 000比例尺图件上进一步细化村级永久基本农田规划布局及保护内容。由于基数转换过程中线状地物与零星地物的转换，永久基本农田实际图上面积减少，根据政策规定将在规划中补齐减少的面积。

对于永久基本农田的保护，将责任落实到地块和个人，签订田块保护责任书，明确田块边界、面积、质量等级、编号等信息，发放保护卡，竖立保护标志，建立健全村级基本农田数据库，实现上图入库、落地到户。确保永久基本农田划足、划优、划实，实现定量、定质、定位、定责保护。

（3）永久基本农田调整优化

建立永久基本农田保护动态调整更新机制。村域建设确须占用永久基本农田的，要做到"先补后占""补足补优"，优先将村域内优质耕地调入基本农田，增加基本农田数量、提升基本农田质量，增强基本农田的连片度、规模化。加强基本农田建设性保护，在保证基本农田总量前提下，适时将零星、村庄建设必需的基本农田调整出基本农田保护范围，将质量高、周边多为永久基本农田的耕地地块补充进基本农田保护范围中，建立基本农田保护动态更新机制，并保证数量不减少、质量有提高。

（二）建设用地整治规划

1. 建设用地整理规划

建设用地整理是根据土地利用规划、全域土地综合整治规划和村镇体系规划，对农村配置不当、利用不合理的分散、闲置、废弃的建设用地实施整理复垦，是补充耕地、缓解用地供需矛盾的一项重要工作。

根据相关政策和研究区实际情况，对现有农居点进行调查和分析，积极听取农民意愿，以提高土地集约利用、调整优化土地利用结构为目的进行整治。考虑村庄的未来发展趋势、布局结构以及农民住宅的建筑质量、搬迁意愿。

2. 经营性建设用地整治规划

利用自身良好的农田基础以及优美的自然环境资源，通过挖掘传统手艺与文化，营造田园生活气息，发展田园风光旅游相关业务，着力打造完善的农业观光旅游产业链与传统文化、技艺体验产业链。房屋先收回村集体，由村统一整治建筑风貌，展现当地文化特色，然后由农户承包经营，村集体统一管理。

3. 建筑风貌整治原则

研究区内现有建筑一部分是外貌较好的新建居住型建筑，风格现代；一部分为传统农居房屋，白墙灰瓦，具江南特色。对村庄内建筑风貌的整治，在于留住乡镇的"形"，为建筑"换新颜"，打造其外形之美。

（1）建筑风貌追求原生态

村内建筑风貌整治在整体上应因地制宜，材料就地取材，多用生态夯土、砖瓦等，保留材料本色质感，如青瓦面、小青砖墙外粉石灰，形成江南民居白墙黛瓦的主色调。

（2）建筑风貌与自然环境融合

建筑设计要秉承生态理念，结合桐乡传统文化，参考原建筑风格，针对实际情况，以最经济的方法对现状乡镇建筑进行改造，使其成为适合乡镇环境、有传统特色、绿色节能的乡镇建筑。

（3）建筑风貌遵循"以人为本"设计原则

结合村民生产生活实际，建筑设计或者改造要符合其生活习惯，满足农村生产生活需求，尊重自然景观，展现农村风貌，在体现"以人为本"原则的基础上，提炼特色元素，如部分建筑枕水而居，院宅相生，在外立面上添加生动点缀，提高广大农民的生活质量。

（三）产业发展规划

产业兴旺是乡镇振兴的重点。产业作为促进村庄内生式发展的重要要素，对其科学合理地规划可成为乡镇后续的发展动力，形成持续的经济支持，使乡镇发展进入良性循环，推动乡镇可持续发展。必须脱离传统对于乡镇产业的认知模式，诸如"乡镇产业就是农业""农业功能就是提供农产品"等，将村庄产业规划置于核心地位。

在现阶段国家深化推进农业供给侧结构性改革的背景下村庄的产业发展要注意以下几点：

1. 把控产业发展方向，做好产业规划

在科学合理制订村庄产业发展规划前，需要结合上位规划的统筹考虑，梳理村庄所拥有的自然资源、文化资源，分析总结村庄在地理区位、现状产业等方面的特点，并充分调查村民发展意愿，首先确定主导产业，把控产业发展的方向。例如，分布在城区或城镇周边的村庄，具有城乡复合特征，更适合发展与城区、镇区产业相配套的产业，主导产业的确定要围绕都市区城乡居民的生活需要和市场需求。而对于远离城市及集中建设区的村庄，更适宜从自身的特色优势资源出发，寻找产业发展方向。以既有资源为基础、市场消费为导向，选择既有自身特色又有市场需求的产品。

2. 促进三产联动融合，打造人才队伍

推动乡镇产业振兴，要紧紧围绕发展现代农业，围绕农村一二三产业融合发展，构建乡镇产业体系。打造专业人才队伍，通过产业联动、联合经营、体制创新等方式，将人才、资本、技术以及资源要素进行统筹集约化配置，有机整合一二三产业，实现产业链延伸。

3. 保障产业用地支持，确定产业布局

清理违章违法建设用地，改善待腾退的低效产业用地，优先利用存量用地，在可建设规模范围内，以适度集中为原则，根据产业发展逻辑，提出新的产业用地布局及发展策略。

第六章　全域土地综合整治文化体系

第一节　认知土地

知地，即认知土地，是指人类为获取生存与发展的物质能量而对土地的自然属性和社会属性所进行的自觉认识。认识土地是人类开发利用土地的前提，也是全域土地综合整治活动得以开展的基础。从古至今，人类在认识和解决人与土地的矛盾中积累了丰富的知地经验，也因此形成了对土地认识的厚重文化。

一、知地需求

从人类发展的历程看，知地需求主要包括生存之需、生活之需、生产之需、生态之需四个部分。这四个部分循序递进，同时又彼此相互制约、相互促进。

（一）生存之需

生存是指人的生命存在。民以食为天，生存的第一法则是获取可以果腹的食物，由此推断，人类最早认知土地的原动力是为满足生存之需。而且，最初的知地不是狭义上的土地（即土壤），而是广义上的土地（即包括地形、气候、土壤、水文、动物、植物六大要素的自然综合体），尤以土地上的动植物为首。在原始社会几百万年的发展历程中，绝大多数时间里人类只是土地所提供食物的索取者。于是，要向土地索取可食之物，寻找食源之地以及辨别食源的性质就成了人类认知土地的动因。

（二）生活之需

生活是指人类生存过程中各项活动的总和，既包括日常衣、食、住、行等各项物质活动，也包括从事学习、工作、社交、休闲、娱乐等精神活动。生活以生存为基础，但又是比生存更高一层的一种人类存在的状态。人类不断提升的生活需求，即从吃饱、吃好发展至吃出品位以及与之类似的其他基本生活需求，人类对土地的认知也随之从土地直接提供的物品向土地所能够提供人类所需物品的内在机理提升，从而建构起人的生活需求与土地供给状况及能力相互关系的认知智慧。

(三)生产之需

生产是指人类从事创造社会财富的活动和过程,狭义的生产仅指创造物质财富的活动和过程,广义的生产还包括精神财富和人自身的生育。与土地开发利用直接相关的狭义上的生产包括三大要素,即劳动、土地和资本。可见,土地是人类最重要的物质生产要素之一,在解决人类生产之需中占有重要地位,它既是人类劳动实施的客体或对象,同时也是人类劳动收获的源泉和基础。人类之所以要开展生产活动,最根本的原因是解决人地之间的矛盾。从古至今,每当人类遇到活动区域的土地资源无法满足人口增长之需的问题时,都会促使人类自觉地认识土地本身的承载力及其与土地相关的各种要素的供给力,由此而建构起人类生产之需与土地开发利用程度相关性的知识体系。

(四)生态之需

生态是指一切生物的生存状态以及生物彼此之间及其与环境之间的关系。人类作为土地生态系统中最具能动性的要素,对土地本身的影响及其周围环境的改造能力都是最强的。人类本是土地生态系统的一分子,在与土地生态系统各要素(如田、水、路、林、村)打交道的过程中,自觉或不自觉地就会去认识接触到的土地生态系统的其他要素,尤其当人类的生产生活遇到土地撂荒、资源短缺、生态恶化等问题时,人类对土地生态系统潜力的挖掘与利用就会极大地促进认知土地的知识积累。为提高土地利用率、缓解人地矛盾、建设生态文明而推进的土地综合整治活动,同样是以认知土地生态系统及其运行机理为前提的。

二、知地方式

知地方式解决的是人类如何认识土地的问题。人类对土地的认识方式总体上经历了一个从自发到自觉、从简单到复杂、从局部到整体的螺旋式上升过程。从认知是否借助工具这一角度,可以将知地方式划分为观察体悟与科学测量两种方式;从土地知识传承角度,可以将知地方式划分为言传身教与宣传教育两种方式。

(一)观察体悟

观察体悟是人类最早也是最为普遍的认知土地的一种方式,是人借助感官接触土地生态系统各要素并经过理性分析,把握土地本身及其生态系统状况与内在规律的方式。人类早期的观察体悟带有不得不与外在的土地生态系统打交道的自发性和被动性,随着土地对于人的重要性和人类对土地可利用性认识程度的加深,人类对土地的观察体悟逐渐体现出自觉性与主动性。观察体悟的前提是人类感官健康与心智成熟,能够客观如实地感知土地生态系统并对其进行"去粗取精、去伪存真、由此及彼、由表及里"的理性分析。这样才能获得正确的知地经验与知识,把握土地生态系统的运行规律。

（二）科学测量

科学测量是人类借助科学仪器设备认知土地生态系统各要素及其与外在环境之间关系的一种方式。这里的仪器设备涉及土地生态系统的各个方面，传统的以步、尺丈量土地，用分水器控制水流，都反映了古人借助工具认知与利用土地的智慧。伴随科技进步，人类认知土地的工具不仅日新月异，而且种类繁多，比如，与地形相关的有光学经纬仪、全站仪等；与土壤相关的有土壤测试仪、土壤水分测定仪等；与水文相关的有水准仪、流量计、流速仪、水位计等；与气候相关的有气体分析仪、空气湿度计、温度计等。测量仪器设备为人类精准认知土地生态系统提供了物质保障，也为人类深刻把握土地生态系统内在机理提供了可能。

（三）言传身教

言传身教是指通过言语讲解或行动示范来传播土地知识的方式，比较广泛地存在于日常与土地打交道的各种生产、生活实践中。尤其在广大的农村，晚辈认知土地的方式多以长辈的言传身教为榜样，在潜移默化的言行中了解和把握土地的属性及其开发利用的功能，充分体现了民众智慧的自发保护与传承。在当代全域土地综合整治活动中，这种言传身教仍能发挥其服务整治文化的弘扬与传播，而且是一股巨大的民间土地开发利用潜能，善用之则能为全域土地综合整治活动的开展提供智力支撑，忽视其功效则易让全域土地综合整治活动流于表层。

（四）宣传教育

宣传教育是指通过有计划、有步骤地科普宣传、教育培训向受众传播土地知识的方式。这种方式带有强烈的自觉组织性和目的性，在开展全域土地综合整治活动的前期被广泛采用。宣传教育是扩大全域土地综合整治影响力的重要手段，也是提高全域土地综合整治科学性的重要保证。由于科普宣传的受众一般情况下是非行业内人士，教育培训的强度和系统性与行业内培训大不相同，因此此类培训多采用面向非特定对象的各类宣传形式。宣传教育根据宣传内容可以分为项目宣传和常识宣传。

项目宣传是指在全域土地综合整治项目开工与建设期间，多部门合作，以宣传手册和宣传单等形式，向社会大众及建设部门内部，深入地宣传全域土地综合整治法律、法规，宣传全域土地综合整治工作在保护资源、保障发展、维护权益、服务社会等方面的新举措、新成果、新形象。宣传工作是为全域土地综合整治工作外优环境、内强素质的工作，是为全域土地综合整治事业引领护航的工作，为推进全域土地综合整治工作统一思想达成共识，创造良好的局部氛围。土地开发整治项目宣传工作的作用是提高项目的知晓度，对人们的心理产生潜移默化的作用。让项目深入人心，极大地提高农户的支持度，调动项目区群众参与全域土地综合整治的积极性，减少阻挠项目施工等现象的发生，不仅有利于项目的开展，也对项目的后期管护起到一定的积极作用。

常识宣传是指将人们易于了解的普通知识，通过给受众以科学、现实的思想和理论以及具体、生动的事实材料，以各种新鲜形式重复思想观点，准确、生动地表达思想观点，以加深受众的印象与记忆。土地常识宣传的作用是向社会大众传播全域土地综合整治的基础知识，提高公众对全域土地综合整治的认识，为推进全域土地综合整治工作创造良好的整体社会氛围。

三、知地内容

知地内容是指人类认识土地的基本内容。因土地兼具自然属性和社会属性，人类对土地的认识内容就包括"自然之地"与"社会之地"两大部分。就"自然之地"而言，主要是指地理学意义上的土地，即地球表面的一个特定地区地面以上及其以下垂直的生物圈中的一切比较稳定或周期循环的要素，如大气、土壤、水文、动植物密度。由此而形成的知地内容包括地形地貌、土壤土肥、水文气象等内容，彼此有机结合，就构成了人类对土地生态系统的整体性认识。有了对"自然之地"的认知，就为因地制宜地开展全域土地综合整治活动奠定了基础。就"社会之地"而言，主要是指人类开发利用土地过程中建立起来的人地之间的关系，具体包括土地资源、土地权属、土地利用、土地保护等内容。有了对"社会之地"的认识，就能在全域土地综合整治活动中合理有效地开发利用土地资源。

（一）地形地貌

地形地貌是土地外在形式的自然呈现。地形是指地势高低起伏的变化，即地表的形态。人类获得的对土地最直观认知就是其地表形态，主要分为高原、山地、平原、丘陵、裂谷、盆地六大基本形态；地貌则是地球表面各种形态的总称，具体指地表以上分布的固定性物体共同呈现出的高低起伏的各种状态。地形与地貌不完全一样，地形偏向于局部，地貌则一定是整体特征。例如，鞍部是地形，山谷是地貌。概括而言，地形是在分析地表形态内外成因基础上对地形的深入认识。随着人类认识工具和手段的更新，对于地形地貌的认识也更加科学与完备。比如，人类通过大地测量可以用等高线绘制出地形图，也可以通过地质构造研究把握高山峡谷形成的原因。中国地域辽阔，不仅有雄伟的高原、起伏的山岭、地势低缓的平原、波状起伏的丘陵，还有四周群山环抱、中间低平的大小盆地。认知土地生态系统的地形地貌，是开展区域性全域土地综合整治的前提，也是提出有针对性整治方案之必需。

（二）土壤土肥

土壤土肥是土地孕育万物的根本所在。早期人类对土地的生命力颇感神奇，很早就开始观察分析土地的构成要素及其生长万物的功能，直至有了科学的土壤分析仪之后，才获得了科学的认知。土壤由岩石风化而成的矿物质，动植物、微生物残体腐解产生的有机质，土壤生物（固相物质）以及水分（液相物质），空气（气相物质），氧化的腐殖质等组成。其中，固相物质包括土壤矿物质、有机质和微生物通过光照抑菌灭菌后得到的养料等，液相物质主要指土壤水分，气相物质指存在于土壤空隙中的空气。土壤中的这三类物质共同构成了一个相互联系、相互制约的矛盾统一体，是土壤肥力的物质基础，为作物生长提供了必需的养料。常言道："一方水土养一方人。"不同类型的土壤，其酸碱性及肥效都有所不同，有的是肥田沃土而被称为膏腴之地，有的则是寸草不生的不毛之地。把握土壤性状与土壤肥力对农作物的影响，既有助于合理补充土地营养与施肥管理，也有助于提出操作性强的改变土壤结构、提升耕地质量的全域土地综合整治方案。

（三）水文气象

水文气象是指土地生态系统中土地表面和大气之间的水分相互作用。这种作用不仅影响土壤的水分变化及其土地的旱涝情况，而且也关系土地孕育的动植物的生存及其发展。人类在开发利用土地的过程中，通过与水循环系统异常所带来的各种水旱灾害斗争，积累了大量的认知经验，也对天地之间、林地之间以及土地自身的水循环规律有了一定的掌握，随着认识的不断深化，特别是现代科学技术的进步，人类不仅对天地之间的水循环形成了宏观的认知，揭示了水文与气象彼此相连的媒介是降水与蒸发，而且也对土地生态系统的水循环进行了微观把握。例如，把入渗、排水、植物吸水、蒸腾和蒸发这些事件作为发生在一小块单一地面以及其上和其下的局部小尺度过程，进行水分循环中的土壤—植物—大气连续统一体的研究，为全域土地综合整治活动开展提供了认识基础以及物理依据。

（四）土地资源

土地资源是指已经被人类所利用和可预见的未来能被人类利用的土地。土地只有对于人类开发利用的目的而言才具有资源的价值和意义。人类对土地资源的认识既包括对高原、山地、丘陵、平原、盆地等自然属性的土地资源的认识，也包括对耕地、林地、草地、居民用地等经济范畴的土地资源的认识。土地资源是人类生存的基本资料和劳动对象，具有质和量两方面的规定性。中国国土辽阔，自然条件复杂，土地资源类型丰富多样，具有绝对数量大但人均占有量少、类型多样但区域差异显著、难以开发利用和质量不高的土地比例较大等特征。经过几千年的开发利用，逐步形成了现今的各种各样的土地利用类型，这为因地制宜开展全域土地综合整治活动，全面发展农、林、牧、副、渔业生产提供了有利条件。

（五）土地权属

土地权属是指人地关系中土地产权的归属。这种权属是对土地的排他性完全权利，小到每一片农用地的权属，大到国家土地的权属。土地权属包括土地所有权、土地使用权、土地租赁权、土地抵押权、土地继承权、地役权和他项权利。全域土地综合整治活动涉及土地权属主体的利益，也涉及土地权属客体的重组与变更。就主体而言，主要包括集体土地所有者、国有土地使用者、集体土地使用者和土地他项权利者，土地所有权人和使用权人享有的土地权利受到法律保障；就客体而言，主要包括土地权属的界址、土地权属面积、土地用途、土地利用条件、土地等级和价格等。全域土地综合整治活动必然导致土权属客体的变更，而且伴随国有土地使用权、集体土地所有权、集体土地使用权、他项权利等土地权利的变化，由此而牵涉土地权属主体的利益，只有征得土地权属主体的同意后，由其提出申请并经过权属审核后才能进行变更登记、颁发证书，否则不具有法律效力。认知土地权属及其变革程序是顺利开展全域土地综合整治活动的必要条件。

（六）土地保护

土地保护是指对已批准的土地利用总体规划所确定各类土地资源用途、范围（面积）、布局，依据国家有关规定、法律、法规、办法、规章实行行政的、经济的、法律的管理与保护，确保各类土地资源得到合理的永续利用。土地保护是人类在对自身不合理开发利用土地资源而造成各种恶果反思基础之上的一种战略选择，也是克制人类无节制开发利用土地的欲望而做出的一种理性选择。土地保护的目的是为了防止土地退化，保证土地永续利用，不断提高土地的生产力。土地保护的主要措施包括两大类：一是采取生物措施保护土地，如营造农田防护林、水土保持等，这类措施具有能持久、综合效益高和投资较少的优点，但也存在工程成效慢的缺点；二是采取工程措施保护土地，如兴修水平梯田、防洪沟和排水沟等，具有见效快的优点，但也有投资较多、年度维修费高等缺点。根据不同全域土地综合整治区的特点采取其中一类或两类并举的保护措施，能够较好地发挥保护土地的作用，取得经济效益、社会效益、生态效益的共赢。

四、知地经验

知地经验是指人类在认知土地生态系统及开发利用土地的过程中积累的经验。这些经验与人类的生产活动密切相关。比如，人类通过耕耘改变土地的结构、保水性、通气性；通过灌溉改变土壤的水分、温度；通过收获农作物带走有机质而改变土地的养分循环；通过施用肥料（化肥、有机肥）补充土壤养分而改变土地的营养元素组成、数量和微生物活动等。在这些人为改变土地生态系统循环状态的一次次成功或失败的经历中，通过不断总结，形成了一些颇有指导意义的经验，主要包括用养结合、地力常新、水土相宜、人地和谐等。

（一）用养结合

用养结合是解决作物生长所需能源与土地供给能力二者之间矛盾而采取的一种智慧地利用土地的方式。任何作物的生长都要吸收、消耗土地蕴藏的能源，土地也因此而日益贫瘠影响作物产量和质量。在人少荒地多的早期农耕时期，多采用生荒耕作方式，先砍一片树林，点火烧荒，然后耕地、播种、收获。当地力下降时，就将该片土地抛荒不再使用，再砍另一片未曾开垦的树林烧荒耕作。随着人口的增加，抛荒若干年后的土地再度被人们开垦利用，就出现了熟荒耕作方式。土地经过几年、十几年甚至几十年抛荒，依靠自然植被的复苏而恢复地力，再度开垦要比开发生荒地省力，也可达到用养结合持续利用的目的。后来，人们为了加快土地利用的步伐，实行周期更短、更有次序的轮种轮休，因此发明了休闲耕作方式。这种方式充分体现了中国先民在合理使用土地时用养结合的智慧。由于施肥技术的进步以及铁犁牛耕技术的推广普及，在地力能够快速恢复的前提下，休闲轮作方式逐渐被连作制取代，不仅如此，还进一步总结出来轮作复种制、一年两熟制、两年三熟制和四年五熟制。由此可见，缩短土地利用周期的时间充满了对土地和作物认知规律有效利用的智慧。

（二）地力常新

地力常新是通过自然或人工的方式恢复地力以保持土地能源满足耕作需求的提升土地质量方式。无论是生荒耕作制还是熟荒耕作制，都是依靠阳光雨露、植被复苏等自然能源的投入来恢复地力的方式，体现了先民对土地生息规律的充分尊重。但是，依靠自然力的恢复来保持地力毕竟用时较长，为了能够在更短的时间内恢复地力，古代先民经过长期实践，总结了多种快速恢复地力的方法，比如，通过人工翻耕，增加劳动能源的投入，使土壤表层形成由细土粒组成的覆盖层，切断土壤蒸发孔道，从而保持土壤水分，有利于植物生长；又如，采用人工施肥（包括人粪、猪粪、牛粪、马粪、羊粪以及用作绿肥的自然杂草）的方法，延缓土地贫瘠速度并尽快恢复土壤肥力，保证农作物生产对能源的需求；再如，华东先民用戽斗汲取河中泥水灌田，因河泥含有大量的有机质，能通过土壤自然的化学、生物机能，转化为可供农作物直接吸收的无机肥；再比如，长江沿岸的草市上有专门出售石灰做肥料的，农民购买后撒到稻田里，可以利用石灰的碱性来改变土壤的酸性，达到改良土壤的目的，以利作物的生长。此外，还有基肥、种肥和追肥的分期施肥方法，针对不同农作物施用不同肥料的方法，如此等等。保持地力常新的诸多施肥方法无不体现了中国传统利用土地的优秀经验和高超智慧。

（三）水土相宜

水土相宜是运用人工技巧解决水土矛盾以利于农耕活动开展而获得较大收益的协调水土关系的方式。人类在长期生产生活实践中，不仅总结出水土相适应才能保证土地物产丰收的经验，而且也创造发明了许多解决水与土矛盾的技术。除了常用水车进行提水灌溉以及西北"坎儿井"的蓄水工程彰显的人工巧智之外，还有许多处理水土矛盾的办法。比如，先民最初通过烧山垦田形成"畲田"，这种耕作方式不设堤埂顺坡耕种，因自然植被遭破坏，雨季来临，田土伴着水流顺坡而下，造成严重的水土流失，"历三岁，土脉竭，不可复树矣"。为解决水土流失问题，中国先民在借鉴芍陂蓄水经验的基础上，建造坡田，修筑陂塘，不仅提高了山间谷地找平耕地的水平，还创造了举世闻名的"梯田"文化。又如，我国南方河湖纵横，滩地很多，中国先民利用挖塘、筑堰、垒坝等"围水造田"的方式开发利用滩地，不仅建造了众多的"圩田"，形成了护堤、涵闸、沟渠相结合的塘浦圩田系统，旱涝保收，而且把湖田开发与灌溉、航运、植树、养护等经济活动综合起来，体现了田水路林统筹规划设计的经验升华。

（四）人地和谐

人地和谐是指人类与土地之间在一定条件下达到动态统一的一种状态。这种状态既是人类在生产生活中与土地和谐相处、共赢发展的高度概括，也是人类对违背土地生态系统运行规律而遭受各种惩罚的理性反思后所追求的目标。正确处理人与土地生态系统的关系，促进人地和谐发展，是生态文明建设的核心命题，也是全域土地综合整治的宗旨之一。人地和谐主要表现为人尊重土地生态系统运行规律、合理开发利用土地、土地承载力适当、修复时间正常、物产能够满足人类需求，人与土地相辅相成、互利互惠、共同发展。然而，长期以来，人类生产活动行进在"先破坏，后治理"的道路上，这种以破坏土地生态系统为代价的发展模式，虽然在一定程度上促进了农村经济的发展，但也致使人类付出了土地污染难以修复的沉重代价，导致人地矛盾加剧。加之人类对土地资源的需求刚性不断上升，而土地供给刚性不足，特别是伴随工业化、城市化步伐的加快，区域发展不平衡，造成人地关系日益紧张，资源承载力堪忧，保护土地、珍爱国土已经刻不容缓。当前，土地综合整治就是着力推进土地生态系统绿色发展、循环发展、低碳发展的重要措施，最终目的就是构建人地和谐关系，促进生态文明建设。

第二节 敬重土地

一、依赖土地

（一）生命之源

土地是人类的生命之源。从人类诞生之日起，土地就给予了人类立足之地，对土地的依赖成了人类与生俱来的一种本能。为了生存，人类必然要从土地上获取衣食住行所需的最基本的生活资料。中国自古就有"万物土中生"的原初认识，而对土地提供之物是否可食、可穿、可住、可行进行辨别就是最朴素的认知土地的文化发端。土地生态系统提供了人类生存的基本物质资料，而土地的空间承载功能则为人类提供了日常生产、生活以及居住的空间。

（二）发展之根

土地是人类的发展之根。为了发展，人类需要土地提供更多的生产实践活动的资源，无论是可再生资源还是不可再生资源。人类认知土地利用潜力的步伐始终没有停止过，而且在加大前行的步伐。当土地资源成为人类发展制约因素之时，人类对土地的依赖程度则愈来愈高，一旦离开土地，人类就会失去生存的土壤和发展的根本。所以，人类的生存与发展都是建立在依赖土地本身及其产出的基础之上的。

（三）社稷之本

土地是一个国家的社稷之本。土地对于一个国家而言就是国土。任何一个国家，都要有其主权管辖范围内的地域空间，即要有其所属的国土才能称其为是一个国家。国土包括国家的陆地、陆上水域、内水、领海以及它们的底土和上空，它是由各种自然要素和人文要素组成的物质实体，是一个国家社会经济发展的物质基础或资源，也是国民生存和从事各种活动的场所或环境。古之"普天之下，莫非王土"就是人们对国土的一种认知，今之"国土神圣不可侵犯"更是人民对国土依赖的权利表达。

二、敬重土地

（一）敬畏土地

敬畏土地是人类对土地知之较少情况下而产生的一种心理反应及行为表达。这种态度的产生大致基于以下两种情况：一是当早期的人类认识到土地能够给各种植物和动物的生长提供能源而有春华秋实的收获时，不自觉地会生发对土地这一伟力的敬畏，进而通过活动来表达对土地的敬仰之心，并祈求土地能够不断赋予人类更多的收成，久而久之，就形成了一系列的带有自然崇拜或信仰特征的仪式；二是当人类对地震、洪水、火灾、泥石流等自然灾害毁坏土地无法解释时，难免产生对这些惩罚力量的恐惧，也会通过一些活动来消解对自然力惩罚的惧怕，以求得土地的安泰与人类的安康。

（二）高估土地

高估土地是人类无限度地夸大人的利用能力或土地利用潜力而导致的一种片面态度和行为。这种态度是敬重土地的负面反映，在历史和现实中均有存在。"人有多大胆，地有多大产"就是这种态度最突出的表达。从人类对土地的利用能力方面看，任何一种生产工具都要受土地数量及其可开发程度的制约，如果一味地追求单位面积的产出率而盲目夸大人的自觉能动性，势必造成对土地的破坏性利用；从土地开发利用的潜力看，在"人类中心主义"的观念指导下，为追求经济发展的高速度，失去了对土地应有的敬畏之心，将土地视为要听从人类使唤的奴仆，恣意开发利用土地，无节制地向土地索取，最终必然造成资源的极大浪费和环境的巨大破坏。

（三）尊重土地

尊重土地是人类正确对待人与土地关系的一种科学态度。科技发展到今天，人类对土地的认识和利用已经取得了前所未有的重大突破，但仍然处于揭示土地生态系统运行规律的探索状态中，即便有朝一日达到了对土地及其运行机理相对完整的认识，也需要继续保持那份对土地的自觉尊重。这种尊重基于对轻视土地带来的种种恶果反思后的人类警醒，是以人地和谐为指导的重塑人与土地态度的理智选择，不仅包括尊重土地生态系统内外运行的规律，而且包括尊重国家全域土地综合整治的战略部署以及民众开发利用土地的意愿。只有尊重土地，才能赢得全域土地综合整治的主动权。

三、热爱土地

（一）亲近土地

亲近土地既可以是被动亲近，也可以是主动亲近。前者多指为了生存和其他特殊原因不得不近距离地与土地打交道，在心理上往往带有无奈选择的被动倾向；后者则建立在心理接受的基础上，愿意主动地运用生产工具投入开发利用土地的工作中，体验和享受这个过程中的酸甜苦辣，通过不懈努力，让自己的智慧在土地上绽放出最美的光彩，从中体验自我价值感和存在感。

（二）珍爱土地

珍爱土地既表现为个人、集体或国家为了土地所有权而进行的寸土必争的努力，也表现为国家为了优化土地资源而有计划、有步骤地开展的全域土地综合整治活动。在人地矛盾解困路径探索中，前者带有更多的为了利益而争的功利色彩，后者则更倾向于资源重组的合理配置。

（三）奉献土地

奉献土地既是一种用辛勤的汗水和诚实的劳动投入土地开发利用活动的付出，也是一种生命终结叶落归根的恋土情结，更是一种用生命捍卫故土和国土的崇高行为。投入劳动的奉献是为了求得耕种土地以获得春华秋实的物质回报；解甲归田的故土难离实现的则是回归大地的精神皈依；不惜任何代价守护土地的牺牲精神是国家观在人类行为中的一种具体体现，是对土地最为纯粹的奉献。

第三节 利用土地

一、刀耕火种

刀耕火种是原始农业的标志，也是距今4 000年至1.4万年的新石器时代就开始采用的一种开发利用土地的方式。据考证，西亚、北非和欧洲不仅是新石器发展较早的地区，而且是农业起源最早的地区，在距今1万年左右，中国进入了新石器时代，农业的产生标志着土地开发利用之始。在当时中国的三大经济文化区中，就有两个开始呈现出全域土地综合整治文化：其一是以黄河中下游、辽河和海河流域等地为主形成的旱地农业经济文化区，这片土地孕育生发的中国早期粟、黍等旱地农耕文化就奠基于旱地土地整理之上，大地湾遗址、上山遗址、半坡遗址和大汶口遗址等就是最好的明证；其二是以长江中下游为主的水田农业经济文化区，是中国稻作农业的重要起源地，标志着中国早期水田整理的物质文化成就，距今 7 000 年的河姆渡遗址出土物中发现水稻遗存，证明了长江下游及其附近地区是中国也是世界水稻栽培的起源中心，当然也就是水田土地整理文化的起源中心。而大约占全国面积 2/3 的长城以北的东北大部、内蒙古及新疆和青藏高原等地属于狩猎采集经济文化区，除个别地方外基本上没有农业，其全域土地综合整治文化相对发育较晚。刀耕火种蕴藏着人类朴素的用地智慧：垦荒种地、人随地移、应时而作、烧荒防灾。

（一）垦荒种地

无论是旱地农业经济文化区还是水田农业经济文化区，由于所使用的磨制石器的局限，拓荒为田的全域土地综合整治方式极其粗放。一般是先用石斧等工具砍倒地面上的树木和杂草，待其晒干后放火焚烧，烧过的土地变得松软，地表的草木灰也随雨水浸入土壤而成肥料，再用掘土的棍或锄，挖出小坑，投入几粒种子，盖上土，就任其吸收土壤的肥力自然生长，或者用磨制的石犁、石锄等工具耕田播种。这种"刀耕火种"的全域土地综合整治范围相当有限，而且当土壤肥力减退时，就会弃耕，再去开发一片新的田地。公元前 5 000～公元前 3 000 年的黄河中游仰韶文化区就采用这种刀耕火种、土地轮休的方式种植粟、黍，由于耕作方式非常粗放，亩产只有 50 千克左右，用"种一偏坡，收一箩箩"描述实不为过。新石器刀耕火种的全域土地综合整治方式在新中国成立前后的云南、海南的一些边远地区有一定范围遗存。这种全域土地综合整治的文化表现多以物态形式存在于一定区域及一定时间（1 年或 2～3 年）范围内，会随弃耕而改变呈现的空间，而且会因地形地貌不同和所种植的农作物品种不同而改变其外在形状和四季样态，故其文化样态也具有了时限性与易变性。

（二）人随地移

刀耕火种看似随意烧山、随意垦殖、随意点种、随意收获，却在中国和世界的许多民族中普遍存在，而且延续了千百年。这种全域土地综合整治方式内蕴的土地利用智慧彰显了人类对土地生态系统的合理认知和使用。如果说最初开始的刀耕火种带有一定的随意性，那么在其后不断重复的实践中人们就总结了规律性利用的经验，看似随意烧山垦殖，实则有一套精心规划而重复利用的规则。比如，刀耕火种的族群（如云南的佤族、怒族、独龙族、景颇族、布朗族等）会以生活的地点为中心（或以村寨为单位），把一定半径范围内可供刀耕火种的土地分成若干份，一年烧耕一份地，若干年后轮回一次。每一次的轮回烧耕都是对原有土地的再利用，对土地自然力的尊重并顺应表达了人与自然和谐相处的朴素理念。

（三）应时而作

刀耕火种非常讲究时机的把握，可以说，时机的选择也是一门学问。烧早了不能马上播种，杂草就有了生长的机会；烧晚了又会误了农时，导致收成不好。耕种的时间越短，树根就越容易复生，植被也越容易恢复，水土流失也就越少，地力就可以保持常新，从而形成良性循环。而对种植的作物也有学问，很多民族实施着不同的套种方案，一块地里既有空中吊的（陆稻、豆、粟等），又有地面爬的（南瓜等），还有地下钻的（山药等），多达十几种甚至几十种，充分地利用了阳光和土地，故又称"百宝地"。尹绍亭先生认为"百宝地"远比固定耕地的综合收益要高，同时所需的工时要比轮作的锄耕和犁耕田少一半，主要省在除草和杀虫上。

（四）生态防灾

刀耕火种的族群在进行砍树、烧荒、播种、收获的每一道程序时，都要遵循长期以来形成的规则。比如，在烧山前，要清理出防火道，烧山时要派专人把守在防火道旁，以免山火越界引起火灾。又如，在砍树时，大树留桩，小树留根，为的是弃耕时树又能再次生发。再如，一些族群还会在火烧地植树，有的会种速生的水冬瓜树，这种树生长快速而且枝繁叶茂，落叶可以增加土壤肥力，根瘤菌还可以固氮；怒江独龙族和怒族则会栽种树苗。这些行为都源于刀耕火种地域族群对土地生态系统恢复重建深厚的认知。

刀耕火种的烧荒可以改变土壤的酸碱平衡以及减少病虫害。比如，云南的红土多为酸性，而烧了的草木则为碱性，酸碱中和后可以改良土壤。又如，大火把草籽和虫卵烧熟了，播下的种子生长时就较少受到病虫害的侵袭，而且也省去了除草的繁重劳动。刀耕火种的浅表耕种有其可取之处，因为深耕不仅会把草木灰埋到土壤下面，而且土壤深处的虫卵和草根也会随之翻上来，对作物的生长多少带来一些不利的影响。趋利避害的智慧选择充满了对土地利用的合理认知。

二、沟洫圳亩

沟洫圳亩代表的是原始农业向精耕细作农业过渡时期的土地利用方式。从公元前2 070年的夏朝开始，经商代、西周一直到东周的春秋战国为止，前后历经2 000余年。这一时期仍广泛使用木石工具，后因青铜工具的兴起及其广泛应用于农业生产活动中，木石工具的一部分渐为青铜工具取代，由于耒耜、锄镬等重要农具安上了金属刃套，生产效率极大提高。这一阶段的后期，铁制农具和牛拉耕犁均已出现。由于生产工具的改进，对土地的开发利用也上了一个台阶。沟洫圳亩内蕴的土地开发利用智慧主要表现为开沟排水、起垄为地、爰田易居。

（一）开沟排水

开沟排水是向沼泽地要土地的重要途径。因当时的耕地主要在华北平原和其他江河两岸地比较平的地区，这些地区大多沼泽遍布，要发展农业就需要开沟排水。沟洫即田间水道,现今常用"水渠"喻之。"圳"则指田边的水沟,能够保证田水外流而不渍田。开沟排水的沟洫最直接的功效就是疏浚积水,让原有较高位的水降低水平面或顺沟流走。通过此法,将沼泽地或水渍地中的水有效地排出。此乃农田水利工程的雏形,耳熟能详的大禹治水传说就是沟洫农业确立的标志,而沟洫农业是黄河中下游华夏农业的主导形式。

(二)起垄为地

起垄为地意指用工具将处于水渍中的泥土堆砌成垄而成为可以耕种的田地。开沟势必将一部分泥土挖起垒于其他的泥土之上,两侧开沟则中间泥土就会隆起,由此而形成地垄。高出水面的地垄可以直接在阳光下暴晒而逐渐变干,土壤的生物结构也由此发生一定的变化,日趋有利于栽种作物。沟洫的作用不在于灌溉,而在于排水;圳亩的作用不在于储水,而在于起垄。可见,依靠沟池发展起来的是旱地农业而不是灌溉农业。当时的农业劳动主要采取两个人简单协作的耦耕方式。这种方式对耕地的选择、布置、整治,农时的掌握,品种的选育,播种,管理,除草,治虫等都有积极作用,垄作形式的旱地整治推动农业发展到一个新的水平。甲骨文中的"田"字、其他有关的象形文字的形状都证明了当时沟洫圳亩文化样态的普遍存在。

(三)爰田易居

爰田易居是指人类因土地在种植三年后地力下降为更换土地而迁徙住地,以进行调整。这是一种休闲轮作方式,周代的先民因沟池农业相适应,从刀耕火种的拾荒制进入了易田而作的休闲制。沟洫圳亩之地一般连续耕种三年后就地力耗竭,需要抛荒休闲,居住在这片土地附近的农民也随之迁徙住地,这就形成了轮作制。到了春秋战国时代,土地开发利用技术随着生产力的进步而有所提高,特别是施肥技术开始用于改善土地肥力,三年之后的土地仍可继续为人类服务,蕾、新、畬的耕作方式随之渐失。

三、耕耙保墒

耕耙保墒是北方旱地精耕细作农业成型期的一种全域土地综合整治方式。自战国开始,经秦、汉、魏、晋至南北朝渐趋成熟,前后历经1 000余年,是我国封建地主经济制度形成和向上发展时期的农田开发利用方式。铁犁整田和畜力助耕是这一时期农业生产工具和动力的主要特点。农业动力则由人力发展到畜力、水力和风力。农具及其动力的革新使农业生产效率大为提高,农业精耕细作的技术体系开始形成并走向成熟。耕耙保墒的北方土地开发利用智慧主要表现为平田润土、培肥地力、连作换茬。

(一)平田润土

平田润土主要指农作区采用"耕—耙—耢"一整套耕作措施达到抗旱保墒目的的全域土地综合整治方式。"耕—耙—耢"是起源于南北朝时期的一种精耕细作技术,在北方是耕耙格,在南方是耕耙技术。"耕",指耕地。在当时既有采用人力方式耕地的,也有借助牛耕畜力耕地的，都是土地整理的方式，但后者相比于前者解放了劳动力，也提高了耕地的效率。"耙"，指将土地犁出沟。主要用牛牵引的铁齿榛、铁齿耙等把土块耙碎，耙地时，人站在或坐在铁齿榛上驾牛，以增加重量。甘肃嘉峪关出土的画像砖和甘肃酒泉丁家闸出土的壁画就形象地描绘了牛拉铁齿耙地的场景。耢指将土地表层碾磨成粉末。农器图谱之"耢"有三根耙梃，用柳条或荆条扭曲弯回绞套。先秦秦汉时期称碎土与平整耕地的这道工序为"耱"。"耢"是手执的木器，是弄碎土块、平整土地用的一种农具；而"耨"是古代锄草的农具，形似"V"，两刃部有细锯齿，便于切割草的根茎。魏晋南北朝时期的耕也是用牛牵引，耕一般没有齿，用柳条或树枝等编成，驾驶者通常也是站在或坐在耕上。"耕—耙—耢"的全域土地综合整治技术使田平而土润，不仅适合黄河中下游地区气候干燥、春夏少雨、蒸发量大的旱地耕作，而且能有效地缓解80%左右的降水集中在七至九月而其他时间降水较少与农作物生长需求水之间的矛盾，是这一时期的先民土地利用智慧的结晶。魏晋南北朝以后，我国北方基本上沿用了这一精耕细作的全域土地综合整治技术。

（二）培肥地力

培肥地力是采用人工方式增加土地肥力以供作物生长之需的全域土地综合整治方式。在这一时期，人工施肥技术受到人们的普遍重视，一方面，将人畜粪尿等有机肥投入田间，不仅提高了土壤有机质含量、提供作物养分、维持培肥地力，而且可以改良土壤结构、提高作物种植品质。另一方面，也将当时普遍种植的大豆和小麦的秸秆还田。大豆有较强的培肥地力的作用，而且"保岁易为"，在春秋战国时曾一度与粟并列为主要粮食，当"耕—耙—耢"全域土地综合整治方式被普遍采用后，旱地抗旱防涝能力极大提高，大豆种植面积逐渐缩小并开始从主食向副食转变，尽管如此，豆类作物作为禾谷作物的良好前作，始终被广泛种植。与此同时，伴随石磨的推广以及面食精细化，冬麦的种植面积不断增加。豆、麦秸秆还田肥地，不仅可以增加作物产量，而且能够减少土壤养分扩散和蒸发，提高土壤蓄水保墒的能力，从而缓解水土流失。此外，这一时期的先民也采用墙土作为肥料来增强土壤肥力。

（三）连作换茬

连作换茬是一年内在同一田地上通过种植不同的作物而实现连年耕作的利用土地方式。在农业生产上，把轮作中的前作物（前茬）和后作物（后茬）的轮换，通称为"换茬"或"倒茬"，连作也因此被称为"重茬"。战国至南北朝时期，由于井田制的破坏和牛犁的推广，沟洫农业走向衰落，南方因实施水利灌溉工程促进了水田耕作，北方旱地农业则从休闲制转向连作制，而且这一时期的先民创造了丰富多彩的轮作倒茬方式，以克服连续种植同一作物或近缘作物而导致的生产量降低、品质变劣、生育状况变差等连作障碍。当时的豆类作物与冬麦连作既有利于改变作物构成实现轮作倒茬，也有效地解决了"接绝续乏"的问题，更重要的是豆麦根系及其秸秆还田对培养和形成土壤团粒有良好的促进作用。一般而言，一年生或多年生的禾本科或豆科作物生长健壮，根系发达，能促进土壤团粒形成，对改良土壤结构、培肥地力具有重要作用。此乃这一时期先民以连作换茬方式提升土地质量的智慧选择。

四、精耕细作

塘浦圩田主要是指南方水田精耕细作农业扩展期的一种全域土地综合整治方式，自隋朝开始，经过唐、宋、辽、夏、金，至元代发展成熟，前后经历近800年，是伴随我国地主经济从均田制走向租佃制、全国经济重心从黄河流域向长江以南地区转移而发展起来的典型农村土地开发利用方式。这一时期农业生产工具有了质的飞跃，出现了包括11个部件的结构完整、使用轻便的曲辕犁，用于深耕的铁搭以及适应南方水田作业的龙骨车、秧马和联合作业的粪耧、推镰、水转连磨等高效农具。至此，用于旱地、水田的农具均已配套齐全，且几乎达到完善的地步，为土地全面开发利用奠定了基础，北方旱地农业技术在此期间继续向前发展但相对缓慢，南方水田精耕细作技术体系因塘浦圩田、山丘梯田的突破性进展而获得迅猛发展。因此，这一时期精耕细作的智慧成果主要表现为山丘梯田、塘浦圩田、轮作复种。

（一）山丘梯田

山丘梯田是在丘陵山坡地上沿等高线方向修筑的条状阶台式或波浪式断面的田地。梯田对于治理坡耕地水土流失问题非常有效，其蓄水、保土、增产功效显著。梯田因其通风透光条件好，有利于作物生长和营养物质的积累。根据田面坡度状况，可以将梯田分为水平梯田、反坡梯田、坡式梯田、复式梯田、隔坡梯田、宽燻梯田；根据地坎建筑材料，可以将梯田分为土坎梯田、石坎梯田、土石混合坎梯田；根据种植利用情况，可以将梯田分为水稻梯田、旱作梯田、造林梯田、果树梯田、茶园梯田、桑园梯田和橡胶梯田等。

（二）塘浦圩田

塘浦圩田是综合运用浚河、筑堤、建闸等措施将耕种田地建设成棋盘化的水网圩田的一种全域土地综合整治方式。"塘"指堤岸、堤防，东西走向，连接各纵向的人工河流水系，主要用于储蓄积水、建筑门堰，方便控制灌溉，也可以用于调节水量；"浦"指与江河湖泊相通的沟渠，可以将多余的水排入江湖，遇到天旱时可以引用湖水灌溉；"圩田"指"水行于圩外，田成于圩内"的农田，根据地势可分为高田与低田。塘浦圩田是江南先民为解决人地矛盾，在长期治田治水的生产实践中创造的"与水争地"的一种农田开发方式，也称之为"围田"，是江苏西南部、安徽南部和浙江西北部的人们广泛采用的土地利用方式。

（三）轮作复种

轮作复种是指在同一块田地上有顺序地在季节间和年度间轮换种植不同作物或复种组合的种植方式，这种方式是用地养地相结合的一种生物学措施。轮作复种有利于均衡利用土壤的养分，可以有效地改善土壤的理化性状，调节土壤肥力，同时也能够较好地防治病、虫、草害。中国旱地多采用以禾谷类为主或禾谷类作物、经济作物与豆类作物的轮换或与绿肥作物的轮换，有的水稻田实行与旱作物轮换种植的水旱轮作。从隋朝至元代，轮作复种的耕作制度有了一定发展，最突出的是南方以稻麦复种为主的一年两熟制已相当普遍。为了满足一年两熟或多熟的作物生长需要，这一时期的先民特别重视通过施肥来补充地力，肥料的种类也不断增加，讲求沤制和施用技术。为了解决日益突出的人地矛盾，只有提高土地利用率来解决粮食问题。在一年两熟的基础上，多熟种植开始并迅速发展成这一时期农业生产的突出标志。在江南地区，开始推广双季稻；在华南地区，出现了一年三熟的种植制度；在北方，两年三熟制获得了发展；有些地方甚至出现了粮菜间套作的一年三熟和两年三熟的最大限度利用土地的方式。

第四节　整治土地

一、整治理念

全域土地综合整治理念是全域土地综合整治活动的主体对整治客体及整治活动所持有的基本观点及系统认识的高度集中体现。整治理念既可指导全域土地综合整治活动的开展，也会因时代的变化而不断更新。从土地综合整治的对象、过程、目标等方面，可以将全域土地综合整治理念划分为生命共同体、师法自然人工诱导、生态可持续发展等。

（一）生命共同体

生命共同体的整治理念是基于人与自然和谐相处的理念协调田、水、路、林、村各要素使其共同发展的基本观点。该理念是全域土地综合整治的思想前提和基本出发点。其基本观点是将田、水、路、林、村视为一个生命共同体，坚持以共同体各要素协调发展作为全域土地综合整治的理念，认为人的命脉在田，田的命脉在水，水的命脉在山，山的命脉在土，土的命脉在树。田、水、路、林、村当中任何一个要素的整治都会牵一发而动全身，影响整个生命共同体的整体功能。无论是开发利用还是生态修复都必须统筹考虑各要素的协调，如果种树的只管种树、治水的只管治水、护田的单纯护田，很容易顾此失彼，最终造成生命共同体的功能缺失。不能以破坏生命共同体的和谐统一来换取全域土地综合整治效益，只有把改善生态环境放在整治的重要位置，才能做到开发中保护、保护中开发。由此，土地综合整治需要从整个生命共同体协调发展的视角进行宏观的统筹，既要满足生命共同体良性发展的要求，又要协调田、水、路、林、村各要素单一整治的矛盾，以局部服从整体的大局观为重，各要素彼此协同共进。

（二）师法自然人工诱导

师法自然人工诱导的整治理念是指在具体的整治过程中，以顺应自然发展规律为根本，充分发挥人的主观能动性对田、水、路、林、村进行综合整治的基本观点。中国道家提倡"师法自然"，田、水、路、林、村五大要素均有其自然属性，也都要遵循各自所属领域自然物的发展规律。与此同时，这五大要素又均为土地综合整治的对象，与生命共同体的和谐统一尚有差距，需要通过人工诱导的整治来实现有序发展，这就决定了土地综合整治既具有自然属性，又具有社会属性。不能为顺其自然属性而忽视人工诱导促进生命共同体和谐发展的加速度作用，也不能为了满足人工诱导的主观需求而忽视自然规律的制约作用。唯有摒弃坐享其成的宿命观与"人定胜天"的唯意志论，自觉地在尊重生命共同体发展规律的前提下充分发挥人的主观能动性，才能找到"师法自然"与"人工诱导"并举的平衡点，实现土地综合整治的经济、社会、生态效益共赢。

（三）土地可持续发展

土地可持续发展是全域土地综合整治要遵循既满足当代人对土地资源数量、质量和区位等需求，又不对后代人满足其需求造成危害的土地生态系统持续发展观。这种持续发展的理念主要体现在三个方面：①全域土地综合整治要保证土地生态系统内部田、水、路、林、村各要素既能相对独立持续发展，又共同构成一个统一的整体而协同持续发展，是一种既注重局部又重视整体的可持续；②全域土地综合整治要保证土地生态系统在整治时限范围内良性发展，同时也要保证土地生态系统未来能够有良性发展的潜力，是一种既关照近期又注重长远的可持续；③全域土地综合整治要保证土地生态系统自身的持续发展，又要保证土地生态系统与其他系统及外在环境友好发展，是一种既为了自身又为了大家的可持续。可以采取全域土地综合整治产业化管理、认真编辑科学的土地开发整理规划、实行有利于全域土地综合整治的优惠政策、建立高素质的全域土地综合整治专业技术队伍等措施促进全域土地综合整治可持续发展，为促进社会经济发展奠定坚实的物质基础。

二、整地思维

整地思维，及全域土地综合整治思维方式，是基于前人、常人的基础，在思路的选择上、在思考的技巧上或在思维的结论上有了新的见解、新的发现、新的突破的思维路径或方法。全域土地综合整治思维方法在全域土地综合整治过程中既可以在探索整治共性问题时采用，也可以在解决各整治区需要解决的具体性问题时使用，突出体现了创造性思维的新颖性，能够使全域土地综合整治的方略和实施具有整体或区域的首创性、开拓性。基于有效解决全域土地综合整治中的视角的思维方式主要包括系统协同、辩证施治和创新思路。

（一）系统协同

系统协同思维方式是将全域土地综合整治看作一项由各种要素有机组合而发挥功效的系统工程，注重全域土地综合整治区域内田、水、路、林、村每一要素在整个系统中的地位及其与其他要素相互联系相互作用而发挥功效的思维方式，也注重全域土地综合整治区域构成的相对独立的系统与非整治区域更大范围构成系统的协同作用。全域土地综合整治系统协同思维是保证全域土地综合整治活动的各要素有机协调以发挥其最大效用的思维方式，对促进整治区与非整治区生态共建具有积极影响。系统思维具有整体性、层次性、结构性和开放性等特征。全域土地综合整治系统协同思维主要包括空间系统协同思维、时间系统协同思维、项目系统协同思维等。

1. 空间系统协同思维

中观层面统筹协调的全域土地综合整治系统，还有县级微观层面具体落实的全域土地综合整治系统以及细致到每一项目区操作实施的全域土地综合整治系统，体现了由大到小的系统嵌套、相互协同的思维方式。

2. 时间系统协同思维

从时序安排看，既有通过长期整治达到总体动态平衡的时限要求，也有通过中期整治达到区域整体修复的时限要求，还有通过近期整治达到局部明显改观的时限要求，体现了由远及近的系统演进的思维方式。

3. 项目系统协同思维

从项目构成看，既有"田、水、路、林、村"五大要素构成的项目客体系统；也有"政府、项目组、村民"构成的项目主体系统；还有"物资、设备、动力、交通"等要素构成的项目支撑硬件系统；以及"信息、技术、管理、管护"等要素构成的项目软件系统，体现了由表及里的系统结构功能思维方式。

此外，还有从其他角度对全域土地综合整治进行系统划分的方式，如从是否属于整治区角度，可以将全域土地综合整治系统划分为整治区系统与非整治区系统；从土地归属角度，可以划分为国家全域土地综合整治系统、集体全域土地综合整治系统和个人全域土地综合整治系统；等等。

（二）辩证施治

全域土地综合整治辩证思维是指全域土地综合整治从前期可研立项到中期规划实施再到后期验收管护都要面对要解决的各种问题，而每一个问题都是一个矛盾统一体，如低效与高效、不合理利用与合理利用、损毁与修复等，全域土地综合整治需要对各方主体正确运用理性思维方法分析解决问题。全域土地综合整治辩证思维是整治过程矛盾问题解决公平、客观、有效的保证。这种思维方式具有两极性、辩证性、统合性。

1. 常规辩证思维方法

主要包括分析与综合、归纳与演绎、抽象到具体、逻辑与历史相统一。常规辩证思维方法通过对具体问题出现的原因进行分析综合探寻解决问题的方式路径，在举一反三的归纳演绎基础上把握整治过程中偶然事件蕴藏的必然规律，从而透过全域土地综合整治的各种复杂现象揭示全域土地综合整治最终要达到的人与自然和谐的本质，使曾经或现在失衡的田、水、路、林、村通过整治达到将来的动态平衡。

2. 现代辩证思维方法

主要包括控制方法、信息方法、系统方法、结构—功能方法、模型化方法等。具体到每一个整治项目时，根据遇到的共同问题和特殊情况，运用现代科学思维方法具体问题具体分析，立足现实具备的条件，对整治系统的要素、信息、能量、物质等做出必要的调控，通过增减数量或改变其组合形式优化其功能，总结示范性整治区的模式并进行推广，从而实现一个个区域整治"量"的不断扩张，推进国家全域土地综合整治向良性运行"质"的方向飞跃发展。

（三）创新思路

全域土地综合整治创新思路是在全域土地综合整治这一破旧立新的过程中，整治主体运用各种创新思维方法，在观念转变、方案制订、技术攻关、推广应用等方面，获得新的见解、新的发现、新的突破，有效化解难题达到预期目标的思维方式。全域土地综合整治创新思维是全域土地综合整治真正做到因地制宜并取得突破性进展不可或缺的智力保障，具有求实性、批判性、灵活性、跨越性、综合性等特性。全域土地综合整治创新思路的思维方法主要包括发散思维与收敛思维、逻辑思维与非逻辑思维（直觉、灵感、顿悟等）、联想思维与逆向思维等。

1. 发散思维与收敛思维

这是一对思维路径恰好相反的思维方式，在全域土地综合整治整个过程中解决问题的关键阶段经常使用。发散思维主要是用在要解决整治区田、水、路、林、村遇到的问题时，通常会从将要达到的目标出发，从现已具备的条件出发，群策群力，各抒己见，探求多种企及目标的思路，提出各种解决问题的方案，以供决策参考。收敛思维通常是指在解决全域土地综合整治遇到的问题时，大家集思广益，尽可能利用已有的知识、经验以及通过发散思维获得的众多解决方案，按照效益最大化的原则，将众多的信息和多种方案逐步引导到条理化的逻辑序列中去，最终得出一个合乎逻辑规范的结论或最优的解题方案。

2. 逻辑思维与非逻辑思维

这也是一对思维路径恰好相反的思维方式，是全域土地综合整治过程中解决常规问题与疑难问题时经常运用的思维方式。逻辑思维是全域土地综合整治解决问题的基础和保证，这种思维方式要求考虑问题的过程具有严密性，关注最终结论的确定性和科学性，全域土地综合整治中常规问题的解决多采用以往积累的经验型解决问题的思路或运用概念、判断、推理的逻辑推导而进行客观的科学论证来求得问题的答案;非逻辑思维是解决问题的起点和催化剂,这种思维方式呈现出非常突出的跳跃性和随意性,追求结论的多样性和奇特性,全域土地综合整治中疑难问题的圆满解决需要打破逻辑思维的常态,借助直觉、灵感、顿悟等超常规思维的启发,获得问题求解的路径。

3. 联想思维与逆向思维

这是两种在解决问题时常用的创新思维方法。二者最大的区别在于是否具有方向性,前者是一种没有固定思维方向的自由思维活动,可以是多向度的;而后者则有明确的方向性,其思维路径与原本运用的思维路径刚好相反。联想思维在田、水、路、林、村综合整治中多表现为人们通过相似联想、相关联想、对比联想、因果联想、接近联想等不同诱因而获得解决问题的启发和办法,既可以活化创新思维的空间,也有利于储存和检索已有的解困路径;逆向思维在田、水、路、林、村综合整治中则表现为:运用习以为常的似乎已成定论的理论方法、规划方案、关键技术、示范模式在遇到新问题时,从原有建构路径的反方向出发,运用反转型逆向思维法、转换型逆向思维法或缺点逆向思维法进行思考而获得突破性进展的思维方式。

三、价值取向

价值取向是指全域土地综合整治主体在面对或处理各种土地开发利用的矛盾、冲突、关系时所持的基本价值立场、价值态度以及所表现出来的价值追求。价值取向对全域土地综合整治决策判断和行为选择具有方向性和引导性。价值立场是全域土地综合整治价值观的核心,它决定着全域土地综合整治究竟为谁服务和满足谁的需求问题;价值态度表达的是人们面对能够满足人的需求的全域土地综合整治活动时所采取的态度是支持还是反对,这直接决定其行为方向;价值选择是面临不同决策方案或解困路径时人们的取舍。根据人类对全域土地综合整治的价值立场、价值态度和价值追求,可以将全域土地综合整治价值取向概括为三个部分:以人为本,人地和谐;地尽其利,高效利用;因地制宜,造福民众。

(一)以人为本,人地和谐

以人为本是全域土地综合整治的基本立场,人地和谐是全域土地综合整治的追求目标。人地价值关系已从"人类中心主义"的价值取向过渡到"人地和谐共处"的价值取向。任何整治活动都是出于以人为中心的利益考虑而开展的,土地生态系统中的水土耦合是为了满足作物生长所需的物质条件,产出足够的粮食满足人类生产、生活的需求;田间道路便捷通行不仅是耕作的需要,更是人类生产环境安全之需;耕作区与居住区的绿林建设是为人类提供更为宜居的环境。所有这些都以满足人的需求为根本出发点,同时兼顾土地生态系统的健康发展。以人为本突出了人的主体地位和土地的客体属性,人与土地的主客价值关系的主导方面是人，而土地却是满足人的生存与发展需求的保障。全域土地综合整治追求的是人地关系协调基础上的以人为本，而不是以牺牲土地生态系统的健康发展换取人类发展的短期价值选择，特别是国土资源整治更是站在国家利益的高度来协调国内外人与土地的关系，以期促进国内土地合理开发利用、国际国土争端和平解决。

（二）地尽其利，高效利用

"地尽其利，高效利用"是指土地生态系统的各要素通过整治，充分发挥其作用而达到资源高效利用的目的。全域土地综合整治活动既是一个人尽其才统筹谋划人地关系以解决人地矛盾的过程，也是一个改变土地各要素低效利用现状而使其重组整合达到资源集约高效利用的过程，还是保证土地物产丰富以满足人类不断增长的物质需求的过程。当前，稀缺的土地资源伴随城镇化、工业化步伐的加快而面临日益短缺的危机，加之土地经营方式粗放、土地投资强度低下，导致集约化利用程度不高，给土地资源后续利用带来很大压力。为此，加强宏观调控，一方面可以利用整体效益差积极挖掘现有土地潜力，通过土地复垦、治理废弃地和盘活城乡用地等开源措施，使土地资源利用水平不断提高；另一方面着力推进国土资源管理方式和利用方式的根本转变，采取严格实行总量控制、统筹安排区域和行业用地数量及空间布局、调整优化城乡用地结构等节流措施，建立集约用地的长效机制，为经济发展提供可永续利用的土地资源保障。这种开源节流的价值取向已成为当今全域土地综合整治的重要选择。

（三）因地制宜，造福民众

造福民众的价值取向是指全域土地综合整治采用各种规划设计、技术集成、示范推广都是为了更好地实现造福民众的价值追求。这种价值取向既是土地综合整治符合民众意愿的"合目的性"体现，也是引导全域土地综合整治活动主客体趋利避害的指导原则。呵护生命共同体是全域土地综合整治的核心价值观，而为民造福是全域土地综合整治的终极价值观。鉴于全域土地综合整治的主客体多元存在，整治时的具体价值取舍也因此而有所不同。对于整治活动的发起者而言，整治效益最大化是其价值追求；对于整治规划设计者而言，田、水、路、林、村结构有序功能最佳才能实现其理想价值；对于整治物资提供者而言，期待以最小的投入获得最大的产出；对于整治管理者而言，希望人尽其才物尽其用；对于整治对象而言，既希望通过整治快速致富，又希望整治活动能留住乡愁。凡整治过程中涉及的人，都会从自身的利益出发来权衡价值取舍，而土地综合整治是一项系统工程，虽治有殊分但都是为了造福民众，唯有各种价值观的取向一致时，才能形成共谋发展的巨大合力、彰显其功效。

四、审美追求

审美追求是人类通过整治土地以获得最高享受层次的精神旨归。立足之地是人类最早的审美对象之一，土地生态系统各要素的自然样态原本美不胜收，但在人类无节制开发利用的过程中，被技术理性无情僭越而美丽渐失，土壤流失、土地污染比比皆是，人类为自身的行为恶果哀叹不已的同时触发了科学合理整治土地的审美追求，力图还土地以自然和谐的美景，建设人类美好家园。全域土地综合整治审美追求主要包括叠山理水，大地艺术；和而不同，各美其美；美丽乡镇，诗意栖居。

（一）叠山理水，大地艺术

"叠山理水，大地艺术"是指全域土地综合整治通过改变土地、山水和环境的现存样态而重塑多元共生和谐有序的大地生态。全域土地综合整治首先改变的是长期以来自发性的生产生活实践积淀而成的田、水、路、林、村自然形态，通过整治规划使"田成方，林成行，路相通，渠相连"，人为改造后的山水和土地因其形状符合整齐划一、对称均衡、多样统一等形式美的法则而引起能够感知其存在的人们的美感；其次，经过全域土地综合整治的田、水、路、林、村因一年四季变化而呈现出五彩缤纷的色彩美，尤其是春华秋实的收获季节所带来的丰收喜悦充盈着劳动之美的伟大；再次，在叠山理水的全域土地综合整治过程中采用的各种关键技术及其机械设施都是人类技能的直接呈现，当人类为其快速提高土地资源集约利用效率而赞叹时，也正是对人类自身聪明才智的欣赏与肯定；最后，全域土地综合整治所追求的人—土地—自然和谐发展的愿景，表达了人类对土地生态系统以及国土资源多元共生和谐共进的大美追求。

（二）和而不同，各美其美

"和而不同，各美其美"是指全域土地综合整治因不同区域自然人文条件的差异而形成的因地制宜各美其美的整治理想模式。这种观念既是国家整体推进整治活动"美美与共，天下大同"的审美追求，也是各地整治规划设计及其实施充分体现"以人为本，各美其美"精神的实践指导。土地综合整治不仅是一种技术手段，更是一种文化创造。不同地域的整治项目在实施时，必然会与当地的农耕文化、民族文化零距离接触。从规划设计到典型示范再到推广应用，每一个环节都需要整治主体的审美追求与当地民众的审美习惯进行对话交流，若交流顺畅，就能在尊重各地差异的基础上，既体现国家全域土地综合整治"田块成方、道路成框、沟渠相通、林带成网"的美好图景，又彰显各地民族风格的独特愿景，实现"和而不同，各美其美"的共同审美追求；若交流不畅，要么出现以统一图景剪裁地域或民族实际的单一模式，要么出现变异较大难以统一而无法达到整治预期目标的情况。综合整治追求全国土地"和而不同"的大美宏伟蓝图，由一个个区域"各美其美"的特色图景有机构成，理解个性，和睦相处，就能成就"一"与"多"和谐之美。

（三）美丽乡镇，诗意栖居

"美丽乡镇，诗意栖居"是全域土地综合整治最终追求的一种精神家园。"美丽乡镇"十大创建模式，即产业发展型、生态保护型、城郊集约型、社会综治型、文化传承型、渔业开发型、草原牧场型、环境整治型、休闲旅游型、高效农业型。这些类型虽无法完全涵盖中国美丽乡镇的各种特点，却集中概括了十种乡镇建设的方向。全域土地综合整治是美丽乡镇创建活动的重要手段之一，在以促进农业生产发展、人居环境改善、生态文化传承、文明新风培育为目标的创建活动中，全域土地综合整治既可以通过改善生产条件促进农业经济上台阶，也可以通过村庄整治改善人居环境，还可以通过生态建设提升生存质量。整治后的乡镇，不仅有优美的田园风光让人流连忘返，而且有优良的民风民俗令人舒心畅快，是人类诗意栖居的美好家园。

五、行为响应

（一）人地响应

是指土地生态系统对人类开发、复垦、整理等整治活动所做出的互动反应。这种反应具有双向响应的特征：一方面，土地生态系统的各要素因人类有目的有意识的整治活动而改变其结构、形态和功能，若整治活动顺应了土地生态系统良性发展的需求，则会促进土地生态系统的合理建构及其正向功效发挥；若整治活动悖逆了土地生态系统良性发展的需求，则会阻碍土地生态系统的健康发展而产生负向功效，使土地生态系统趋向恶性发展，最终背离全域土地综合整治的初衷，给社会经济带来不利的影响。另一方面，人类在全域土地综合整治的整个过程中，都会根据土地生态系统的状况而做出相应的行为选择。在整治前，人类要研究土地生态系统的自然或当下运行机理，以便提出适应区域土地生态系统良性发展的整治方案；在整治中，要根据土地生态系统的非线性改变而做出临时决策和行为选择；在整治后，要针对整治的结果是否达到预期目标及其土地生态系统运作状况而进行后续的维护甚至调整改进。总之，在人地响应系统中，土地生态系统因其是整治的对象而具有被动性，人类则因其是整治活动的规划者和实施者以及享用者而具有较强的主动性。二者彼此制约、相互影响。

（二）生态响应

生态响应是比人地响应更大尺度的人类和土地生态系统与周围生态系统之间的行为响应。这种生态响应既包括自然生态系统响应，也包括社会生态系统响应。人与土地生态系统结成的人地系统既是自然生态系统的一个子系统，也是人类社会大系统中的一个子系统。一方面，从自然生态系统的角度看，全域土地综合整治引起的人地系统变化必然会引起与之相关的无机界和生物界的连锁反应，物质、能量和信息的互动响应不仅会影响生态大系统的存在状态，甚至会因人地响应的优劣而引发大系统发展的顺逆，而且生态大系统的回响又将反映到人地整治系统中，产生对人地小生态系统的制约作用。另一方面，从社会生态系统的角度看，全域土地综合整治引起的人地生态系统的变化直接关系到人类生产生活的质量,任何一种全域土地综合整治关键技术及其配套设施的使用,都意味着生产力某种程度的改进与提高,而生产力的发展必然引起人与人之间的生产关系调整,进而促进土地制度和农耕文化改变,使社会政治系统和文化系统有机协调,促进社会生态系统建设。与此同时,相关全域土地综合整治的政策措施及其文化建设工程,又会引起人地生态系统的回应,在双向互动中彼此调整适应,择优前行。

(三)人际响应

人际响应是指不同群体在全域土地综合整治活动中因项目实施而结成的彼此合作的响应关系。这种人际响应既有横向的,也有纵向的。就横向的人际响应而言,主要是各层级内部之间的彼此交流与合作,比如全域土地综合整治项目组成员之间、全域土地综合整治涉及的村民彼此之间因土地调整而进行利益协调,不同区域全域土地综合整治经验交流等。这种横向的人际响应既可以上至国土资源部与农业部、水利部、能源部之间的彼此行为响应,也可以下至村民百姓之间你我他之间的行为响应,所结成的是一层层全域土地综合整治人际关系网。就纵向的人际响应而言,主要是上级制定整治方略,逐级分解实施计划和整治任务,越往下越具体,涉及的人越多,响应也就越复杂,如果上下级之间沟通顺畅,整治任务就能较好地贯彻落实;如果上下级之间沟通有问题,整治项目就难以推进。横向人际响应要求区域服从全局、个人服从集体,纵向人际响应则要求下级服从上级、上级尊重下级。总之,横向与纵向各自内部涉及的人员之间以及纵向与横向彼此之间人员协调及时到位,就能形成全域土地综合整治众志成城的良好局面,有力地推进全域土地综合整治活动的顺利开展。

(四)国际响应

国际响应是指不同国家全域土地综合整治彼此联系相互制约的互动关系。这种国际响应主要有以下三种表现形式:①上游国家全域土地综合整治会引起下游国家的土地生态系统变化甚至是国家利益争端,尤其是大江大河水利工程建设引发的国际响应更为强烈。②边疆地区特别是边境一线的全域土地综合整治不是一个简单的国内土地开发利用问题,而是一个带有国际性的政治问题。因为这些地区的全域土地综合整治不仅彰显的是国家实力,而且会直接通过边境贸易或边民互访影响到周边国家的土地开发利用,处理得好,能增进睦邻友好;处理不当,则会引起国际争端。③世界各国全域土地综合整治经验交流与彼此借鉴,不仅能够在各个国家整治水平的序列中给自己国家定位,而且可以使后发国家少走弯路,实现跨越式发展。世界各国经验共享也是全域土地综合整治国际化的必然趋势。

第五节 管理土地

一、组织机构

组织机构是管理全域土地综合整治过程及其成果的载体。人类早期的土地开发利用以自发的家族或族群内部管理为主，当国家产生之后才有了政府为主的组织机构管理。就国家管理层面看，全域土地综合整治管理组织机构是依法主要负责土地保护、开发、利用统一管理工作的政府职能部门。国土资源部（现自然资源部）负责全国土地的统一管理工作，其主要职责为：拟定和贯彻、执行关于土地的法律、法规与方针、政策；主管全国土地的调查、统计、登记和发证工作；组织有关部门编制土地利用总体规划；管理全国土地征用和划拨工作，负责需要国务院批准的征、拨用地的审查、报批；调查研究，解决土地管理中的重大问题；对各地、各部门的土地利用情况进行检查、监督，并做好协调工作；会同有关部门解决土地纠纷，查处重大违法案件；等等。县级以上地方人民政府土地管理部门主要负责本行政区域内的土地的统一管理工作，机构设置由省、自治区、直辖市根据实际情况确定，一般都设置了土地管理局。在基层，乡级人民政府负责本行政区域内的土地管理工作。如此，形成了从国家到地方层级分明、职责明确的管理组织机构，各司其职，共同为全域土地综合整治活动的开展及其成果的维护服务。

二、典章制度

典章制度，即制度法令，是指国家政府在一定时期内实施的全域土地综合整治行为规范的基本准则。常言道："没有规矩，不成方圆。"中国历朝历代都非常重视典章制度的建设，留下了内容丰富、行之有效的政府行为规范和操作方式，典章制度就是政府管理土地的重要法宝。如今更加注重运用法律法令来规范土地开发利用，《中华人民共和国土地管理法》就明确规定了土地的所有权和使用权、土地利用总体规划、耕地保护等。此外，还出台了一系列中国全域土地综合整治的相关法律法规，既包括法律、行政法规，还有部门规章、地方性法规规章，构成了一个从国家到地方相对完整的基本准则体系，保证了全域土地综合整治活动的正常运作和有序发展。

三、风俗规约

风俗规约是为保护土地开发利用和维护全域土地综合整治成果而制定的约束规范民众行为的一种道德行为规范。风俗规约以民间群体约定的方式规范"同约之人"，突出民众的自我教育、自我劝诫和自我约束，利用公众舆论评价的力量，实施道德伦理教化。因其不具有法律效力，全靠民众的自觉践行，所以是一种柔性管理。风俗规约主要包括风俗习惯和民间规约两个方面。一方面，风俗习惯是个人或集体的传统风尚、礼节、习性，是特定社会文化区域内历代人们共同遵守的行为模式或规范。另一方面，民间规约是民众之间相互约定共同遵守的一些基本行为准则，小到家规族规，大到乡规民约。尽管风俗规约不具有法律效力，但却是对典章律法刚性管理的一种柔性补充，二者相辅相成，共同发挥管理土地开发利用的作用。

四、大众参与

公共管理是指以政府为核心的公共部门为达到全域土地综合整治的预期目标，整合社会的各种力量，广泛运用政治的、经济的、管理的、法律的方法，强化政府的治理能力，提升土地资源的公共服务品质，从而实现公共的福利与公共利益。大众参与是全域土地综合整治公共项目得以具体落实的人力资源保障，也是行使全域土地综合整治公共管理权利的必然要求。在公有制体制下，土地是国家最大的公共财产，国民共有的特点决定了对其进行公共管理的必然性。目前单一的行政管理手段逐渐不适应社会主义市场经济条件下对农村土地开发利用进行管理的实际要求，出现诸多问题，如耕地保护政策的失效、耕地质量下降、土地资源配置低效、土地生态系统可持续发展难、粮食安全问题等。其中，很多的问题是具有"公共性"的，关系到公众的共同利益。而公共管理的主体除了政府之外，还有一支很重要的力量就是全域土地综合整治涉及的所有公众。因此，发挥大众参与的功能，既可以通过宣传培训快速地统一思想，为全域土地综合整治提供民心支持，也可以调动大众参与整治活动和维护整治成果的积极性，还可以发挥大众之间彼此监督的作用，以杜绝破坏整治的行为。国家推进全域土地综合整治的大政方针是高效开发利用土地资源的指导原则和行为准则，在把全域土地综合整治的政策具体化为各种各项的公共项目过程中，大众参与是必不可少的环节，而且唯有大众真正参与其中，才能将全域土地综合整治的大政方针贯彻落实到位，也才能切实让民众享受全域土地综合整治的丰硕成果。

由知地、敬地、用地、整地、管地构成的全域土地综合整治文化体系，体现了人类对土地开发利用的文化智慧，五个方面内在相连又彼此制约。其中，知地、敬地是前提，用地、整地是根本，管理土地是保障。

参考文献

[1] 曾向阳，刘秀梅.全域土地综合整治规划设计[M].北京：冶金工业出版社，2019.

[2] 刘新卫，赵崔莉.乡镇振兴视域中的农村全域土地综合整治[M].北京：知识产权出版社，2019.

[3] 王震，李连涛.全域土地综合整治项目绩效评价的理论、方法与实证研究[M].济南：山东人民出版社，2019.

[4] 陈书荣.耕地保护与全域土地综合整治[M].北京：中国大地出版社，2019.

[5] 吴次芳.绿色全域土地综合整治的上海之路[M].杭州：浙江人民出版社，2019.

[6] 贾文涛，宇振荣.生态型全域土地综合整治指南[M].中国财政经济出版社，2019.

[7] 杨小雄.全域土地综合整治规划的理论与实践[M].南宁：广西科学技术出版社，2019.

[8] 李红举，贾文涛.全域土地综合整治标准化理论与实践[M].北京：中国大地出版社，2019.

[9] 严金明，沈悦.全域土地综合整治功能单元规划研究[M].北京：中国大地出版社，2019.

[10] 许庆福，于学峰.生态化全域土地综合整治理论与方法[M].济南：山东科学技术出版社，2019.

[11] 刘海楠.全域土地综合整治与区域经济协调发展[M].北京：经济科学出版社，2019.

[12] 胡银根.全域土地综合整治助推绿色发展基于湖北省的实证[M].北京：科学出版社，2019.

[13] 刘洋.农村土地综合整治探析[M].南京：河海大学出版社，2019.

[14] 任家强.土地利用工程规划与设计[M].北京：中国农业大学出版社，2019.

[15] 胡光伟.土地利用规划学[M].北京：中国建材工业出版社，2019.

[16] 曾向阳，苗作华.全域土地综合整治规划设计[M].北京：冶金工业出版社，2019.

[17] 任家强.土地利用工程规划与设计[M].北京：中国农业大学出版社，2019.

[18] 杨小雄.全域土地综合整治规划的理论与实践[M].南宁：广西科学技术出版社，2019.

[19] 唐杰.土地整理规划设计理论与实践研究[M].北京：中国社会科学出版社，2019.

[20] 严金明，沈悦.全域土地综合整治功能单元规划研究[M].北京：中国大地出版社，2019.

[21] 戚冬瑾. 城乡规划视野下多维土地利用分类体系研究[M]. 南京：东南大学出版社，2018.

[22] 郭中社. 土地规划整治项目工程评定[M]. 长沙：湖南地图出版社，2018.

[23] 张洪，袁磊. 低丘缓坡山地开发土地规划与监管技术研究[M]. 北京：科学出版社，2018.

[24] 刘爱军. 农村土地的测量与规划[M]. 延吉：延边大学出版社，2018.

[25] 钮心毅，宋小冬. 城市总体规划中的土地使用规划支持系统研究[M]. 上海：同济大学出版社，2017.

[26] 黄乐，陈朝新. 土地规划[M]. 桂林：广西师范大学出版社，2017.

[27] 赵志刚. 区域土地资源研究与农业规划实例[M]. 北京：科学技术文献出版社，2017.

[28] 莫才健. 现代土地利用规划的理论思考及方法探索[M]. 北京：地质出版社，2017.

[29] 户艳领. 土地综合承载力评价在土地利用规划中的应用研究[M]. 北京：人民出版社，2017.

[30] 费罗成. 农村全域土地综合整治的碳效应及其应对路径研究[M]. 安徽师范大学出版社，2017.

[31] 魏华，章远钰. 全域土地综合整治档案管理[M]. 北京：中国水利水电出版社，2017.

[32] 单海涛. 基本农田与全域土地综合整治[M]. 桂林：广西师范大学出版社，2017.

[33] 刘彦随. 农村全域土地综合整治模式与机制研究[M]. 北京：科学出版社，2017.

[34] 冯应斌. 山地丘陵区全域土地综合整治导引与案例[M]. 北京：经济科学出版社，2017.

[35] 王蔚. 村镇社区规划与土地管理[M]. 济南：山东人民出版社，2017.